오늘날에도 귀신이 있나요?

김신호 지음

서로사랑

오늘날에도 귀신이 있나요?

1판1쇄 발행 2012년 10월 27일

지은이 김신호

펴낸이 이상준
펴낸곳 서로사랑(알파코리아 출판 사역기관)
만든이 이정자, 윤종화, 주민순, 장완철
　　　　 이소연, 박미선, 엄지일
이메일 publication@alphakorea.org

등록번호 제21-657-1
등록일자 1994년 10월 31일
주소 서울시 서초구 방배1동 918-3 완원빌딩 1층
전화 02-586-9211~4
팩스 02-586-9215
홈페이지 www.alphakorea.org

ⓒ서로사랑 2012
ISBN _ 978-89-8471-231-7 03230

* 이 책은 서로사랑이 저작권자와의 계약에 따라 발행한 것이므로
  본사의 허락 없이는 어떠한 형태나 수단으로도 이 책의 내용을 이용하지 못합니다.
* 잘못된 책은 바꿔 드립니다.
* 가격은 뒤표지에 있습니다.

차례

서론 / 7

귀신에 대한 오해 / 15
1. 귀신은 없다
2. 귀신은 전지전능하고 무섭다

세계관 / 25

귀신은 있다 / 29
1. 심령 과학과 귀신
2. 무속과 귀신
3. 점과 귀신
4. 죽음과 귀신
5. 제사와 귀신

세 영적 존재 / 55
1. 하나님
2. 천사
3. 인간

사탄이란? / 69
1. 사단의 권세
2. 사탄의 조직 및 활동
3. 지역 신
4. 사탄의 종말

귀신의 정체 / 85
1. 타락한 천사다
2. 불신자의 사후 영이다
3. 아담 이전 사람들의 영혼이다
4. 타락한 천사와 사람의 자손이다

성경에 나오는 귀신 / 97
  1. 구약에 나오는 귀신
  2. 신약에 나오는 귀신

역사 속에 나타난 축사 / 119
  1. 초대 교회
  2. 중세 교회
  3. 근/현대 교회
  4. 능력 대결
  5. 한국 교회

귀신의 활동 / 143
  1. 귀신 들림
  2. 생각과 감정에 영향을 준다
  3. 살인 및 자살 충동을 일으킨다
  4. 유혹하고 죄를 짓게 한다
  5. 신앙생활을 방해한다
  6. 정죄하고 관계를 파괴한다
  7. 중독의 원인이 된다
  8. 악몽을 꾸게 한다
  9. 질병의 원인이 된다

정신질환 / 177
  1. 정신의학
  2. 정신병과 귀신 들림
  3. 정신병 사례
  4. 정신병의 치료

귀신을 쫓아야 한다 / 189

나/성령/귀신 / 191

언제 귀신이 들어오는가? / 195

어떻게 귀신을 쫓을 수 있나? / 203
    1. 영적 존재를 인정해야 한다
    2. 믿음이 있어야 한다
    3. 회개하고 용서해야 한다
    4. 예수님의 권세와 권능을 힘입어야 한다
    5. 기도해야 한다
    6. 하나님의 말씀을 의지해야 한다
    7. 성령 충만해야 한다
    8. 예수님의 이름으로 쫓아야 한다
    9. 귀신을 꾸짖고 대적해야 한다
    10. 믿는 사람의 도움을 받으라

귀신 쫓는 절차 / 237
    1. 영분별 은사
    2. 귀신은 귀신 쫓는 자를 잘 알고 있다

잘 나가지 않는 경우 / 251

축사에 대한 주의점 / 257
    1. 귀신에 대한 지나친 관심
    2. 귀신은 다시 들어온다
    3. 축사에 대한 비판과 성령 훼방

귀신에 관한 기타 질문들 / 269
    1. 모든 질병의 원인이 귀신인가요?
    2. 귀신이 귀신을 쫓아낼 수 있나요?
    3. 믿지 않는 자가 귀신을 내어 쫓을 수 있나요?
    4. 타종교에서도 귀신을 쫓지 않나요?
    5. 성령의 역사와 귀신의 역사를 어떻게 구별하나요?
    6. 귀신을 쫓는 것은 교회의 사역이 아니지 않나요?

결론 / 285
참고 도서 / 291

오늘날에도
귀신이 있나요?

서론

　나는 예수를 믿지 않던 가정에서 태어났다. 현대 계몽주의 및 합리주의, 물질주의 등의 영향으로 인해 보이는 물질세계만이 진실이라 생각하여 눈으로 볼 수 없는 영적 세계 및 초자연적 세계를 부인하면서 살았다. 당연히 귀신이 존재한다는 것과 귀신이 활동하고 있다는 사실 자체 또한 믿지 않았다. 귀신이란 자연에 의존하고 살던 원시 사회에서나 믿던 미신적 존재로, 현대와 같이 과학 문명이 발달한 시대에 귀신이 존재한다는 것은 도저히 있을 수 없는 일이라 생각했다. 어릴 적 간혹 주변에서 귀신 이야기를 들은 적은 있으나 〈전설의 고향〉에서나 나오는 허구적 존재로 생각했다. 누가 귀신을 직접 보았다는 이야기를 들으면 심신이 허약해서 헛것을 보았거나 잠시 가위에 눌린 현상이라 생각했다.

　이렇게 믿고 살던 나에게 청천벽력과 같은 일이 발생했다. 귀신의 실존을 두 눈으로 목격하게 되었다. 내가 귀신을 체험하게 된 사건은 다음과 같다. 대학생 시절이었던 1989년 2월, 같은 과 친구가 교회 겨울 수련회가 있다며 한번 참석해 보라고 권유했다. 당시 교회를 전혀 다니고 있지 않던 나는 여러 번 사양하다가 우여곡절 속에 참석하게 되었다. 목사님이 설교를 했지만 도대체 무슨 말인지 알아들을 수 없었고, 성경공부를 했지만 무슨 내용인지 거의 이해할 수 없었다. 내 친구가 하나님은 살아 계시다고 하기에 목이 쉬도록 기도했지만 수련회 마지막 날이 되도록 아무런 체험이나 감동을 받지 못했다. 마지막 날은 잠을 자지 않고 철야하면서 기도회를 가졌는데, 나는 강당 맨 뒤에 앉아서 많은 사람들이 열렬히 찬양하면서 기도하는 모습을 물끄러미 쳐다보고만 있었다. 나에게는 그들이 정상적인 사람들로 생각되지 않았다.

그런데 갑자기 앞쪽에서 이상한 비명 소리가 들렸다. 그냥 소리를 지르는 것이 아닌, 매우 놀란 듯한 비명 소리였다. 비명 소리가 계속되자 호기심이 발동했다. 벌떡 일어나 앞으로 가 보니 한 여자 청년이 중풍에 걸린 사람처럼 온몸을 심하게 떨면서 발작을 일으키고 있었다. 보는 순간 '간질에 걸렸나' 하는 생각이 들었다. 그런데 그 여자 청년 앞에 누가 서서 뭐라고 고함을 지르고 있었다. 옆에 서서 구경하고 있던 다른 사람에게 "이거 뭐 하는 거죠?"라고 물었다. 그는 "귀신을 쫓고 있는 중이에요"라고 대답했다. 순간 웃음이 피식 흘러나왔다. '세상에 귀신이 어디 있다고?' 혹시 사람들을 속이기 위해 준비해 둔 연극이 아닌가 생각했으나 연기하는 것 치고는 너무나도 생생했다. 그리고 그 여자의 입에서 굵은 남성의 목소리가 나왔다. 귀신을 쫓던 사람이 "내가 나사렛 예수의 이름으로 명하노니, 더러운 귀신아, 나가라" 하고 고함을 질렀다. 그러자 그 여자는 큰 비명을 지르면서 뒤로 꽈당 넘어갔다. 넘어지면서 머리를 바닥에 세게 부딪혔는데, 조용한 것을 보니 정신을 잃은 듯했다. 뇌진탕에 걸려 목숨이 위태로운 것은 아닌가 하는 생각이 들 정도였다. 그 광경을 지켜본 나는 너무도 큰 충격을 받아, 그 자리에 얼어붙은 듯 그 여자 곁을 떠나지 못하고 지켜보고만 있었다. 한 20여 분이 지나자 그 여자는 눈을 뜨고 일어나 앉았다. 그 여자는 몇몇 사람들이 자신을 지켜보고 있자 '왜 사람을 빤히 쳐다보냐?'는 듯한 표정을 지었다. 놀라운 것은, 그녀는 자신에게 무슨 일이 일어났는지 전혀 기억하지 못하고 있었다. 그냥 가슴이 답답했던 것 외에는 아무런 기억이 나지 않는다는 것이었다. 이것이 내가 최초로 목격한 귀신 쫓음, 즉 축사였다.

그날 밤 내가 받았던 충격은 대단히 큰 것이었다. 이 사건은 내 머리에서 떠나지 않았다. 분명한 것은 연극도 아니고 최면술도 아니었다는 점이다. '어떻게 저런 일이 일어날 수 있는 것일까?' 상식적으로는 이해할 수 없는 사건을 눈으로 목격하게 된 것이다. 눈에 보이지 않고 만져지지도 않는 영적 존재인 귀신이 있다는 것을, 그리고 그 귀신이 사람 속에 들어오는 것을 현상학적으로 보게 된 것이었다. 이제까지 살면서 이런 일이 일어났다는 이야기를 들어 본 적도 없고 책에서 읽은 적도 없었는데, 이런 신기한 사건을 두 눈으로 보게 된 것이었다. 단 한 번도 존재한다고 생각해 본 적이 없었던 귀신의 실존을 경험한 후, 영적 세계와 영적 존재에 대한 나의 여정이 시작되었다.

그 수련회를 다녀온 이후로 나는 기독교 신자가 되었고 성경을 읽기 시작했다. 그러면서 성경이 영적 세계와 영적 존재에 대해 말하고 있다는 사실을 알게 되었다. 그리고 성경에 귀신 이야기가 많이 나온다는 사실을 알게 되었다. 예수님의 귀신 쫓는 장면(이를 앞으로 축사라 표현하겠다)은 내가 직접 보았던 것과 너무도 흡사했다. 2천 년 전 예수께서 행하셨던 축사를 2천 년 후에 살고 있는 내가 두 눈으로 직접 보게 된 것이었다. 그런 엄청난 영적 경험을 한 이후에도 귀신이란 실존에 대해 의심이 들었고, 이를 과학적·심리적 방법을 통해 해석해 보려 시도했다. 귀신이 있다는 사실 자체를 부인하고 싶었다. 그러나 그 체험은 너무도 생생했다. 그 이후로 지속적으로 귀신 쫓는 것을 목격하게 되었고, 나도 귀신을 쫓는 경험을 하게 됨으로 내 주변에서 활동하고 있는 존재임을 부인할 수 없게 되었다. 이로써 '귀신은 존재한다'와 '눈에 보이지 않는 영적 세계가 실존한다'는 사실을 확신하게 되었다. 귀신이란 영적 존재를 통해 영적 세계와 사후 세계가 있다는 사실도 알게 되었다.

그 이후로 언젠가는 사람들에게 이 영적 존재에 대해 말해야 한다는 일종의 의무감과 압박감을 가지고 살아왔다. 그런데 귀신에 대해 연구하고 이를 책으로 쓴다는 것은 상식적으로 생각하기에도 어리석고 무모한 일이라는 생각이 들었다. 무엇보다도 귀신은 보이지 않는 영적 존재이기에 실험할 수도 없고 과학적 증명이 불가능하다. 영적 세계는 현대 과학으로도 설명할 수 없는 세계로, 관찰 및 측정의 대상이 아니기에 검증할 수 있는 방법도 없다. 귀신이란 영적 존재는 무색, 무취, 무형상이므로 볼 수 없고, 들을 수 없으며, 만질 수 없고, 냄새도 없다. 그런 존재에 대해 이야기한다는 것은 내가 생각해도 비상식적으로 들린다. 요즘과 같은 세상에 귀신이 존재한다고 주장하면 필시 제정신이 아니라고 비난받을 것이다.

영적 세계 및 존재에 대해 연구해 보고자 하는 마음에서 개인적으로 심리학 및 정신의학을 공부하게 되었다. 이 과정에서 깨닫게 된 것은 서양 학문은 과학적으로 검증된 사실만을 받아들이기에 초자연적인 현상도 합리적·과학적 이론에 근거해 설명한다는 점이었다. 심리학이나 정신의학은 영적 세계와 존재를 부인하기에 초자연적 세계를 학문으로 취급하지 않는다. 영적 세계를 인정한다는 전제 자체가 학문의 영역에서 벗어난다. 어떤 심리학 및 정신의학 책도 영혼 혹은 귀신과 관련된 초자연적 세계와 결부시켜 설명하지 않았다. 그러므로 심리학으로는 귀신이란 존재를 설명해 줄 수 있는 그 어떤 해답도 찾지 못했다.

미국에 유학을 가 신학을 공부하면서 미국 교계에 귀신이란 존재와 영적 전쟁에 대한 많은 책들이 나와 있음을 보고 깜짝 놀라게 되었다. 미국의 그리스도인들은 영적 세계와 악령의 존재를 인정하고 있었고, 미국 교회 내에서 귀신 쫓는 축사 사역이 활발하다는 사실을 알게 되었다. Amazon.com에 들어가 귀신(demon, exorcism)이란 단어를 치면 많은 책들이 나왔다. 이를 통해 귀신의 존재 및 귀신 쫓음에 대한 연구 및 기록들이 있음을 알게 되었다. 대부분의 책들은 신학자나 선교사, 목사들이 귀신의 실존에 관한 체험 및 축사 사역에 대한 경험을 성경적·신학적 연구 결과와 함께 설명해 주었다. 이 책들을 읽고 연구하면서 귀신이란 존재에 대한 분명한 시각을 가지게 되었다.

이를 통해 귀신이란 존재는 한국뿐 아니라 세계 곳곳에서 발견되는 존재로, 귀신의 존재를 인정하고 귀신을 쫓는 사람들이 있다는 사실을 알게 되었다. 비록 귀신의 존재를 증명할 수 있는 완벽한 증거를 제시할 수 없으나, 이런 사례들을 종합 분석해 보면 귀신의 존재를 증명할 수 있다고 생각한다. 한 가지 다행인 점은 한국에서도 귀신에 대한 번역서들이 많이 나오고 있다는 점이다. 현재 한국 기독교를 대표하는 귀신론은 거의 외국 신학자들의 책을 번역한 것이다.

인간은 눈으로 공기의 움직임인 바람을 볼 수 없다. 그러나 바람이 불 때 흔들리는 나뭇가지나 깃발을 보면서 바람이 분다는 사실을 알 수 있다. 귀신도 현상학적으로 접근할 수밖에 없다. 귀신 들린 사람의 언행이나 귀신을 쫓아낼 때 나타나는 현상을 통해서 그 존재를 간접적으로 관찰할 수 있다. 개인적으로도 교회의 모임, 특히 수련회에서 열심으로 기도하는 가운데 귀신이 드러났고 귀신을 쫓게 되었다. 이런 과정을 통해 귀신이 실존이라는 사실과 그의 활동에 대해 알려야 한다는 생각을 굳히게 되었다.

대부분의 한국 교인들은 귀신을 실존으로 받아들이지 않거나, 설사 있다 손 치더라도 심각하게 생각하지 않는다. 관념적 존재요, 종교 및 문화의 상상물로 여겨지는 귀신이 실존이며 끊임없이 활동하고 있는 존재라는 주장은 대부분의 세상 사람들이 납득할 수 없고 받아들이기 힘들 수 있다. 나의 주장이 한국 교회 내에서 받아들여지기 힘들 수 있으며, 비판을 받을 소지 또한 있을 수 있다고 생각한다.

어떤 분들은 귀신에 대한 글을 쓴다는 것 자체가 매우 위험한 일이며, 예상치 못한 부정적 파급효과를 불러일으킬 수 있다는 충고를 해 주기도 했다. 그래서 귀신에 대한 연구를 하면서 많은 갈등을 겪게 되었다. 무엇보다도 귀신에 대해 논하는 것 자체를 한국 교회가 금기시하고 색안경을 끼고 바라보고 있기에 망설여졌다. 그래서인지 많은 신학자들도 귀신에 대해 논하는 것 자체를 꺼려한다. 신정통주의의 주창자인 칼 바르트(Karl Barth)도 귀신론은 신학에서 가장 이해하기 어려운 부분이라고 고백했다: "그 문제(귀신)는 신자와 신학자가 알아야 할 불길한 문제다. 그 불길한 문제에 너무 오래 머물러서는 안 될 것이다. 그 문제를 살펴보는 것은 교훈적인 것도 기쁜 것도 아니다."[1] 그 결과로 인해 귀신에 대해 풀리지 않는 문제들이 산적해 있고, 마귀론, 귀신론, 축사 사역에 대한 정통 신학이 확립되어 있지 않은 상태다.

어떻게 보면 성경에서 귀신이 차지하는 비중이 높지 않기에 그냥 무시하고 지나가도 되는 부분인 듯하다. 신앙생활을 하면서 귀신이란 존재에 대해 전혀 모른다 할지라도 구원에 아무런 지장이 없으며, 신앙생활에 미치는 영향도 그리 크지 않을 수 있다.[2] 그러나 성경을 읽고 묵상하는 그리스도인이라면, 성경에 사탄과 그의 졸개들인 귀신들이 실제로 존재하며, 그들이 활동하고 있다는 것을 알고 있다. 그러므로 사탄과 귀신에 대해 침묵할 수 없음을 알게 된다.

여의도순복음교회의 조용기 목사는 기도를 하는 도중 영적 눈이 열리면서 영적 세계 및 악한 영을 볼 수 있게 되었다고 한다. 그도 처음 귀신을 보고 그들의 속삭이는 소리를 들었을 때 자신에게 무슨 정신적 문제가 생긴 것이 아닌가 하고 놀랐다고 한다.[3] 그러나 귀신

---

1) Karl Barth, *Church Dogmatics* (Edinburgh: T. and T. Clark, 1961), vol. 3, part 3, 608.
2) Millard J. Erickson, *Christian Theology* (Grand Rapids, MI: Baker Book House, 1985), 434.
3) 조용기, 「나의 교회성장 이야기」 (서울말씀사, 2005), 172.

을 본 이후로 영적 세계의 실존을 알게 되었고, 그 이후로 신유와 축사 사역을 활발하게 전개해 나가고 있다.

　나는 이 책을 통해 귀신이 관념적이거나 추상적인 존재가 아닌 실존이며, 현재에도 우리 주위에서 활동하고 있는 존재임을 말하고자 한다. 귀신에 대한 넓은 시각을 제공하기 위해 정신의학, 심리학, 무속신앙, 심령 과학 등에 대해서도 짧게 다루고자 한다. 그리고 귀신이 우리의 육체 안에 들어올 수 있다는 사실과, 인간에게 미치는 악영향들에 대해서 말할 것이다. 그리고 '악령에게 어떻게 하면 승리할 수 있는가?'를 제시하고자 한다. 지피지기면 백전백승이다. 보이지 않는 영적 존재인 마귀와 귀신을 알고 인정하는 것이 악령을 물리치는 능력이 된다.

　이 책은 영적 세계를 인정하지 않는 사람들, 특히 귀신의 존재를 부정하는 사람들을 위해서 썼다. 물질세계만을 인정하고 살아가는 현대인들에게 보이지 않는 영적 세계가 있음을 알리고자 한다. 사람도 육체로만 끝나는 유한적 존재가 아닌 영혼을 가진 무한한 존재임을 알리고자 한다. 물질세계만을 위해서 살지 말고 죽음 이후의 세계에도 관심을 가지는 계기가 되었으면 한다. 혹시 귀신의 존재에 대해 알고 있거나, 귀신으로 인해 고통을 받고 있으나 정신이상자로 몰릴까 봐 그 사실을 숨기고 있는 사람들에게 직접적이고 실질적인 도움이 되었으면 한다.

귀신에 대한 오해

1. 귀신은 없다

현대인들의 귀신에 대한 오해 중 가장 큰 것은 '귀신은 없다'는 생각이다. 기독교 변증가인 C. S. 루이스(C. S. Lewis)에 의하면, 귀신의 가장 강력하고 효과적인 무기는 자신의 정체를 숨겨 사람들로 하여금 그들의 존재를 믿지 않게 하는 것이라고 지적한다.[4] 귀신의 가장 큰 무기는 사람들이 이 세상에 귀신은 존재하지 않는다고 믿게 하는 것이다. '귀신은 존재하지 않는다'는 생각 자체가 귀신에게 좋은 피난처를 제공해 준다. 귀신을 인정하지 않는 곳에서는 귀신이 드러나지도 않는다.

이러한 귀신의 작전이 성공해 대부분의 사람들은 눈에 보이는 세계만을 인정하며 보이지 않는 세계는 존재하지 않는다고 믿는다. 사람들은 귀신이 원시 시대나 중세 시대와 같이 과학 문명이 뒤떨어진 시대에 존재했지, 현대와 같은 문명 시대에 귀신이 어디 있냐고 반문한다. 언제부터인가 귀신의 존재는 철저히 부정되었고, 귀신이란 신화와 전설의 세계에나 존재하는 관념적·무의식적 존재로 변신해

---

4) C. S. Lewis, *The Screwtape Letters* (Uhrichsville, Ohio: Barbour and Company, 1990), preface.

버렸다. 서구 사회의 합리적·과학적 사고는 귀신을 공상 속의 존재로 만들었다. 유물론적 사고에 젖어 있는 현대인들은 영의 세계를 부정하기에 귀신은 있을 수 없는 존재로 생각한다. 이런 영향으로 인해 현대에 귀신이 실존한다고 주장하는 사람은 미신적이며 샤머니즘에 물든 사람이라는 오해를 받는다. "이 세상에 귀신이 어디 있어?", "지금이 어떤 세상인데 귀신 이야기를 해?" 하며 강한 반발을 보인다. 귀신의 작전은 매우 효율적이고 성공적이어서 현대인들 중 귀신의 존재를 인정하는 사람이 드물게 되었다.

나도 그중의 한 사람이었다. 누군가가 귀신 이야기를 하면 예부터 전해져 내려오던 재미있는 이야깃거리로 생각했고, 누군가가 귀신을 직접 보았다고 하면 몸이 허해서 헛것을 보거나 나이가 들면서 노망이 든 징조라고 생각했다. 설사 귀신 들린 현상이나 무당의 굿거리를 직접 본다 하더라도 이를 종교 현상에서 나타나는 황홀경 내지는 최면술의 일종으로 생각했다.

귀신의 실체를 부정하는 경향은 기독교 내에서도 강하다. 영적 존재에 대한 분야인 천사론, 마귀론, 귀신론 등은 기독교 공동체 안에서도 무관심한 분야가 되었다. 나도 미국 신학교에서 신학 공부를 하면서 단 한 번도 천사나 귀신에 대해 배운 적이 없다. 신학교에서 배운 지식으로는 귀신에 대해 아무것도 알 수 없고, 귀신 축출은 상상도 할 수 없다. 현대 신학은 영적 존재인 천사, 마귀, 귀신 등에 대해 거의 관심을 기울이지 않고, 오히려 관념적 존재나 환상으로 취급하는 경향이 높다. 실존주의 신학자 불트만(Rudolf Bultmann)은 현대 과학에 의해 자연의 법칙이 밝혀진 이상 더 이상 천사나 귀신과 같은 영적 존재를 믿을 수 없고, 기적을 믿는다는 것은 불가능하다고 주장한다: "질병은 바이러스나 박테리아로부터 오는 것이지, 귀신이 사람 속에 들어와 발병을 하는 것이 아니다. 성경에 나오는 신유나 축사는 역사적으로 실제로 일어난 사건이 아닌 비유 내지는 신화다. 그러므로 초자연적이고 신화적 존재는 성경에서 없애야 한다."[5] 사두개인들이 영적 존재인 천사의 실존을 부인한 것처럼, 현대 자유주의 신학자들은 천사나 귀신을 일종의 공포, 범죄, 양심의 가책, 수치심, 분노, 우울 등으로 해석한다. 마귀와 귀신 등은 죄를 짓고자 하는 부패한 마음이나 악을 가리킨다. 예수께서 귀신을 쫓으신 사건은 사람들로부터 악한 죄와 더러운 생각을 물리치신 것이다.

폴 틸리히(Paul Tillich)는 귀신을 사회에 만연해 있는 부조리와 부정의, 부패로 해석한다.[6] 한번은 미국 신학교 수업 시간에 악(Evil)의 개념에 대한 토론을 벌인 적이 있었는데, 교수 및 조교는 사회의 구조악이나 부정의를 악 혹은 귀신으로 해석했다. 내가 사탄과 악령의 세계는 정말 존재하는 것이라 말했더니 이를 미신적인 제3세계의 견해로만 받아들였다. 마치 나를 문명이 덜떨어진 제3세계에서 온 사람으로 취급했다. 이처럼 귀신의 실존을 믿지 않는 신학자들은 귀신을 사회 구조학적 악으로 해석한다. 이 세상의 악의 개념을 사회화시키는 데 성공했다.[7] 이에 영향을 받은 현대 그리스도인들은 악

---

5) Rudolf Bultmann, *Jesus Christ and Mythology* (Charles Scribner's Sons, 1958), 15. Rudolf Bultmann, "New Testament and Mythology", in *Kerygma and Myth*, ed. Hans Bartsch (New York: Harper and Row, 1961), 5. Morton Kelsey, *Healing and Christianity* (Minneapolis: Augsburg Books, 1995), 10-11.
6) Paul Tillich, *Systematic Theology* (Chicago: University of Chicago, 1957), vol. 2, 27.

령의 실존을 받아들이지 않고 귀신을 인간의 죄성, 악이나 욕망으로 해석한다.

'귀신이 존재하지 않는다' 는 신념은 결국 사람들이 귀신 현상을 보더라도 이를 귀신의 활동으로 받아들이지 않게 만들었다. 현대인들은 그들의 귀신 경험을 심리학적으로 혹은 정신의학적으로 규명하고자 한다. 정신의학이나 심리학에서도 귀신 들림 현상을 인본주의적으로 해석하여 영혼을 의식이란 용어로 대치하고, 귀신은 망상 내지는 환각으로 표현한다. 귀신을 정신분열증, 다중 인격, 황홀경, 환상, 환청, 무의식적 콤플렉스, 최면 등으로 해석하여 귀신 들림 현상을 현실의 고통을 극복하기 힘들 때 자아가 현실 도피의 방법으로 택하는 퇴행 과정으로 설명하기도 한다.[8]

이처럼 현대는 귀신의 존재를 부정하는 시대다. 사람들은 "이 세상에 귀신이 어디 있는가?" 반문하며 귀신의 존재와 활동에 대해 무관심하게 되었다. 불신자는 말할 것도 없고, 많은 그리스도인들도 영적 존재에 대한 지식 결핍으로 마귀나 귀신에 대해 관념적인 죄나 악의 개념으로 해석하게 되었다. 귀신의 실체를 인정하지 않는다는 것은 귀신의 활동에 대해 묵인한다는 것을 의미한다. 귀신이 실존하고 있고 우리에게 악영향을 끼치고 있음에도 불구하고 대부분은 이런 사실을 모른 채 지나치게 되었다. 귀신의 존재를 부인함으로 인

---

7) 존 웜버, 「능력치유」, 이재범 역 (나단, 2003), 175-8.
8) 김광일, "기독교 치병 현상에 관한 정신의학적 조사 연구", 「한국교회 성령운동의 현상과 구조」(대화출판사, 1987), 277-8. 메릴 엉거, 「성도를 향한 귀신들의 도전」, 정학봉 역 (요단출판사, 1985), 32-3.

해 귀신의 공격에 대해 그리스도인조차도 무방비 상태에 놓여 있다. 실제 귀신을 쫓는 과정에서 한 귀신은 "정체가 드러나지 않도록 했고, 혹 귀신의 소행인 것도 심리적인 현상이라고 믿도록 유도했다"고 고백했다.[9] 이런 상황에서 귀신은 사람들을 자신의 의지대로 쉽게 움직일 수 있다. 우리가 악령의 실존을 무시하고 방심할 때 큰 영적 위험에 빠질 수 있다.

귀신을 일종의 환상에 불과하다고 주장하는 사람들에게 칼빈(John Calvin)은 다음과 같이 경고했다.

> 이 구절(눅 8:26~39)은 마귀들이 본질을 가진 영이 아니라 단지 인간의 왜곡된 감정들일 뿐이라고 말하는 세상 사람들이 얼마나 어리석게 지껄이고 있는 것인지를 보여 준다. 그렇다면 어떻게 탐욕이나 욕망, 잔인성, 불성실 같은 것들이 돼지들 속으로 들어갈 수 있겠는가? 그러므로 악령들은 인류의 적들이고, 자신들이 할 수 있는 한 모든 사람들을 자기들과 함께 같은 멸망 속으로 끌고 들어가려고 애쓴다.[10]

귀신은 스파이와 같은 존재다. 스파이의 임무는 자신의 정체를 숨겨 아군으로 가장하여 상대방을 혼란 속에 빠뜨리며 결국은 파멸

---

9) 찰스 크래프트, 「사악한 영을 대적하라」, 윤수인 역 (은성, 2006), 139-43.
10) John Calvin, Institutes of the Christian Religion I (Westminster John Know, 1960), 14/23. 이오갑, 「루터와 깔뱅의 마귀 이해」, 「한국교회 신학자들이 본 마귀론 이해」 (은성, 1998), 154. 재인용.

로 이끄는 것이다. A 회사에 산업 스파이가 있다고 하자. 그는 A 회사의 기밀을 빼돌려 자신이 속한 회사에 넘기는 일을 한다. 그런데 A 회사에서는 스파이가 있다는 사실조차도 모른다면 그 스파이는 안전하고 효율적으로 자신의 일을 처리할 것이다. 스파이 짓이 분명한 것도 A 회사가 우연한 사고로 생각하고 그냥 지나친다면 스파이의 활동은 더욱 대담해질 것이고, 결국 모든 산업 기밀을 안전하게 훔쳐서 유유히 사라질 것이다. 그러나 A 회사가 회사 내에 스파이가 있다는 사실을 알고 이를 조사한다고 소문만 내더라도 스파이는 오금이 저려서 활동을 중단할 것이다. 스파이는 자신의 정체가 드러나면 그것으로 생명이 끝나게 된다. 귀신이 자신의 정체를 숨기는 것은 자신의 생존과 직결된다.

귀신은 스파이와 같은 존재로, 늘 자신이 존재하지 않는 것처럼 위장을 한다. 귀신은 사람들이 귀신에 대해 인정하지 않을수록 자신의 목적을 쉽게 이룰 수 있다.[11] 그러나 예수께서 이 세상에 오셔서 정확하게 귀신의 존재를 인식하시자 귀신들은 자신의 정체를 드러냈고 무기력하게 쫓겨나갔다. 예수께서 귀신을 쫓으신 것은 심리전이나 압박에서의 해방이 아니었다. 귀신은 자신의 존재를 인정하고 정확하게 지적하는 사람에 대해 죽음의 공포를 느낄 만큼의 두려움을 가지고 있다. 영분별의 은사를 가진 사람이 사람 속에 들어가 있는 귀신을 보고 그의 존재를 지적하면 그동안 없었던 것처럼 위장했던 귀신은 두려움 속에 금세 자신의 정체를 드러내고 만다. 귀신의

---

11) Michael Green, *I Believe in Satan's Downfall* (Hodder & Stoughton, 1981).

존재 자체를 인정하는 것만으로도 귀신에게 큰 위협이 되고, 우리를 방어할 수 있는 큰 힘이 된다는 것을 명심해야 할 것이다.

2. 귀신은 전지전능하고 무섭다

귀신에 대한 두 번째 오해는 '귀신은 전지전능하고 무섭다' 는 생각이다. 사람들이 귀신의 존재를 인정하게 되면 귀신은 그 다음 무기로 자신은 초자연적 존재로 모든 것을 알고 있으며 엄청난 능력을 가진 것처럼 믿게 만든다. 우리는 영화나 드라마를 통해 귀신은 매우 무서운 존재라는 인식을 가지고 있다. 특히 〈전설의 고향〉에 등장하는 귀신은 흰 소복에 긴 머리카락, 입에 묻어 있는 피, 사람을 홀리는 능력 등으로 사람들이 귀신을 무서워하게 만든다. 이것이 귀신이 노리는 바다. 귀신은 자신이 능력 있고 무서운 존재임을 암시함으로 사람들에게 겁을 주고 자신을 보호한다. 우리가 그들을 무서워하면 할수록 악령은 더 큰 위용을 보임으로 우리를 압도한다.[12] 제 3세계에 사는 사람들은 귀신의 존재를 인정하며, 그들을 매우 무서운 존재로 여겨 두려워한다. 귀신을 전지전능한 존재로 인식하고 그 능력을 지나치게 높게 평가하여 귀신을 섬기게 된다.

귀신은 자신의 정체가 드러나면 그 다음 단계로 자신이 능력 있고 무서운 존재라는 인상을 풍기면서 귀신을 쫓는 사람(축사자)이 자신을 쫓아내지 못하도록 위협을 가하기도 한다. 한 그리스도인이 귀신을 쫓고 있었다. 귀신을 쫓던 사람이 "더러운 귀신아, 나와라" 하

---

12) Athanasius, *The Life of Saint Antony* (Kessinger Publishing, 2005), 59, 63.

고 명하자 귀신은 다음과 같이 험상 굳게 말했다: "쫓아 봐. 쫓으면 네 속에 들어가서 죽여 버릴 테다. 네 속에 들어갈 테니 한번 쫓아 봐." 그 순간 귀신을 쫓던 사람은 두려움을 느끼면서 뒤로 물러서고 말았다. 귀신의 권세를 인정하니 귀신을 무서워하게 되어 압도당하고 만 것이었다. 이를 지켜보고 있던 다른 집사님이 기세도 당당하게 귀신을 쫓자 이번에는 그 귀신이 숨 한번 크게 쉬지 못하고 쫓겨 갔다. 이처럼 귀신은 자신을 무서워하는 사람 앞에서 위풍당당하다. 그러나 귀신의 능력이 하나님 권세에 비하면 아무것도 아닌 것을 인정하는 사람 앞에서는 꼼짝도 하지 못한다.

귀신이 사람보다 조금 나은 부분은 사람들이 모르는 영적 세계와 사후 세계에 대한 지식을 소유하고 있다는 점이다. 그 외에는 사람의 지식을 초월하지 못하며, 능력도 극히 제한적이다. 성경은 귀신이 무섭고 강력한 존재가 아니라 '더러운' 존재라고 밝힌다. 예수님은 귀신이란 명칭 앞에 '더럽다'는 형용사를 붙임으로 귀신은 단지 더러운 존재에 불과하다고 설명하셨다. 더럽다는 것은 하나님으로부터 분리되어 저주받았음을 의미한다. 그래서 예수님은 귀신을 쫓으실 때, "무서운 귀신아"라고 하지 않고 "더러운 귀신아"라고 부르셨다. 마귀를 지칭하는 '바알세불'의 뜻 자체가 '똥파리의 주인' 혹은 '대변의 주'라는 뜻이다.[13] 우리는 흔히 "똥이 더러워서 피하지 무서워서 피하냐?"고 말한다. 예수님은 귀신을 똥 취급하시면서 귀신에 대한 형용사로 매번 '더러운'이란 용어를 사용하신 것이다.

---

13) 유상현, "신약의 귀신", 「한국교회 신학자들이 본 마귀론 이해」, 27.

귀신은 전지전능하지도, 무섭지도 않은 존재다. 마귀와 귀신의 권세는 예수님의 십자가 보혈로 완전히 패배했다. 그래서 그리스도인은 귀신의 존재는 인정하되, 귀신의 능력을 과대평가하거나 두려워할 필요가 전혀 없다:[14] "성도들이 마귀와 악령 등에 의해 공격을 당할 때, 그들이 기억해야 할 것은 마귀와 그의 졸개들이 하나님의 손에 의해 꽉 묶여 있기 때문에 아무런 음모도 꾸밀 수 없다는 사실이다."[15] 아무리 사탄이 발악을 할지라도 마치 이빨 빠진 사자와 같은 신세인 것을 알아야 한다. 귀신은 하나님의 자녀인 그리스도인을 대항할 만한 능력이 전혀 없다. 그들은 예수의 이름 앞에서는 언제든지 쫓겨 갈 수밖에 없는 나약하고 불쌍한 존재다.[16] 그러므로 '귀신이 전지전능하고 무섭다'는 오해를 해서는 안 되며, 귀신을 '똥덩어리' 취급해야 한다.

---

14) 홍성건, 「하나님이 찾으시는 사람」 (예수전도단, 2008), 243.
15) John Calvin, *Institutes of the Christian Religion* IV, 1:17:11.
16) Athanasius, The Life of Saint Antony, 63.

오늘날에도 귀신이 있나요?

세계관

현대는 과학적 논리와 합리적 이성이 지배하는 시대다. 객관적이고 합리적인 사고방식을 가진 현대인들은 눈에 보이는 세계와 과학적 방법으로 측정할 수 있는 세계만을 인정한다. 과학은 실험, 관찰, 측정을 통해 물질적 세계를 규명한다. 눈으로 볼 수 있고 손으로 만져 보고 측정이 가능해야 실존이며, 과학적으로 증명할 수 없는 눈에 보이지 않는 세계는 실존 대상이 아니다. 인간은 집, 자동차, 옷, 음식처럼 눈에 보이는 대상들에 큰 흥미와 관심을 가진다. 이전에 눈으로 볼 수 없었던 미세한 세계를 보기 위해 현미경을 발명하고, 멀리 떨어져 있는 세계는 망원경을 통해 본다. 물질의 최소 단위인 원자로부터 몇 백억 광년의 우주의 세계까지 그 크기와 질량을 측정하려고 시도한다. 눈에 보이지 않는 지능지수나 감성지수 등도 이를 측정하는 방법에 의해서 숫자화 할 수 있다. 우리가 실존으로 인정할 수 있는 것은 그 존재를 측정할 수 있는 과학적 기술이나 방법이 있을 때다. 측정할 수 없는 것은 그 존재를 인정받지 못하며, 이 세상에 존재하지 않는 가상의 존재가 되고 만다. 그래서 눈에 보이지도 않고 관찰 및 측정이 불가능한 존재에 대해서는 무관심하고 그 실존을 부인한다. 영적 존재는 측정할 수 있는 방법이 없기에 일종의 철학적·종교적·관념적인 개념으로 인식되었다. 자연과학은 영혼이 실존한다는 사실 자체를 부정하기에 영혼에 대해서 논하는 것 자체를 무의미한 것으로 본다.

죽음 이후에 육체는 없어지나 영혼은 계속된다는 영혼 불사의 신앙은 원시 시대부터 믿어져 왔다. 여러 종교들과 철학은 영혼의 존재를 시인하면서 영혼의 본질, 육체와의 관계, 기원 등에 대해 다양한 이론들을 발전시켜 왔다. 고대 철학자 플라톤(Plato)은 보이지 않는 비물질적 세계가 존재한다고 믿었다. 특히 그는 영혼에 대한 관심이 많았는데, 죽음이란 영혼과 육체의 분리로 해석하고, 그 이후 영혼은 심판을 받게 된다고 생각했다.[17] 비물질적 세계와 물질적 세계는 끊임없는 상호관계에 있는데, 본질은 영적 세계로, 물질세계는 영적 세계에 의해 움직인다고 생각했다.

보이는 세계는 보이지 않는 세계에 의해 영향을 받고 움직인다. 사랑이란 추상적 개념으로 사람의 마음속에 잠재되어 있기에 그 누구도 사랑을 눈으로 볼 수 없다. 그러나 행동이나 말을 통해 표현될 수 있다. 자녀에 대한 부모의 사랑이나 연인의 사랑이 표현될 때, 우리는 간접적으로나마 사랑을 볼 수 있다. 나무도 보이는 잎과 나무 줄기로 이루어져 있지만, 보이지 않는 뿌리에 의해 영양을 얻고 자란다. 뿌리가 병들면 나무도 시들어져 간다. 인간의 삶 또한 보이지 않는 영적 세계에 의해 큰 영향을 받는다.

영적 세계는 현대 과학적 방법을 동원하더라도 관찰될 수 없는

---

17) 레이몬드 무디, 「이 세상 후의 세상」 (여운사, 1988), 141-5.

눈에 보이지 않는 세계다. 영적 세계는 인간의 능력으로는 도저히 접근이 불가능한 세계다. 과학이 아무리 발달한다 하더라도 신을 측정한 사람은 없다. 그러기에 대부분의 사람들은 신이란 존재와 귀신이란 존재를 부인할 수밖에 없다. 귀신이란 실존은 우리가 가지고 있는 세계관으로는 받아들일 수 없는 존재다.

성경은 하나님께서 이 세상을 창조하셨다고 기록하고 있다: "만물이 그에게서 창조되되 하늘과 땅에서 보이는 것들과 보이지 않는 것들과 혹은 왕권들이나 주권들이나 통치자들이나 권세들이나 만물이 다 그로 말미암고 그를 위하여 창조되었고"(골 1:16). 이 세상은 눈에 보이는 물질세계와 보이지 않는 영적 세계로 구성되어 있다. 영적 세계가 영원한 데 반해, 이 우주 안에 피조 된 세계는 어느 때인가 없어질 존재들이다: "우리가 주목하는 것은 보이는 것이 아니요 보이지 않는 것이니 보이는 것은 잠깐이요 보이지 않는 것은 영원함이라"(고후 4:18). 결국 최후의 심판 때 이 우주도 지옥 불 못에 던져짐으로 사라지게 된다. 우리는 보이는 것 너머에 있는 보이지 않는 것에 관심을 가져야 하며,[18] 무엇이 영원한 것이며 무엇이 유한한지를 알아야 한다.

귀신이란 존재는 눈에 보이는 세계만을 인정하고 살아가는 현대인들에게 눈에 보이지 않는 세계가 있음을 알려 주는 유익이 있다. 한번은 미국에 유학을 온 청년부를 담당한 적이 있다. 그들의 대부

---

18) C. F. Kraft, "Spiritual Warfare: A Neocharismatic perspective", in *The New International Dictionary of Pentecostal and Charismatic Movements*, Stanley M. Burgess, eds (Grand Rapids, MI: Zondervan, 2003), 1092. 홍성건,「하나님이 찾으시는 사람」, 203.

분은 한국에서 신앙생활을 해 본 적이 없었던 터라 교회를 나와도 그들의 신앙이 자라거나 하는 변화가 보이지 않았다. 겨울 수련회를 갔으나 대부분 말씀보다는 오락에 열중하며, 저녁 기도 시간이 되어도 몇 남지 않고 다들 숙소에 들어가 버렸다. 마지막 날 기도 모임을 하고 있는데, 갑자기 한 형제가 온몸을 부들부들 떨면서 발작을 일으켰다. 얼굴을 자세히 보니 표정이 일그러져 있었고, 공포로 떨고 있었다. 이는 성령 충만의 결과가 아닌 귀신 들림 현상이라는 것이 직감으로 다가왔다. 그래서 붙들고 기도하니 갑자기 고함을 지르면서 발작이 심해졌다. 그때 뒤에서 졸고 있던 한 청년은 그 장면을 보고 너무 놀라 숙소로 달려가 놀고 있던 청년들을 데리고 왔다. 그들은 눈을 동그랗게 뜬 채 그 장면을 보고 있었다. 예수 그리스도의 이름으로 명하자 그 형제는 뒤로 발랑 넘어가 한동안 일어나질 못했다. 수련회를 마치고 그 다음 주일이 되었는데, 지난 1년 중 가장 출석률이 좋았다. 그동안에는 영적 세계를 부정하고 살았던 그들이었는데, 축사 장면을 보고 영적 세계의 실상을 깨닫게 된 것이었다. 이처럼 귀신이란 존재는 우리에게 눈에 보이는 세계 외에 보이지 않는 또 다른 세계가 존재한다는 것을 증명해 준다. 세상은 눈에 보이는 세계와 존재들에 대해서만 말하지만, 그리스도인은 보이는 세계와 보이지 않는 세계 모두에 관심을 가져야 한다. 하나님 나라를 위해 사는 사람은 보이지 않는 영적 세계와 천국에 관심을 가지게 되어 있다.

귀신은 있다

　귀신의 존재를 입증하는 것이 불가능한 이유는 귀신은 볼 수 없는 영적 존재이기 때문이다. 볼 수 없기에 그 존재를 증명할 방법이 없다. 우리는 공기를 볼 수 없다. 그러나 공기의 흐름인 바람이 불면 흔들리는 나뭇가지를 통해 공기의 존재를 인정할 수 있다. 귀신이란 존재는 공기와 같아 우리의 눈으로 직접 볼 수 없고 측정도 불가능하다. 귀신 들림 현상이나 귀신을 쫓아냄으로 귀신이 있다는 사실을 간접적으로 알 수 있다. 귀신을 쫓으면 사람 속에 숨어 있던 귀신이 정체를 드러내면서 여러 가지 상상할 수 없는 현상들이 나타난다. 귀신의 존재를 밝힐 수 있는 많은 영적 현상들이 있으며, 귀신을 직접 보거나 경험한 사람들도 존재한다.

　〈반지의 제왕〉(The Lord of the Ring)의 감독인 피터 잭슨(Peter Jackson)은 영국 채널4 방송국과의 인터뷰에서 귀신을 직접 본 적이 있다고 고백했다. 그는 20년 전 뉴질랜드의 세인트 제임스 극장 건너편에 있던 아파트에서 살았는데, 하루는 아침에 일어나니 방 안에 한 여인의 형체가 보였다. 그녀는 약 50세 정도였고, 초조한 상태로 비명을 지르는 듯한 표정을 하고 있었다. 그녀는 침대 끝에 서 있다가 방을 가로질러 벽으로 사라져 버렸다. 잭슨 감독은 침대에 앉아서 꿈을 꾼 게 아닌지 의아해했다. 그때 그의 아내가 된 프랜(Fran)이 들어오기에 자신이 본 것을 이야기해 주었다. 그랬더니 그녀는 "비명 지르는 얼굴을 한 여인이 아니냐?"고 되물으면서, 그녀도 2년 전에 그 방에서 그 여인을 보았다고 말했다. 잭슨 감독은 문제의 그녀를 수소문해 보았는데, 오래전 연극 무대에서 연기를 못한다고 야유를 받자 목을 매어 자살한 한 여인과 생김새가 똑같았다는 이야기를 듣게 되었다.[19]

장나라는 귀신을 직접 본 연예인으로 알려져 있다. 하루는 장나라와 그녀의 매니저가 지방 도로를 달리고 있었다. 갑자기 매니저가 소스라치게 놀랐다. 차 보닛 위에 처참한 형상을 한 귀신이 매달려 있었던 것이다. 어찌 할 바를 모르고 있는데, 뒤에 앉아 있던 장나라가 말했다: "오빠도 보여?"[20] 다음은 오래전 MBC의 〈이야기 속으로〉라는 프로그램에서 탤런트 이창훈이 직접 한 이야기다. 그는 베트남으로 드라마 촬영을 갔다. 하루는 방 안에서 잠을 자고 있는데 갑자기 사람 떠드는 소리가 들려 눈을 뜨게 되었다. 두 처녀가 다른 침대에 앉아 이야기를 나누고 있었다. 잠시 후 두 처녀는 호텔 방 안에서 나갔는데, 잠긴 문을 그대로 통과해 나가 버렸다.

기독교 작가인 김성일도 그의 저서에 귀신에 대한 체험을 기록하고 있다. 그의 부인은 위암으로 고통 받고 있었는데, 하루는 밤 12시가 지나자 부인이 갑자기 눈을 뜨면서 누가 밖에서 부른다고 했다.

---

19) http://www.stuff.co.nz/entertainment/3097221/Peter-Jacksons-ghostly-encounter
20) http://news.msn.co.kr/article/read.html?cate_code=8200&article_id=2009071308011
    75012&pos=relate_pm

그가 병실 문을 열고 밖을 내다보았지만 아무도 없었다. 그런데도 부인은 계속해서 누가 밖에서 부른다며, 나중에는 길거리까지 나가 정신없이 돌아다니기도 했다. 그는 이상 증세를 보이는 부인을 붙들고 기도했는데, 그녀의 입술이 새파래지면서 온몸을 떨기 시작했다. 다음 날에 보니 아내의 낯빛이 정상으로 돌아와 있었고, 아내의 이상 증세도 멈추게 되었다. 그는 귀신의 존재에 대해 의심했으나, 부인의 사례를 통해 귀신에 대해 체험한 후에야 귀신의 존재를 인정하게 되었다고 고백했다.[21]

풀러 신학교 교수이며 정신병리학자인 뉴튼 말로니(Newton Malony)도 처음에는 귀신의 존재를 미신적인 것이라 생각했다. 그러나 귀신의 실체를 경험하고 나서 그 존재를 인정하게 되었다. 그는 '귀신론과 정신병'이라는 강좌를 열어, 학생들에게 귀신은 실재하며 귀신을 쫓아내야 한다고 가르쳤다.[22] 그와 같은 신학교 교수인 찰스 크래프트(Charles Kraft)도 귀신은 분명히 존재하며, 사람 속에 들어와 고통의 원인이 된다고 밝힌다. 한번은 '표적과 기사'라는 강의 시간에 한 여인에게 들어가 있던 19마리의 귀신을 쫓았고, 그 이후 그 여인은 치료함을 받았다. 그는 그 경험 이후로 계속 귀신 쫓는 사역을 해 오고 있다.[23]

나도 귀신을 보았다는 사람을 만난 적이 있다. 대학부에서 성경공부 교사를 담당하고 있었는데, 하루는 한 여대생이 성경공부 반에

---

21) 김성일, 「성경과의 만남」 (국민일보사, 1990), 243-6.
22) 피터 와그너, 「제3의 바람」, 정운교 역 (임마누엘, 1990), 191-4.
23) 찰스 크래프트, 「사악한 영을 대적하라」, 20-21, 43-7.

합류했다. 영적 존재에 대한 성경공부를 하는 날, 그녀는 자신을 이상하게 생각하지 말아 달라고 다짐을 받은 후 자신의 귀신 체험을 이야기해 주었다. 밤이면 자신의 방 천장에 귀신이 나타나는데, 그 모습이 너무도 무섭고 끔찍해서 꼼짝도 하지 못하고 누워만 있게 된다고 고백했다. 다른 사람에게 그 이야기를 했다가 정신병자로 오해를 받았다고 한다. 결국 더 이상 다른 사람에게 말하지도 못하고 노심초사하던 중 교회에 나오게 되었다는 것이었다. 이 사례를 듣고 임상심리학 교수님께 말씀드렸더니 그 학생은 정신분열증 초기 상태에 와 있기에 조속한 치료가 필요하다는 대답을 들었다. 그러나 그녀는 정신질환자가 아닌 지극히 평범한 대학생이었다.

위의 이야기들을 들으면 대부분의 사람들은 세상에 별 신기한 일도 다 있다면서 무심코 지나칠 것이다. 위의 여대생처럼 귀신을 보았다는 이야기를 주변 사람들에게 하면 정신이 이상한 사람으로 취급받기 십상이다. 그러나 드물기는 하지만 위와 같이 귀신을 직접 보거나 체험한 사람들이 있다. 그들도 처음에는 귀신에 대해 관념적으로만 알고 있다가, 귀신이란 실체를 경험한 후에야 귀신을 인정하게 되었다. 도저히 인정할 수 없던 귀신이란 존재를 뜻밖의 생생한 체험을 한 후, 어쩔 수 없이 그 존재를 인정하게 된 것이다. 나 역시 귀신 쫓는 장면을 직접 보고도 믿지 않았으며, 나중에 성경을 읽고 난 이후에도 믿기 힘들었다. 우연한 기회에 귀신을 직접 쫓아 보고 나서야 겨우 귀신의 실존을 인정하게 되었다. 귀신은 오늘날에도 활동적으로 움직이고 있는 실체다.[24]

1. 심령 과학과 귀신

하루는 대학 도서관에서 이상심리학에 관한 정보를 찾다가 우연히 한 책에서 죽는 순간을 포착한 한 장의 사진을 보게 되었다. 한 사람이 침대에서 죽어 가고 있었고, 그 순간 그 사람 속에서 그 사람의 형체를 닮은 희미한 것이 빠져나오고 있었다. 그 사진을 보고 충격에 빠졌다: '사람이 죽으면 그것으로 끝인데, 이 사람의 몸에서 빠져나가는 것은 무엇일까?' 그 한 장의 사진은 나에게 '사람은 어디로부터 오며, 죽어서 어디로 가는 것인가?', '눈에 보이지 않는 세계는 존재하는 것인가?' 등에 대한 수많은 삶에 대한 의문들을 불러일으켰다. 사진을 복사해서 주변 사람들에게 보여 주며 이것이 무엇인지 물어보았으나, 오히려 그들도 이런 사진은 처음 본다면서 되물어 왔다.

심령 과학이란 보이지 않는 영적 세계를 연구하는 학문으로, 특히 죽은 사람의 영혼과 죽음 이후의 세계에 대해 연구하는 학문이다. 한국에는 생소하지만 옥스퍼드대학이나 케임브리지대학 등에서 심령 과학이라는 독립된 학문으로 연구하고 있다. 심령 과학이 많은 사람들의 관심을 끌게 된 배경에는 1848년 미국 뉴욕의 하이즈빌에서 일어난 이상한 사건에서 비롯된다. 폭스 가족이 하이즈빌에 있는 한 집으로 이사를 왔다. 그런데 이사 온 집에서 밤이면 이상한 소리가 났다. 무엇인가를 손으로 두드리는 소리인 래프 현상(손가락으로 '딱딱' 하고 튀기는 소리 혹은 딱딱한 물체를 두드리는 소리)은 갈수록 심해졌

---

24) Nicky Gumbel, *Questions of Life* (Colorado Springs, Colorado: Cook Communications Ministries, 1993), 157.

고, 이 현상은 마을 사람들에게도 알려졌다. 그 원인을 조사하기 위해 조직위가 구성되었고, 그 집을 조사하던 중 지하실 벽에서 살해당한 후 묻혀 있던 한 시체를 찾아내었다. 연구위원들은 억울하게 살해당했던 사람이 영혼이 되어 자신의 억울함을 세상에 호소한 것으로 해석했다. 많은 사람들이 입회한 자리에서 실시된 사후 영혼과의 통신을 통해 영적 존재와 사후 세계가 존재한다는 사실이 밝혀졌다.[25] 이처럼 심령 과학은 사람에게 영혼이 존재하며, 사람이 죽은 이후에도 사후 영이 존재한다는 학문적 기반을 마련해 주었다.

〈멕시코에서 공인된 심령사진: 사망 시 육체에서 영혼이 분리된다〉

심령 과학은 수십 년 동안 영혼의 존재를 증명하기 위해 현상학적 방법들을 동원하고 있다. 그 방법 중 하나는 죽었다가 다시 살아난 임사 체험자들의 경험과 증언을 분석하는 것이다.[26] 전 세계적으로 500만 부 이상이 팔린 무디(Raymond A. Moody)의 「이 세상 후의 세상」은 임사 체험에 대해 철저히 조사한 책이다. 무디는 의사이자 심리학자로, 가사 상태에 빠졌던 사람들의 사례 150여 개를 분석했다. 가사 상태, 즉 죽었다가 다시 살아난 사람들의 중요한 공통점은 '죽음의 순간에 자신의 몸으로부터 자기(영혼)가 빠져나왔다'는 것을 명확히 느꼈다는 것이었다. 한 가지 사례를 들어 보겠다. 한 의사가 경비행기를 타고 가던 중 기류에 휘말려 비행기가 추락하게 되었다. 따로 준비된 낙하산이 없었고, 이 의사는 비행기와 같이 추락하고 말았다. 그런데 놀라운 일이 발생했다. 그 의사는 땅바닥에서 약 60m쯤 되는 높이에서 비행기와 추락하고 있던 또 다른 자신을 보고 있었다. 비행기와 떨어져 추락한 자신은 피를 흘리며 죽어 갔고, 구급차에 실려서 마을 병원으로 이송된 후 응급조치가 취해졌다. 그런데 또 다른 자아는 다른 곳에서 죽어 가고 있는 자신(육체)을 바라보고 있었던 것이다. 그러다 갑자기 한순간 영혼이 자신의 육신으로 들어갔고, 그 순간 눈을 뜨면서 살아났다.[27]

서구 의학계에서도 죽음 이후의 삶에 대한 연구를 하고 있다. 의

---

25) 궁택호웅, 「심령과학」, 안동민 역 (태종출판사, 1987), 35-43.
26) 김영우, 「김영우와 함께하는 전생여행」 (정신세계사, 1996), 18-20.
27) 레이몬드 무디, 「이 세상 후의 세상」, 47-70. 동아출판사, 「초능력과 미스테리의 세계」 (동아출판사, 1994), 271-2.

학박사인 가버드도 유체이탈 현상(육체로부터 영혼이 빠져나가는 현상)을 연구했다. 영혼이 육체를 빠져나갈 때 또 다른 자신(영혼)이 자신의 죽은 육체를 내려다본다는 것이었다.[28] 심장 질환 전문의인 모리스 롤링스 박사는 자신이 직접 임사 체험을 경험했다. 그도 유체이탈을 경험했고, 아주 짧은 시간 동안 공간을 이동했다고 고백했다.[29]

사람의 사후 존재 혹은 영혼이 존재한다는 또 다른 증거로 심령사진이 있다. 매우 드물기는 하지만 사진 속에 사람의 영혼이 순간적으로 포착될 때가 있다. 물론 사진은 조작이 가능하기에 신뢰도가 떨어지기는 하나, 공인된 사진들도 많이 있다. 특히 일본에서 이런 사진들이 많이 찍히는데, 사진을 찍을 당시 분명히 주변에 다른 사람들이 없었음에도 불구하고 나중에 사진을 현상해 보면 정체를 알 수 없는 영체가 나와 있었다.

영화 <식스센스>(브루스 윌리스가 심리학자로 출연했다)를 보면, 주연으로 나오는 어린 소년이 귀신을 보게 된다. 소년은 귀신의 이야기를 듣고 이를 산 사람들에게 전하는 역할을 한다. 영화의 마지막에 살아 있는 사람이라고 생각했던 윌리스가 결국 죽은 영혼이었다는 반전이 나와 우리를 놀라게 했다. 미국의 경우, 죽은 자와 접촉하는 사람을 영매라 한다. 일종의 서양 무당인 영매는 죽은 자와의 접촉을 시도하는 것으로 알려졌다. 미국에서 죽은 영혼과 대화하는 것이 유행을 한 적이 있었는데, 특히 베트남 전쟁 직후 죽은 아들을 만나 보

---

28) 조지 갤럽, 「사후의 세계」, 김진욱 역 (문학세계사, 1992), 230-2.
29) 모리스 롤링스, 「지옥에 다녀온 사람들」, 이주엽 역 (요단출판사, 1995), 19-26.

고 싶은 부모들의 관심을 끌었다. 영매는 자신의 몸속에 죽은 자의 영혼이 들어올 수 있도록 자신의 육체를 제공해 죽은 사람과 산 사람을 접촉하는 일을 도와준다. 영혼은 영매의 육체에 들어가 영매의 몸을 도구로 자신의 의사를 알릴 수 있다. 1967년 성공회 감독이었던 제임스 파이크가 영매인 아더포드를 통해 그의 죽은 아들과 대화를 주고받는 장면이 TV로 방영되었다. 영매는 죽은 아들에 대한 아무런 정보가 없었음에도 불구하고 죽은 사람에 대해 정확하게 묘사했다.[30] 심령 과학에서는 강신술, 영매(서양 무당), 교령술 등을 통해 영혼과 대화할 수 있다고 주장한다.

    나는 심령 과학을 통해서 밝혀진 것들이 전부 사실이라고 생각하지 않는다. 심령 과학을 소개한 것은 눈에 보이지 않는 영적 실체가 존재한다는 것을 확실히 밝히기 때문이다. 최근 악마 숭배 및 심령술을 다루는 심령 과학 카페에 가입했던 10대들이 한 대학생을 칼로 무참히 살해한 사건이 발생했다. 개인적으로 악한 영들의 세계를 다루는 심령 과학에 발을 디디는 것은 매우 위험한 일이라 생각한다. 심령 과학이 보이지 않는 영적 세계가 존재한다는 사실에는 동조하나, 하나님이나 선한 천사를 다루는 것이 아니라 악한 영적 존재들을 다루기에, 이에 심취한다면 큰 위험을 당하게 될 것이니 주의하기 바란다. 그러한 이유로 성경은 영과의 접촉을 엄격히 반대하고 있다.

---

30) Hal Lindsay, *Satan is Alive and Well on Planet Earth* (Grand Rapids, Michigan: Zondervan Publishing House, 1972), 32-3. 신태웅, 「성서 귀신 연구」 (국제선교연구원, 1992), 86.

2. 무속과 귀신

한국의 대표적인 민속 신앙 중 하나는 무속이다. 한국 문화는 귀신의 존재를 인정한다. 한국인들은 평소에 "세상에 귀신이 어디 있느냐?", "사후 세계가 어디 있느냐?"며 강한 반발을 보이지만, 오늘날에도 여전히 조상에게 제사를 지내고, 집에 우환이 들거나 괴상한 사고를 당하거나 원인을 알 수 없는 일들이 발생할 때는 귀신의 탓으로 여겨 무당을 찾아가 점을 치거나 굿을 한다. 또한 중대사를 결정할 때면 무당을 찾아가 점을 보는 행위를 지속하고 있다. 인간의 상식이나 지식 한계를 뛰어넘는 논리적 설명이 불가능한 일이 생겼을 때, 그러한 사실들을 '귀신 현상'으로 설명했다. "귀신도 곡할 노릇이다", "귀신같이 잘한다", "귀신 씻나락 까먹는 소리" 등과 같이 귀신과 관련된 속담도 많다.

한국 민속 신앙에서는 귀신을 범신론적인 것과 사령신적인 것으로 나눈다. 범신론적 입장은 귀신을 인격화된 자연신이나 한 지역 공동체가 섬기고 있는 신으로 해석한다. 주로 산신령, 용왕, 동물, 식물, 질병 등도 상황에 따라 귀신이 된다. 마을을 지켜 주는 장승이나 솟대, 탑, 삼신 등도 중요한 귀신들이다.[31]

사령신적 분류는 귀신을 사람의 사후 영으로 보는 것이다. 동양의 귀신론은 주로 음양의 기로 설명하는 데 반해, 한국 무속의 귀신론 특징은 죽은 사람의 영인 사령신이 차지하는 비중이 매우 크다는 점이다. 한국 무속의 인간관은 육체라는 가시적 유형 존재와 영혼이

---

31) 한국정신문화연구원, 「한국민족문화대백과사전」 4 (1991), 42-6.

라는 불가시적 무형 존재의 이원론적 결합으로 해석한다. 육체는 일정 기간만 지속되는 존재고, 영혼은 불멸의 존재다.[32] 살아 있을 때는 사람이라 하지만, 죽어서는 귀신이라 부른다. 곧 귀신은 사람과 본질적으로 차이가 없고, 다만 사람이 죽어서 된 상태다.

무당은 점하는 일, 접신하는 일 등을 주관한다. 무당은 크게 세습무와 강신무로 나누는데, 세습무란 무당이라는 직업을 가게 대대로 대물림 받은 무당이고, 강신무란 신 내림에 의해서 무당이 된 경우다. 특히 강신무는 귀신과 밀접한 관련이 있는데, 신분, 학력, 재력, 노소에 관계없이 신에 의해 선택을 받으면 무당이 되어야 한다. 심지어 대학 교수를 하다가 무당이 된 경우도 있다.

한 사람의 강신무가 탄생하는 과정을 관찰해 보면 귀신의 존재와 활동을 느낄 수 있다. 강신무가 되는 첫 단계는 신병이다. 신병은 무당이 될 운명인 사람에게 나타나는 정신이상 증세로, 정신적으로나 신체적으로 비정상적 현상이 나타난다. 무당이 될 사람 몸에 사자(死者)의 영혼인 귀신이 들어와야 하는데, 이를 전문 용어로 '빙의'라 부른다. 사령은 다시 사고 없이 수명대로 살다 간 조상의 영혼인 조령과, 사고나 원한에 의해 수명을 다하지 못하고 죽은 영혼인 원령으로 구분된다. 조상귀신은 살아생전에 충족한 삶을 누리고, 죽은 이후에는 살아 있는 사람과 유대감을 가진다. 조상 숭배는 조상신에게 바쳐지는데, 조상귀신을 명당에 모시고 잘 섬기면 후손들이 큰 복을 받는다고 생각한다. 그래서 한국인들은 죽은 조상에게 좋은 묏

---

32) 김태곤, 「한국 무속 연구」 6 (집문당, 1981), 156.

자리를 제공하려고 노력한다. 일이 잘 풀리지 않을 경우에는 조상의 묏자리를 옮김으로 액운을 피하려고 한다. 그러나 비정상적 시간과 장소에서 잘못된 죽음을 맞이해 충분한 위로를 받지 못하고 죽은 영혼은 원령 혹은 원귀가 되어서 살아 있는 사람들에게 재앙을 내릴 수 있다고 생각했다. 대표적 원귀들로는 집에서 죽지 못하고 밖을 떠돌다 횡사한 객귀, 결혼하지 못하고 죽은 처녀 귀신인 손각씨, 총각귀신인 몽달귀신 등이 있다.[33] 자손들이 제사를 지내지 않는 경우로는 요절한 사람, 질병으로 죽은 사람, 중독으로 죽은 사람, 살해당한 자, 사형당한 자 등이 여기에 속한다.[34]

서울대 이부영 교수는 원한이 강한 사령이 무당의 수호신이 된다고 해석한다. 신병의 원인은 주로 원한을 가지고 죽은 영들 때문이다. 특히 젊은 나이에 죽은 사람, 물에 익사하거나 불에 타 죽은 사람, 교통사고로 죽은 사람, 전쟁터에서 죽은 사람의 영이 무당에게 신으로 들어온다.[35] 죽은 어머니의 신, 외조모의 신, 죽은 고모, 심지어는 16세에 죽었던 언니의 딸 등이 죽어서 평소 알고 있던 사람 속에 들어가는 경우도 있다.[36]

빙의(귀신 들림)가 일어나면 갑자기 몸에 이상이 생겨 밥을 먹지 못하고 잘 걷지도 못하게 된다. 병원에 가서 진찰을 받아도 병명을 알 수 없고, 정신병원에 가도 그 원인을 알 수 없다. 병명을 알기 위해

---

33) 村山智順, 「조선의 귀신」 (민음사, 1990), 40-1.
34) 村山智順, 「조선의 귀신」, 108.
35) 김해경, 「주여, 사탄의 왕관을 벗었나이다」 (홍성사, 1993), 143.
36) 김태곤, 「한국 무속 연구」 6, 95, 210-19, 254-5.

돌아다니는 동안 몸의 상태는 더욱 나빠진다. 현대 정신의학에서는 신병을 정신병으로 규정하지만, 샤머니즘에서는 무당이 되기 위한 귀신의 조화로 해석한다.[37] 결국 무당을 찾아가게 되고, "당신은 무당이 되어야 할 운명이다"라는 진단을 받게 된다. 그러나 무당이 되고 싶어 하는 사람은 아무도 없다. 자신이 무당이 되어서도 어떻게 하든지 무당을 그만두려 하며, 자식만은 무당이 되는 것을 원치 않는다.

신병에 대한 유일한 치료는 신 내림을 받고 무당이 되는 것이다. 이를 거절하면 가족이 죽거나 자신이 죽기도 한다. 귀신이 한 번 그 사람을 선택하면 끈질기게 달라붙어서 기어코 무당으로 만들고 만다.[38] 어쩔 수 없이 무당이 되기 위해 내림굿을 받게 되는데, 일어설 힘도 없이 죽을 것 같던 사람이 내림굿이 진행되는 동안에 갑자기 기운이 펄펄 나면서 펄쩍펄쩍 뛰게 된다. 이때 평생 그녀를 인도할 신이 내린다. 신을 몸속에 받아들일 때, 신을 받아들였는가 하는 여부를 알아보기 위해 날카로운 작두 위에 맨발로 올라간다. 이때 부정을 타면 발이 잘려서 심각한 상처를 입기도 한다.[39] 사람이 작두 위에 올라가 춤을 추는 과정은 물리적 법칙으로는 도저히 설명할 수 없는 초자연적 역사다.

작두 위에 올라선 무당은 공수를 하게 된다. 공수란 무당에게 들어온 귀신이 주변 사람들에게 한마디씩 던져 주는 말이다. 이때 무

---

37) 김광일, "기독교 치병 현상에 관한 정신의학적 조사 연구", 「한국교회 성령운동의 현상과 구조」, 237.
38) 김해경, 「주여, 사탄의 왕관을 벗었나이다」, 216.
39) 조자룡, 「신을 선택한 남자」 (백송, 1996), 145-7.

당은 신의 대리자가 되어 귀신을 대신해 신의 뜻을 전한다. 만약 어린아이의 귀신이 무당 속에 들어갔다면 이를 동자(신)라 하는데, 무당의 목소리가 갑자기 어린아이의 목소리로 바뀌며 말하거나 행동하는 것이 마치 어린아이의 모습을 보여 준다. 젊은 청년 귀신인 도령이 들어가면 무당의 목소리 및 행동도 젊은 청년의 것과 같아진다. 이때 무당이 여자임에도 불구하고 목소리가 굵은 남자 목소리로 바뀐다. 굿을 마치면 신기하게도 몇 년 동안 지속되었던 신병이 갑자기 낫는다. 그러나 무당이 하기 싫어서 그만두게 되면 신병이 다시 도진다고 한다.

이런 빙의 현상을 사회학적·문화적·심리적·정신의학적 접근 방법에 의해 설명하려는 시도를 하고 있다. 무당이 되는 과정에서 겪는 신병을 '문화 관련 증후군' 이라 하여 정신장애 중 비전형적 분류에 둔다. 무당의 굿을 '황홀경' 이란 단어로 설명하며, 어릴 때의 억눌린 감정이 폭발한 것으로 해석한다.[40] 그러나 무당의 굿을 본 사람이라면 누구나 귀신의 존재와 귀신이 사람 속에 들어와 활동한다는 사실을 깨달을 수 있다. 강신무가 되는 과정은 귀신에 의해 일어나는 것이며, 귀신의 존재를 증명할 수 있는 중요한 증거가 될 수 있다고 생각한다.

무당들도 자신의 체험을 책으로 내고 있다. 그들의 체험은 놀라울 정도로 유사성이 많다. 김일성 사망을 예언해 유명인사가 된 무당 심진송은 「신이 선택한 여자」라는 책을 출간했다. 그녀는 신병을

---

40) 민성길, 「증보판 최신정신의학」 (일조각, 1987), 62-3.

앓게 되었는데 그 병의 원인을 알아낼 길이 없었다. "오직 신을 받아서 무당이 되어야만 낫는다"는 무당의 말을 듣고 신내림굿을 받게 되었는데, 그녀에게 들어온 귀신은 동자영으로, 그녀가 낳아서 기르다가 죽었던 아들이었다.[41]

지박령

영화 〈귀신이 산다〉(차승원, 장서희 주연)를 보면 장서희가 교통사고로 죽은 후 귀신이 되어 자신의 집을 떠나지 않고 머무르는 것을 보게 된다. 이를 지박령이라 부르는데, 특정 지역에 머무르는 귀신을 의미한다. 무속에서는 같은 장소에서 비슷한 사고가 반복적으로 일어나는 현상을 설명할 때 지박령으로 설명한다. 크게 위험한 지역이 아님에도 불구하고 교통사고가 계속해서 일어나거나, 물에 빠져 죽을 만한 곳이 아님에도 불구하고 익사자가 나오는 장소를 일컬어 지박령이 머문다고 해석한다. 무속에서는 이를 불의의 사고나 원한으로 죽은 사람이 죽은 장소를 떠나지 못하고 그 장소에 머무르고 거주하면서 그곳에 오는 사람들에게 똑같은 해를 끼친다고 설명한다. 어떤 지역에 가면 뭔지 모르게 차갑고 음산한 기운이 돌면서 자신도 모르게 가슴이 콩닥콩닥 뛰거나 머리가 쭈뼛해지는 현상을 체험할 때가 있다. 온도는 적당함에도 불구하고 차가운 기운에 숨을 쉬기 어려워, 온몸이 떨리며, 칙칙하고 불쾌하며, 끈적끈적한 기운이 있는 곳이 있다. 이런 곳이 지박령이 있는 대표적 장소다.

---

41) 심진송, 「신이 선택한 여자」 (백송, 1995), 69-70.

경남의 한 지역에서는 원인을 알 수 없는 교통사고가 주기적으로 일어난다고 한다. 도로변에서 한 처녀가 한밤중에 차에 치여서 죽었다. 그런데 1년 중 그날이 되면 그곳을 지나는 차가 갑자기 운전자가 의도하지 않은 곳으로 움직여서 사고를 낸다고 한다. 몇 년 동안 교통사고가 난 날을 추적해 보니, 그 처녀가 교통사고로 죽은 제삿날이었다.

내가 담당했던 중고등부의 한 고등학생이 해 준 이야기다. 무당의 신기가 있었던 그 학생의 어머니가 친구의 집에 집들이를 갔다. 그 집에 이사를 온 친구는 집도 마음에 들고 동네도 마음에 든다고 했다. 그런데 이상하게도 그 집에 이사 온 이후로 아기가 밤만 되면 잠을 자지 않고 울기만 한다는 것이었다. 신기가 있던 그 엄마는 방을 둘러보더니 친구에게 빨리 이 집에서 이사를 나가야 된다고 말했다. 아기의 방에 머리만 있는 아기 귀신의 환영이 보였다는 것이었다. 친구는 한쪽 귀로 듣고 흘려보냈다. 그런데 밤에 아기가 우는 현상이 점점 심해지면서 많이 아프기 시작했다. 그러나 병원에 데리고 가도 몸에 아무런 이상이 없다는 것이었다. 섬뜩해진 그 친구네는 결국 그 집에서 이사를 나갔다. 신기한 것은, 다른 집으로 이사 간 첫날부터 아기가 잠을 잘 자고 아픈 것도 사라졌다는 것이다. 신기가 있었던 그 학생의 엄마는 무당이 되는 게 너무 싫고 무서워 결국 교회를 나오게 되었고, 그 이후로 영적 현상을 볼 수 있는 능력도 사라졌다고 한다.

3. 점과 귀신

점은 B.C. 4000년경 중국, 이집트, 바빌로니아 등에서 시작한 것으로 알려져 있다. 점을 치는 방법은 크게 두 가지 종류로 나누는데, 하나는 자연현상을 보고 점을 치는 것이며, 다른 하나는 신의 영감에 의해 점을 치는 것이다. 별의 움직임을 보고 점을 치는 점성술이나 생년월일시로 따지는 사주팔자 등이 대표적인 자연현상을 근거로 한 점이다.[42] 이와는 달리, 신이 내려서 신의 영력에 의해 점을 치는 경우도 있다. 고대 사회에서 예언자들의 대부분은 '점귀신'이 들려서 점을 쳤다고 기록한다. 이는 점치는 사람이 자신의 능력에 의해서가 아니라 그 속에 들어간 귀신의 힘에 의해 점을 친다.[43]

SBS의 〈그것이 알고 싶다〉에서 기자가 점의 효능을 알아보기 위해 점쟁이를 찾아가 죽은 사람의 사주팔자를 보여 주었다. 그 점치는 사람은 대번에 "왜 죽은 사람의 사주팔자를 보여 주냐?"면서 면박을 주었다. 그 점쟁이는 그 사람이 어디서 어떻게 죽었는가에 대해서도 자세하게 설명했다. 유명한 무당이었던 김해경의 경우, 점을 칠 때 점치는 영이 그에게 있을 때만 점괘가 나온다고 고백했다. 어떤 경우에는 귀신이 꿈이나 계시를 통해 다음 날 찾아올 사람의 운세에 대해 알려 주기도 한다는 것이다. 그런데 그 영이 없을 경우에는 전혀 점을 칠 수 없었다고 한다. 한 할머니에게 귀신이 들리자 갑자기 사람을 보면 그의 미래, 현재, 과거가 자신도 모르는 사이에 보

---

42) 한국정신문화연구원,「한국민족문화대백과사전」19 (1991), 665-9.
43) 메릴 엉거,「성서적 마귀론」(요단출판사, 1980), 202.

이기 시작했다. 다른 사람의 마음을 꿰뚫어 보는 능력이 생겼고, 사람을 보기만 해도 그들의 운세가 입으로 튀어나와 주체하기 힘들다고 했다.[44] 점치는 무당에게 들어간 귀신은 점치러 온 사람에게 있는 귀신으로부터 정보를 알아낸다고 한다. 귀신은 이 정보를 무당에게 알려 주고, 무당은 귀신에게서 받은 정보를 찾아온 사람에게 말한다.[45]

성경도 점은 귀신의 힘을 빌려서 치는 것이라고 정의한다: "우리가 기도하는 곳에 가다가 점치는 귀신 들린 여종 하나를 만나니 점으로 그 주인들에게 큰 이익을 주는 자라 그가 바울과 우리를 따라와 소리 질러 이르되 이 사람들은 지극히 높은 하나님의 종으로서 구원의 길을 너희에게 전하는 자라 하며 이같이 여러 날을 하는지라 바울이 심히 괴로워하여 돌이켜 그 귀신에게 이르되 예수 그리스도의 이름으로 내가 네게 명하노니 그에게서 나오라 하니 귀신이 즉시 나오니라"(행 16:16~18). 그 여종에게서 귀신이 나가자 그 순간 점을 치는 능력이 사라져 버렸다. 이를 통해 그동안 점을 쳤던 것은 그 여자가 아니라 그 속에 들어가 있던 귀신이었다는 사실을 알 수 있다. 이처럼 점을 치는 행위에 귀신의 힘이 크게 작용한다.

구약을 보면 많은 사람들이 무당을 찾아갔으며, 접신술과 초혼술을 믿었다는 사실을 알 수 있다. 사울 왕은 블레셋 군대와의 전쟁을 앞두고 크게 두려워했다. 곤경에 처한 그는 하나님을 찾는 대신 접

---

44) 김해경, 「주여, 사탄의 왕관을 벗었나이다」, 39, 112.
45) 심진송, 「신이 선택한 여자」.

신하는 여자를 찾아가서 죽은 선지자 사무엘의 혼을 불러 달라고 요청했다. 그러자 사무엘로 가장한 귀신이 나타났고, 사울은 그에게 "하나님이 나에게 어떤 계획이 있는가?"를 물었다. 사울은 접신술을 믿어 점치는 영에게 물음으로 하나님으로부터 떨어져 나가고 말았다(삼상 28장).

교회에 다니던 한 자매가 점을 보고 온 이야기를 해 주었다. 졸업반이 되어서 취직 걱정도 되고 미래에 대한 걱정과 두려운 마음도 생겨 친구들 몇몇과 함께 용하다는 점쟁이를 찾아갔다고 한다. 앞의 다른 친구들은 점괘가 나왔다. 이 자매의 순서가 되어 점쟁이 앞에 앉았더니, 갑자기 이 점쟁이가 부들부들 떨면서 "나가"라고 고함을 질렀다고 한다. 그러면서 하는 말이 "당신이 섬기는 신이 내가 섬기는 신보다 훨씬 더 크니 당신의 신에게 물어보라" 하면서 복채를 돌려주었다고 했다. 이처럼 신이 들려 점을 치는 강신무의 경우, 귀신의 실존이 아니면 설명할 수 없는 현상이라고 생각한다.

많은 사람들이 미래의 일을 알고 싶어 한다. 심지어 많은 그리스도인들도 호기심에 의해서나 자신의 미래를 알기 위해서 점을 보러 간다. 우연히 점괘라도 맞으면 지나친 관심을 가지게 되어 계속해서 점쟁이를 찾아가게 된다. 이 과정에서 성령의 인도하심이 아닌 악령의 지배를 받게 된다. 점을 치는 악령은 앞일을 가르쳐 주는 대신 섬김을 받으려 하고, 귀신이 원하는 대로 그 인생을 끌어가고자 한다. 결국 귀신의 인도를 따라가는 사람은 파멸의 길로 가게 된다. 당장 앞에 닥친 급한 상황을 모면하기 위해 점을 치러 가나, 이는 귀신의 조종에 자신의 운명을 맡기는 꼴이 되고 만다.[46]

하나님은 우리가 무당을 찾아가는 행위를 가증스럽게 여기신다: "그의 아들이나 딸을 불 가운데로 지나게 하는 자나 점쟁이나 길흉을 말하는 자나 요술하는 자나 무당이나 진언자나 신접자나 박수나 초혼자를 너희 가운데에 용납하지 말라 이런 일을 행하는 모든 자를 여호와께서 가증히 여기시나니 이런 가증한 일로 말미암아 네 하나님 여호와께서 그들을 네 앞에서 쫓아내시느니라"(신 18:10~12). 하나님은 자신의 뜻을 성경을 통해 충분히 계시하시며, 성령으로 우리의 앞날을 인도하신다. 그러므로 점쟁이나 무당이 아무리 용하다 하더라도 귀신과 관련된 사람들이기에 피해야 한다. 만약 점을 보러 간 적이 있다면 이를 하나님 앞에서 회개해야 한다.

4. 죽음과 귀신

나의 어머니에게서 직접 들은 이야기다. 할아버지는 내가 초등학생일 때 돌아가셨다. 할아버지는 평소 어머니를 잘 대해 주셨는데, 할아버지께서 돌아가신 지 얼마 되지 않아 어머니의 꿈속에 나타나 "얘야, 춥다. 옷 좀 다오"라는 말을 하고 사라지셨다고 한다. 처음에는 대수롭지 않게 생각했으나, 그 이후로 계속해서 그 꿈을 꾸게 되었다. 결국 큰집에 연락해서 이 이야기를 했더니 할아버지께서 평소에 자주 입으셨던 옷을 태울까 하다가 그냥 두셨다고 했다. 연락을 받자마자 그 옷을 가지고 무덤으로 가서 태웠더니, 그날 밤 할아버

---

46) 김해경, 「주여, 사탄의 왕관을 벗었나이다」, 41. 하용조, 「세상을 바꾼 사람들」 (두란노, 1999), 67.

지께서 그 옷을 입고 나타나셔서 고개를 끄덕이더니 사라졌다고 했다. 그 이후로 할아버지는 어머니 꿈에 나타나지 않았다.

죽은 사람이 꿈속에 나타나 "같이 가자"고 하면 어김없이 꿈속에 나타났던 사람이 죽는 것과 동일한 방식으로 죽는다는 이야기를 들은 적이 있다. 나에게는 쌍둥이 외삼촌이 있었다. 그중 형 되는 외삼촌은 알코올중독으로 돌아가셨다. 그의 죽음은 쌍둥이 동생인 외삼촌에게 너무도 큰 충격을 주었다. 장례식 이후로 죽은 형을 잊지 못하고 회사 업무 중에도 갑자기 형 생각이 나면 소주를 사 들고 산에 올라가 실컷 울면서 마시다가 내려오곤 했다. 알코올중독 현상이 심해져 결국 다니던 회사도 그만두게 되었다. 하루는 내가 막내 외삼촌을 찾아갔더니 지난밤 꿈속에 형이 나타나 자신의 이름을 부르며 같이 가자고 했다고 한다. 너무도 무섭고 소름이 끼쳐서 밤을 꼬박 새웠다고 했다. 그 이후로 간혹 죽은 형이 집으로 들어와 기다리고 있는 것이 눈에 보이기도 한다는 것이었다. 이를 주변 사람들에게 이야기했더니, 술을 너무 많이 마셔서 헛것을 본 것이라는 핀잔만 받았다는 것이었다. 예수님을 영접하라며 전도를 하자 너무도 간절히 받아들였고 영접기도도 따라했다. 그러다 며칠 후, 외삼촌은 돌아가셨다.

한번은 기도원에서 귀신 쫓는 것을 본 적이 있다. 한 여자 청년에게서 귀신을 쫓고 있었는데, 그녀는 온몸에 심한 경련을 일으키고 있었으며, 눈동자는 뒤집혀 있었다. 그때 귀신 쫓던 사람이 "귀신아, 나가라"고 했더니, 갑자기 그 여자 청년이 귀신 쫓는 사람을 발작적으로 껴안으면서 "가지 마, 엄마"라는 말을 하고는 그대로 기절해 버렸다. 잠시 후 정신을 차린 그녀와 대화를 나누었다. 어머니는 3년 전에 돌아가셨고 가끔 생각이 나서 울기도 하는데, 엄마가 꿈에 자주 보인다는 이야기를 했다. 결국 귀신은 엄마와의 친밀감을 이용해 귀신을 쫓아내려 해도 자신이 못 가게 붙들고 있었던 것이다.

무당이 된 원인을 조사해 보면, 많은 경우가 주변 사람들의 죽음과 관련이 있다. 자식이나 배우자가 갑자기 죽었으며, 그 죽음이 신병의 발단이 되었다는 것이다. 죽은 이들이 꿈속에 나타났으며, 그 때부터 시름시름 신병을 앓다가 결국 무당이 되었다는 것이다.[47] 한 부인이 정신이 이상해지자 목사님이 심방을 갔다. 상담을 하던 중, 그 부인의 삼촌이 한국전쟁 때 사망했는데, 그 이후로 슬픔이 지속되면서 우울증으로 변했다는 것을 알게 됐다. 목사는 그 원인이 귀신이라는 것을 알아채고 귀신을 쫓으면서 "너는 한국전쟁 때 죽은 영혼이냐?"고 물었더니, 그 부인의 입에서 남자 목소리로 "네, 그렇습니다"라는 대답이 나왔다.[48]

홍콩에서는 사람이 죽을 때 영혼이 잠시 빠져나와 사람들을 만난다는 통설이 있다. 한번은 교수님이 이런 이야기를 해 주셨다. 아버지가 회사에서 일을 하다가 문득 창밖을 내다보니 길거리에 아들이 서 있는 것이 보였다고 한다. 멀리서 자신을 보고 손을 흔들며 뭐라고 말을 하고는 순식간에 사라졌다고 한다. 얼마 후 집에서 연락이 왔는데 아들이 죽었다는 것이었다. 이런 현상을 현몽(現夢)이라 하는

---

47) 김태곤, 「한국 무속 연구」, 6, 257.
48) 세무얼 사다드, 「마귀론과 정신질환」 (생명의말씀사, 1987), 169-174.

데, 죽는 순간 영혼이 육체를 빠져나가 만나고 싶은 사람을 찾아가는 현상으로 해석한다.

위에서 나열한 사례들을 어떻게 해석하고 이해할 수 있을까? 이런 현상들을 심리적 원인으로 해석하려는 경향이 강하다. 즉 가장 의지하고 사랑했던 사람을 잃은 상실감이 원인이 되어 이런 현상들이 나타난다는 것이다. 특히 가족이나 친구들의 죽음은 큰 충격을 주는데, 죽은 자에 대한 그리움이 지나치다 보면 꿈을 꾸게 되고, 마치 옆에 살아 있는 것처럼 느껴지며, 간혹 목소리나 행동을 흉내 내는 전이 현상이 나타난다는 것이다. 그러나 위의 사례들을 심리적 현상으로만 해석하는 것은 무리가 있다고 생각한다. 이런 현상들은 귀신이란 개념이 없이는 이해하기 힘들다고 생각한다.

5. 제사와 귀신

대부분의 나라마다 신이나 조상을 숭배하거나 섬기는 제사라는 제의가 있다. 제사의 종류는 나라와 문화에 따라 다양한데, 큰 산이나 바위, 나무 등의 제물에게 하는 형태, 가뭄이 지속될 때 날씨를 주관하는 신에게 지내는 제사, 어부들이 바다의 신에게 하는 제사 등등이 있다. 일본의 경우 사람이 죽으면 위패로 만들어 섬기며, 중국은 친족 단위의 무덤이 있어서 정기적으로 제사를 지낸다. 한국의 경우에도 조상 숭배의 형태로 제사를 지낸다. 비록 죽으면 끝이라고 말하기는 하나, 자신이 죽으면 제사를 지내 달라고 부탁한다. 한국 사람들의 무의식중에 죽어도 사후세계가 지속된다는 믿음이 있기 때문이다.

제사의 목적은 조상을 모시기 위한 것으로, 보통 3대까지 지낸다. 명절이나 제삿날이 오면 온 가족이 모여서 조상의 영전 앞에 제물을 차려 놓고 제사를 지낸다. 마치 조상이 직접 그곳에 찾아온 것처럼 대문과 방문을 활짝 열고 "조상님, 어서 들어오십시오"라고 환영한 후, 방으로 모시고 제사를 드린다. 제사를 지낸 후에는 방문을 닫는데, 이는 조상이 아무런 방해도 받지 않고 식사를 할 수 있게 배려하는 것이다.

　「주여, 사탄의 왕관을 벗었나이다」의 저자인 김해경 씨는 단군교를 창시한 교주였다. 그에 의하면 귀신은 굿을 하거나 제사 받는 것을 매우 좋아해서 제사나 굿을 하면 실제로 그날 모실 귀신이 직접 온다고 설명한다. 조상 제사를 지내면 조상신이 반드시 온다고 한다. 초상집에는 여러 가지 음식물 냄새가 진동하는데, 이때 멀리 있던 귀신들까지도 냄새를 맡고 몰려든다고 한다. 그는 1974년부터 관악산에서 '정신대 추모 위령제'를 지냈는데, 그 이유는 정신대로 끌려가 억울하게 죽은 영혼들이 그를 직접 찾아와 고통을 호소하기에 어쩔 수 없이 위령제를 지냈다고 한다.[49] 그에 의하면 객사하거나 원한에 의해서 죽은 사람의 영혼은 제사를 지내 줘야 한을 풀고 사람에게 해코지를 하지 않는다고 한다. 그리고 귀신은 자신을 섬기는 굿, 제사, 고사를 좋아해서 이런 곳에는 어김없이 나타난다고 한다. 귀신들은 제사상에 차려 놓은 음식물의 기운을 먹는데, 제사 후에 이 음식물을 분석해 보면 거의 아무런 영양분이 없다고 한다. 제사

---

49) 김해경, 「주여, 사탄의 왕관을 벗었나이다」, 37-8.

나 굿을 지낸 음식을 나중에 먹어 보면 차진 맛이 없고 모래알이나 톱밥을 씹는 듯한 맛이 나며, 귀신이 먹은 밥을 사람이 계속 먹으면 병이 생기거나 죽기도 한다고 한다.[50]

김금화 무당도 비슷한 이야기를 한다. 한번은 굿을 하고 있는데, 머리를 산발하고 온몸이 물에 젖은 한 총각귀신이 굿판에 들어왔다. 물론 이 모습을 본 사람은 김금화 혼자뿐이었다. 집안사람들에게 물었더니 물에 빠져 죽은 사촌이라고 했다. 다시 키가 크고 얼굴이 까무잡잡한 남자가 들어오기에 안주인에게 물었더니 바로 남편이라고 대답했다.[51] 일본의 제사 중에 찍힌 사진들을 보면, 간혹 제사상에 나타나 앉아 있는 조상귀신이 보이기도 한다. 이는 우리가 관념적이고 전통적이라고만 생각하고 있는 제사가 귀신이라는 실체에게 하는 것임을 알려 준다.

성경은 이방인의 제사는 마귀나 귀신에게 하는 것이라고 정의한다: "그들은 하나님께 제사하지 아니하고 귀신들에게 하였으니 곧 그들이 알지 못하던 신들, 근래에 들어온 새로운 신들 너희의 조상들이 두려워하지 아니하던 것들이로다"(신 32:17), "무릇 이방인이 제사하는 것은 귀신에게 하는 것이요 하나님께 제사하는 것이 아니니 나는 너희가 귀신과 교제하는 자가 되기를 원하지 아니하노라 너희가 주의 잔과 귀신의 잔을 겸하여 마시지 못하고 주의 식탁과 귀신의 식탁에 겸하여 참여하지 못하리라"(고전 10:20~21). 이처럼 바울은

---

50) 김해경, 「주여, 사탄의 왕관을 벗었나이다」, 138-9.
51) 김금화, 「복은 나누고 한은 푸시게」(푸른숲, 1995), 151-5.

이방인의 제사는 귀신에게 하는 것이라 설명한다. 하나님은 그리스도인이 제사를 통해 귀신과 교제하는 자 되기를 원치 않으시고, 예배를 통해서 하나님을 섬기기를 원하신다. 그리스도인이라 하면서 제사를 지낸다면 결국 귀신을 섬기고 교제하는 자가 되고 만다. 그래서 기독교에서는 이방 신을 섬기거나 죽은 사람에 대한 제사를 반대한다.

우리는 앞에서 심령과학, 무속, 점, 죽음, 제사와 귀신과의 연관성에 대해 알아보았다. 내가 이 부분을 언급한 이유는 이런 현상들을 통해 이 세상에 보이지 않는 영적 세계가 있으며, 특히 귀신이 있다는 증거를 보여 주기 위해서였다. 그러나 심령과학이나 무속 등이 악한 영인 귀신과의 접촉을 강조하고 있기에, 그리스도인이 여기에 관심을 보이거나 직접 참여하는 것은 절대 반대한다. 심령과학에서 발견된 수많은 초자연적 현상들은 귀신과 연관해서 설명할 수 있는 것들이 많다. 심령과학이 밝히고 있는 귀신과 사후 세계에 대한 묘사가 한국 무속 신앙에 나오는 귀신의 정체 및 활동과 흡사한 점이 많다는 것을 알 수 있다. 귀신과 관련된 영적 현상은 각 나라의 역사, 문화, 종교 등에 따라 다양한 형태로 나타나기는 하지만 의미 있는 유사성도 발견할 수 있다. 물질의 세계에서 작용하는 만유인력의 법칙이 있듯이 영적 세계에서도 영적 법칙이 있으며, 이는 시간과 장소를 초월해 동일하게 적용된다고 생각한다.

세 영적 존재

성경은 눈에 보이지 않는 영적 세계와 존재들에 대해 말하고 있다. 성경에 나오는 대표적인 세 영적 존재는 하나님, 천사, 사람이다.

1. 하나님

우리는 보이지 않는 영적 하나님을 경배하고 예배한다: "하나님은 영이시니 예배하는 자가 영과 진리로 예배할지니라"(요 4:24). 하나님은 영이시기에 인간의 눈으로 볼 수 없다. 하나님은 유일하신 자존자요, 이 세상을 창조하신 창조주요, 무소부재하신 분이시다. 그의 아들 예수 그리스도는 만유의 주이시나 보이는 육체로 이 세상에 오셨고, 죄인들을 위해 십자가에서 피 흘려 죽으셨다. 그러나 죽음에서 부활하신 후, 승천하셔서 하늘의 보좌에 앉으셨다. 현재 예수님은 하늘의 보좌에 앉아 계시며, 믿는 자들에게 성령을 보내 주신다. 성령은 '하나님의 영'으로, 모든 믿는 자들에게 내주하신다. 하나님은 세 위격으로 계시는 한 분이신 삼위일체의 하나님이시다. 인간 중 그 누구도 하나님을 눈으로 본 자가 없으며, 오직 성육신하신 예수 그리스도만을 눈으로 보았을 뿐이다. 성령 또한 인간의 눈으로는 볼 수 없다.

2. 천사

성경에 나오는 두 번째 영적 존재는 천사다. 영은 영원하기에 천사들은 죽지 않는다. 천사는 영적 존재이기 때문에 육체의 형상이 없다. 영적 형상으로서의 천사는 다음과 같이 묘사된다: "스랍들이 모시고 섰는데 각기 여섯 날개가 있어 그 둘로는 자기의 얼굴을 가리었고 그 둘로는 자기의 발을 가리었고 그 둘로는 날며"(사 6:2). 천사들은 하나님께서 부리는 영으로 쓰기 위해 창조하신 피조물이다 (시 148:5). 그들의 주된 임무는 하나님을 섬기고 그에게 충성하는 것이다. 천사는 오직 하나님의 뜻과 의지만을 수행하고, 그 아래서 움직여야 한다.[52] 이는 왕과 신하 혹은 주인과 종의 관계다. 그러므로 천사는 하나님을 아버지라 부를 수 없다: "하나님께서 어느 때에 천사 중 누구에게 너는 내 아들이라 오늘 내가 너를 낳았다 하셨으며 또 다시 나는 그에게 아버지가 되고 그는 내게 아들이 되리라 하셨느냐"(히 1:5). 그들은 하늘에 거하면서 하나님께 영광 돌리고 예배하고 찬양한다: "서로 불러 이르되 거룩하다 거룩하다 거룩하다 만군의 여호와여 그의 영광이 온 땅에 충만하도다"(사 6:3).

하나님은 천사를 각각 창조하셨기에 재생산이 불가능하다. 천사는 장가도 시집도 가지 않으며, 자손을 낳을 수도 없다. 천사의 숫자는 정확하게 알 수 없으나 매우 많은 것으로 묘사된다. 토마스 아퀴나스는 천사의 본성과 활동에 대해 118가지 질문과 대답을 통해 논했는데, 그에 의하면 천사의 숫자가 모든 생물의 수보다 많다고 한

---

52) Millard J. Erickson, *Christian Theology*, 439, 441.

다:[53] "내가 또 보고 들으매 보좌와 생물들과 장로들을 둘러 선 많은 천사의 음성이 있으니 그 수가 만만이요 천천이라"(계 5:11). 예수님은 12군단(한 군단은 3,000~6,000명)의 천사들을 움직일 수 있다고 말씀하셨다.

천사들 중 대표 격의 세 리더들이 있는데, 미가엘(유 9), 가브리엘, 루시엘이다. 미가엘은 하늘의 군대를 관할하며 전쟁을 담당하는 천사장이다. 가브리엘은 하나님의 뜻을 인간에게 전하는 대사의 역할을 감당했는데, 마리아에게 나타난 천사도 가브리엘이다: "여섯째 달에 천사 가브리엘이 하나님의 보내심을 받아 갈릴리 나사렛이란 동네에 가서 다윗의 자손 요셉이라 하는 사람과 약혼한 처녀에게 이르니 그 처녀의 이름은 마리아라"(눅 1:26~27). 루시엘은 찬양을 담당하는 천사장이었다. 천사는 인격적 존재로, 하나님의 명령에 순종하거나 불순종할 수 있는 의지가 있다. 천사는 종으로서의 직분을 지킴으로 살아간다. 그들에게 주어진 지위가 곧 생명이며, 계명이 된다. 그러므로 천사가 자기 생명을 지킬 수 있는 유일한 길은 겸손이다. 그가 교만하여 그 지위를 떠나면 타락하게 된다.

천사는 심부름하는 종으로, 하나님의 뜻을 사람에게 전달하는 역할을 한다. 그는 이스라엘 민족에게 율법을 전하는 일을 담당했다(히 2:2). 간혹 천사는 사람의 육체로 나타나기도 했는데, 그들의 외형은 사람과 너무 비슷해서 사람들이 천사인지를 알아보지 못하기도 했다. 아브라함의 집에서 음식을 먹기도 하고(창 18:1~8), 이적을 행하기

---

53) Thomas Aquinas, *Summa Theologica*, part 1 (Christian Classics, 1981), questions 50-52.

도 했다(창 19:1~8). 사막에서 목말라 죽어 가던 하갈에게 샘물을 보여 주었던 것도 천사다. 소돔과 고모라가 멸망될 때에도 천사가 개입하여 롯과 그의 가족을 이끌어 내었다. 아람 군대가 이스라엘을 쳐들어 왔을 때, 엘리사가 기도하니 수많은 불말과 불병거가 산에 가득한 것이 보였다: "하나님의 사람의 사환이 일찍이 일어나서 나가보니 군사와 말과 병거가 성읍을 에워쌌는지라 그의 사환이 엘리사에게 말하되 아아, 내 주여 우리가 어찌하리이까 하니 대답하되 두려워하지 말라 우리와 함께 한 자가 그들과 함께 한 자보다 많으니라 하고 기도하여 이르되 여호와여 원하건대 그의 눈을 열어서 보게 하옵소서 하니 여호와께서 그 청년의 눈을 여시매 그가 보니 불말과 불병거가 산에 가득하여 엘리사를 둘렀더라"(왕하 6:15~17). 천사는 하나님의 군대로 이스라엘 민족을 위해서 싸웠다. 천사는 매우 강한 존재로, 한 천사가 앗수르 병사 185,000명을 죽이기도 했다(왕하 19:35).

예수께서 광야에서 금식하실 때 천사가 와서 수종을 들었고, 겟세마네 동산에서 힘쓰고 간절히 기도하실 때에도 천사가 와서 도왔다. 신약에 들어와서 인간은 천사의 지배를 받지 않게 되고 오히려 천사가 하나님의 자녀인 성도를 수종 들고 돕게 되었다. 천사와 인간의 능력을 비교한다면 천사의 능력이 월등하다. 혹자는 천사의 능력을 과대평가하여 천사를 숭배하기도 한다. 그러나 천사는 사람에게 경배 받을 수 없다. 왜냐하면 사람은 그리스도의 후사로 하나님의 자녀가 될 수 있으나, 천사는 하나님의 종으로 지음을 받았기 때문이다: "너희는 다시 무서워하는 종의 영을 받지 아니하고 양자의 영을 받았으므로 우리가 아빠 아버지라고 부르짖느니라 … 자녀이면 또한 상속자 곧 하나님의 상속자요 그리스도와 함께 한 상속자니"(롬 8:15~17), "모든 천사들은 섬기는 영으로서 구원 받을 상속자들을 위하여 섬기라고 보내심이 아니냐"(히 1:14). 그러므로 천사는 악한 세력으로부터 신자들을 보호하는 역할을 감당한다. 토마스 아퀴나스에 의하면, 각 사람이 태어나는 순간 수호천사가 배정되어 있다고 한다.[54] "삼가 이 작은 자 중의 하나도 업신여기지 말라 너희에게 말하노니 그들의 천사들이 하늘에서 하늘에 계신 내 아버지의 얼굴을 항상 뵈옵느니라"(마 18:10).

그러므로 사람이 천사를 숭배하면 상급을 잃어버린다: "아무도 꾸며낸 겸손과 천사 숭배를 이유로 너희를 정죄하지 못하게 하라"(골 2:18). 천사는 숭배의 대상이 아니라 후사를 돕기 위해 보냄을 받은 존재다. 그러므로 우리는 천사를 부리는 자가 되어야 한다: "이것들을 보고 들은 자는 나 요한이니 내가 듣고 볼 때에 이 일을 내게 보이던 천사의 발 앞에 경배하려고 엎드렸더니 그가 내게 말하기를 나는 너와 네 형제 선지자들과 또 이 두루마리의 말을 지키는 자들과 함께 된 종이니 그리하지 말고 하나님께 경배하라 하더라"(계 22:8~9).

베드로가 감옥에 갇혔을 때 예루살렘 성도들이 그를 위해 기도하자 천사는 그를 감옥에서 이끌어 내었다(행 12:6~11). 신자가 기도할 때 천사가 움직인다. 천사는 우리의 기도를 담아 하나님께 상달시키고(계 8:3), 응답을 가져온다. 거지 나사로가 죽었을 때 천사들에게 받

---

54) Millard J. Erickson, *Christian Theology*, 445.

들려 아브라함의 품에 안겼듯이(눅 16:22), 신자가 죽을 때 천사에게 받들려 천국에 들어간다.[55]

예수께서 재림하실 때 천사들은 동행하여 하나님의 심판을 수행할 것이다. 마치 출애굽 때 천사들이 양의 피가 문설주에 있는 집은 지나가고 없는 집에 들어가서 애굽의 장자를 죽임과 같이 신속하게 일어날 것이다. 그들은 알곡은 모아서 곡간에 두고, 가라지는 모아서 불에 태우는 역할을 한다(마 13:41).

3. 인간

인간이 육체를 가진 물질적 존재임을 부정하는 사람은 아무도 없다. 인간은 보이는 얼굴과 육체를 꾸미고, 물질, 명예, 권력 등을 추구하면서 살아간다. 육체라는 유기체에 큰 관심을 가지고 어떻게 하면 건강하고 오래 살 것인가에 대한 연구가 진행되고 있다. 인간은 인격적 존재로 지, 정, 의를 가지고 있으며 정신세계가 있음을 인정하기에, 지능 검사나 성격 검사를 통해 지력이나 감성 지수를 숫자화하기도 한다. 인간이란 존재는 호기심을 가지고 끊임없이 새로운 사실을 배우고 더 나은 지식을 추구한다. 인간은 감정을 승화시켜 예술을 발전시켰다. 그리고 한번 성취하고자 마음먹은 일은 끝까지 달성하고자 하는 의지를 가지고 있다. 올림픽 금메달 수상자들을 보면 한결같이 불굴의 의지를 보여 준다. 이처럼 육체와 인격은 인간을 구성하는 기본 요소라 할 수 있다.

---

55) 하용조, 「변화받은 사람들」 (두란노, 1999), 212-5.

그러나 그것이 다일까? 사람은 누구나 자신의 본질에 대해 궁금해 한다. 나는 누구인가? 나는 어디로부터 왔는가? 나는 어디로 가는 것일까? 등등의 자기 정체성에 관한 질문을 끊임없이 던진다. 인간은 육체가 끝날 때 모든 존재성이 일시에 사라져 버리는 유한적 존재일까? 아니면 육체가 한 줌의 흙으로 돌아간 이후에도 또 다른 형태로 존재하는 것일까? 이 세상에서 이 질문에 만족할 만한 해답을 준 사람이나 학문은 존재하지 않는다. 의학으로 인간의 육체를 연구하고 심리학을 통해서 인간의 마음을 연구하나 여전히 삶에는 미궁에 빠진 문제들이 존재한다. 철학과 종교를 통해 이러한 삶의 근본에 관한 의문점들을 풀려고 하나 여전히 해결되지 않은 문제들이 존재한다.

성경은 사람이 물질인 육체와 비물질인 영혼으로 이루어져 있다고 말한다. 하나님과 천사는 영 자체가 인격인 데 반해, 사람은 육체를 가진 영적 존재다. 하나님이 사람을 지으실 때 흙으로 육체를 만드신 후 생기를 불어넣음으로 인간은 영혼을 가진 영적 존재가 되었다(창 2:7). 성경은 인간에게 영혼이 있으며, 인간의 본질은 항구적 실체인 영혼에 있다고 해석한다. 아담은 생령이기에 육신은 식물을 먹어야 하고, 영은 하나님과 교통하며 하나님의 말씀을 먹고 산다.[56]

초기 기독교 철학자들은 그리스의 영혼 불멸 사상을 받아들여, 영혼은 하나님에 의해 창조되었다고 생각했다. 어거스틴은 사람의 형태가 갖추어지기 전인 배아(embryo)는 영혼이 없으며, 인간 형태가

---

56) Morton Kelsey, *Healing and Christianity*.

갖추어진 태아 때에 영혼이 부여된다고 해석했다.[57] 영은 눈에 보이지 않지만 영원히 없어지지 않는 항구적 존재다. 일반 사람들은 죽었다고 말하면 아주 없어지는 것이라 생각하는데 이는 오해다. 인간이 죽은 후에도 영혼은 계속해서 존재한다. 사람이 죽으면 육체는 죽어서 한 줌의 흙으로 돌아가나, 영혼은 남아서 하나님의 심판을 받게 된다.

1) 죽음이란?

전용기라는 사람이 무려 6년 동안 식물인간으로 있다가 갑자기 깨어났다는 신문 기사를 본 적이 있다. 그는 도로변에서 봉고차에 치여 뇌출혈과 두개골 골절 등 십여 군데의 큰 부상을 당했고 코마 상태에 빠졌다. 그의 부인 되는 성정식 씨는 6년 동안 그 옆에서 병간호를 했는데, 어느 날 갑자기 남편이 "아멘", "안녕"이라는 말을 하면서 정신을 차렸다는 것이다. 이 사건은 중병에도 불구하고 변치 않던 한 부부의 애틋한 사랑 이야기로 많은 사람들에게 감명을 주었고, 동시에 죽음의 정의와 한계는 어디까지인지를 생각하게 해 준 사건이었다.

현대 의학은 죽음의 정의를 크게 두 가지로 나눈다. 하나는 뇌사로 뇌 활동이 중지된 것이다. 다른 하나는 숨을 쉬는 심폐 기능이 멈춘 것과 심장 마비를 죽음으로 본다.[58] 그런데 매우 드물기는 하지만

---

57) 니겔 캐머린, 「낙태: 위기에 처한 기독 의료윤리」 (햇불, 1992), 34-7.
58) 배영기, 「죽음의 세계」 (교문사, 1992), 33-37.

위와 같이 뇌사 상태인 식물인간으로 있다가 몇 년 후에 다시 살아나기도 한다. 그러므로 죽음에 대한 정확한 정의를 내린다는 것은 매우 힘든 일이다. 이제까지 태어나서 죽지 않은 사람은 단 한 사람도 없다. 모든 사람들이 죽을 운명임에도 불구하고 아직까지 죽음이 무엇이며 무슨 이유로 사람이 죽는지에 대한 명확한 결론을 내리지 못하고 있다. 많은 사람들은 죽으면 끝이며, 사후 세계는 존재하지 않는다고 생각한다. 더군다나 사후 세계는 각 사람이 죽어야만 알 수 있는 영원한 베일 속에 가려진 세계다.

성경은 죽음을 영혼과 육체의 분리로 해석한다. 스데반 집사가 유대인들에게 전도를 하던 중 돌에 맞아 죽게 되었다. 이때 스데반은 "내 영혼을 받으옵소서"라고 외친 후 순교했다. 성경은 죽음을 "영혼이 떠나니라"라고 표현한다. 반면 죽은 사람이 되살아났을 때 영혼이 육체 속으로 들어오니 다시 살아났다고 표현한다: "엘리야는 몸을 펴서 그 아이 위에 세 번 엎드리고 '나의 하나님 여호와여, 이 아이의 영혼이 돌아오게 하소서.' 하고 기도하였다. 여호와께서 엘리야의 기도를 들어 주셨으므로 그 아이의 영혼이 몸으로 돌아와 그가 되살아났다"(왕상 17:21~22, 현대인의 성경).

사람은 죽음이란 관문을 통과할 때에야 비로소 자신에게 영혼이 있다는 사실을 깨닫게 된다. 육체는 마치 물을 담아 놓은 그릇과 같다. 육체라는 질그릇 속에 담겨 있던 영혼이 육체에서 빠져나오는 순간 사람은 죽는다. 그릇이 온전한 상태에 있을 때에는 물을 담아 둘 수 있으나, 그릇이 깨어질 경우 담겨 있던 물은 그릇을 빠져나간다. 육체가 깨어질 때, 영혼은 육체라는 그릇 속에 더 이상 있지 않고 나온다. 영혼의 입장으로 보아 죽음은 새로운 시작을 하는 것이다. 그러므로 죽음으로 그 사람의 생애가 끝나는 것은 아니다.

　육체가 살아 있는 동안이 자신의 영혼의 거처를 결정하는 기간이다. 육신이 깨어지기 전에 자신의 영혼이 갈 곳을 확실히 정해 놓지 않으면, 죽음 이후 그 영혼은 갈 곳이 없게 된다. 놀이터에서 놀다가 어둑해지면 다들 집으로 돌아가지만, 고아의 경우 돌아갈 곳이 없는 처지가 되는 것과 같은 이치다.

　죽음의 직전까지 갔다가 되살아난 임사 체험자들의 고백에 의하면, 지옥에 다다른 영혼들은 절규에 가까운 비명을 지른다고 한다. 다시 깨어나 그 잠깐 동안의 경험을 '사람이 아는 한 가장 두렵고 끔찍한 체험' 이었다고 고백한다. 지옥은 일종의 영계로, 어둠만이 존재하며, 용광로와 같은 열 기운 때문에 극심한 고통을 겪는 장소로 알려져 있다.[59] 반면 예수 그리스도를 영접함으로 갈 곳이 있는 영혼은 천국에서 영생을 누리게 될 것이다.

2) 사랑과 영혼

　백문이불여일견(百聞以不如一見)이라는 말처럼, 믿기 어렵거나 이해하기 어려운 개념은 백 번의 설명을 듣는 것보다 차라리 한 번 체험하는 것이 낫다. 그런데 인간의 영혼이나 귀신은 볼 수 없는 영적 존재이니 보거나 체험하는 것이 불가능하다. 이 책에 나오는 내용들의 이해를 돕기 위해 영화 한 편을 소개하고자 한다. 우리나라에서

---

59) 모리스 롤링스, 「지옥에 다녀온 사람들」, 48-50.

도 공전의 히트를 쳤던 "Unchanged Melody"라는 감미로운 곡이 삽입된 〈사랑과 영혼〉(ghost)이라는 영화다. 이 영화는 인간에게 영혼이 있으며, 죽음이란 육체와 영혼의 분리임을 명확히 보여 준다.

이 영화의 주인공은 샘(패트릭 스웨이지)과 몰리(데미 무어)다. 샘의 친구 카알과 서양 무당(우피 골드버그)이 조연으로 나온다. 샘은 여자 친구인 몰리와 함께 음악회를 다녀오던 중 강도를 만나게 된다. 샘은 총을 가진 강도와 싸우게 되는데 그 와중 강도는 총을 쏘고 도망을 간다. 샘은 도망가는 강도의 뒤를 쫓다가 포기하고 여자 친구 몰리에게로 돌아온다. 그때 샘은 놀라운 장면을 목격하게 된다.

〈사랑과 영혼〉의 한 장면: 영혼이 된 주인공이 죽은 육체인 자신을 보고 놀라고 있다.

몰리의 품 안에서 총에 맞아 피를 흘리면서 죽어 버린 자신을 본 것이다. 분명히 자신(영혼)은 강도를 쫓다가 다시 돌아왔는데, 또 다른 자신(육체)은 총에 맞아 죽어 버린 것이다. 여기서 우리는 두 명의 샘(육체로 죽어 버린 샘, 영혼으로 살아 있는 샘)이 존재한다는 것을 알 수 있다. 이를 통해 사람은 육체와 영혼으로 이루어져 있음을 알게 된다.

영화 속의 샘과 같이 살아 있는 동안 자신이 영적 존재라는 사실과 죽음 이후의 세계가 존재한다는 사실을 아는 사람은 극소수에 불과하다. 우리는 육체에 갇혀 있는 동안 영적 세계와 존재를 볼 수 없다. 영혼으로 살아 있는 샘은 몰리에게 자신은 옆에 살아 있다고 아무리 말해도 그 말이 몰리에게는 들리지 않는다. 육체가 없고 영혼으로 존재하게 된 샘은 여자 친구를 떠나지 못하고 그 주위를 맴돌게 된다.

이 영화에서는 또 다른 세 명의 죽음이 나온다. 자신의 시체를 따라 병원에 갔을 때, 샘은 한 사람이 심장 발작을 일으키다가 죽어 가는 모습을 보게 된다. 죽는 순간, 몸에서 그 사람의 형체를 닮은 것(영혼)이 그 사람에게서 빠져나가자 그 사람은 곧 죽어 버린다. 샘을 죽였던 강도는 차에 치여서 즉사하게 되는데, 바로 그 순간 육체에서 영혼이 빠져나온다. 그리고 정체를 알 수 없는 시커먼 존재들에 의해서 끌려간다. 샘의 친구인 카알도 깨진 유리창에 찔려서 죽게 된다. 죽는 순간 육체와 영혼이 분리된다. 그제야 영혼이 된 카알은 육체로 있을 때에 보이지 않던 영혼 샘을 보고 놀라게 된다.

이 영화는 육체는 죽어서 한 줌의 흙으로 돌아가지만, 영혼은 육체와는 별도로 또 다른 세계에서 존재하게 된다는 사실을 극명하게 보여 준다. 영혼이 된 샘은 육체가 없는 상태에서도 사람과 똑같이 움직이고 생각한다. 다만 영적 존재이기에 사람들이 볼 수 없을 뿐이다.

물론 이 영화는 허구(fiction)이므로 이 영화에 나오는 것이 다 사실이라고 말할 수는 없다. 비록 심령 과학에 기초해서 만든 영화이기는 하나 어떤 부분은 성경에 나오는 사실과 일치한다. 즉 눈에 보이지 않는 영적 세계가 실존하며, 사람에게 영혼이 있으며, 죽음은 영혼과 육체의 분리라는 것을 말해 주고 있다. 이 영화는 사람이란 어떤 존재인지, 죽음이란 무엇인지, 사후세계는 존재하는 것인지 등에 대한 대략적인 정보를 제공해 준다. 혹시 설명이 잘 이해가 되지 않는다면 이 영화를 볼 것을 추천한다.

나도 예수님을 만나기 전에는 삶에 대한 많은 의문을 가지고 있었다. 그러나 귀신이란 실존을 접한 이후 인간의 정체성에 관한 많은 의문이 풀렸다. 귀신이란 영적 존재는 영적 세계가 존재하고 영혼이 존재한다는 중요한 증거라 생각한다.

오늘날에도 **귀신**이 있나요?

사탄이란?

선한 영적 존재들이 있는 반면, 악한 영적 존재들도 있다. 성경은 모든 악한 영들의 우두머리가 사탄임을 밝히고 있다. 사탄 또한 눈에 보이지 않는 영적 존재로, 보이는 육체를 가지고 있지 않기 때문에 그의 정체와 활동에 대해 완벽하게 설명하기에는 어려움이 많다. 사탄은 악한 영적 세계의 우두머리로, 영어로 Satan 혹은 Devil이라 부른다. 사탄을 지칭하는 용어로는 '공중 권세 잡은 자', '큰 용', '마귀', '옛 뱀', '천하를 꾀는 자' 등이 있다.

흔히 사탄의 기원은 루시엘이라는 천사장으로 해석한다. 루시엘은 미가엘과 가브리엘과 함께 활동하던 천사장으로, 하나님을 찬양으로 경배하는 천사였다. 루시엘은 기름부음을 받은 그룹이었고, 하나님의 성산에서 하나님의 영광을 보고 찬양했다. 그런데 그는 교만하여 하나님처럼 되고자 하는 마음을 먹었다. 성경은 이를 비유적으로 페니키아의 왕이었던 두로 왕의 사례로 설명한다. 두로 왕은 자신을 신과 비교했고, 신처럼 되려고 했다: "인자야 너는 두로 왕에게 이르기를 주 여호와께서 이같이 말씀하시되 네 마음이 교만하여 말하기를 나는 신이라 내가 하나님의 자리 곧 바다 가운데에 앉아 있다 하도다 네 마음이 하나님의 마음 같은 체할지라도 너는 사람이요

신이 아니거늘"(겔 28:2). 대부분의 성경학자들은 이를 단순히 두로 왕에 대한 설명이라기보다 천사장 루시엘로 해석한다: "네가 옛적에 하나님의 동산 에덴에 있어서 각종 보석 곧 홍보석과 황보석과 금강석과 황옥과 홍마노와 창옥과 청보석과 남보석과 홍옥과 황금으로 단장하였음이여 네가 지음을 받던 날에 너를 위하여 소고와 비파가 준비되었도다 너는 기름 부음을 받고 지키는 그룹임이여 내가 너를 세우매 네가 하나님의 성산에 있어서 불타는 돌들 사이에 왕래하였도다 네가 지음을 받던 날로부터 네 모든 길에 완전하더니 마침내 네게서 불의가 드러났도다 네 무역이 많으므로 네 가운데에 강포가 가득하여 네가 범죄하였도다 너 지키는 그룹아 그러므로 내가 너를 더럽게 여겨 하나님의 산에서 쫓아냈고 불타는 돌들 사이에서 멸하였도다 네가 아름다우므로 마음이 교만하였으며 네가 영화로우므로 네 지혜를 더럽혔음이여 내가 너를 땅에 던져 왕들 앞에 두어 그들의 구경 거리가 되게 하였도다"(겔 28:13~17).

루시엘은 하나님의 자리에까지 높아지려는 교만에서 반역을 시도했다. 피조물인 천사가 자신의 지위를 지키지 않고 이탈하여 스스로 하나님이 되려고 시도한 것이다. 그는 '당신만 하나님이 될 수 있느냐? 나도 하나님이 될 수 있다'는 교만으로 자기 지위를 떠났다. 피조물이 '나도 하나님같이 되리라' 하여 자신을 창조주 하나님으로 신격화한 것이다. 이로 인해 하늘에서 전쟁이 있었고, 미가엘과 그의 천사들이 용(루시엘)으로 더불어 싸웠다. 루시엘은 미가엘에게 패해 하나님의 존전에서 쫓겨나 영원히 결박된 음부 안에 갇히게 되었다: "하늘에 전쟁이 있으니 미가엘과 그의 사자들이 용과 더불어 싸울새 용과 그의 사자들도 싸우나 이기지 못하여 다시 하늘에서 그들이 있을 곳을 얻지 못한지라 큰 용이 내쫓기니 옛 뱀 곧 마귀라고도 하고 사탄이라고도 하며 온 천하를 꾀는 자라 그가 땅으로 내쫓기니 그의 사자들도 그와 함께 내쫓기니라"(계 12:7~9). 즉 천사장 하나가 교만해져서 하나님을 반역했고, 결국 하늘에서 쫓겨난 것이다. 피조물인 사탄이 창조주 하나님께 반역함으로 타락했고, 결국 창조주로부터 떨어져 나갔다.

결국 루시엘이 타락하여 '하나님의 원수' 혹은 '대적자' 라는 의미를 가진 사탄이 되었다: "너 아침의 아들 계명성이여 어찌 그리 하늘에서 떨어졌으며 너 열국을 엎은 자여 어찌 그리 땅에 찍혔는고 네가 네 마음에 이르기를 내가 하늘에 올라 하나님의 뭇 별 위에 내 자리를 높이리라 내가 북극 집회의 산 위에 앉으리라 가장 높은 구름에 올라가 지극히 높은 이와 같아지리라 하는도다 그러나 이제 네가 스올 곧 구덩이 맨 밑에 떨어짐을 당하리로다"(사 14:12~15). 거룩한 천사라 할지라도 자기 지위를 지키지 않고 이탈하는 순간 영원한 빛 가운데 거할 권리를 잃게 된다.

사탄은 하늘의 처소에서 쫓김을 받아 땅의 낮은 곳인 음부로 내려오게 되었다: "예수께서 이르시되 사탄이 하늘로부터 번개 같이 떨어지는 것을 내가 보았노라"(눅 10:18). 하나님은 타락한 사탄을 마지날 날 심판의 때까지 영원한 결박으로 흑암에 가두셨다: "또 자기 지위를 지키지 아니하고 자기 처소를 떠난 천사들을 큰 날의 심판까지 영원한 결박으로 흑암에 가두셨으며"(유 1:6). 음부, 즉 '스올' 은 영적으로 죽은 자가 있는 곳으로, 심판을 받게 될 존재들이 머무는

이 세상을 말한다.[60]

광야에서 금식하던 예수를 꾀어 자기에게 "경배하라" 했을 때, 예수는 "사탄아 물러가라"고 명하셨다(마 4:10~11). 베드로가 예수에게 죽지 마시라고 했을 때, 예수님은 단호히 "사탄아 내 뒤로 물러가라 너는 나를 넘어지게 하는 자로다 네가 하나님의 일을 생각하지 아니하고"라고 말씀하셨다(마 16:23). 이처럼 하나님과 그의 일을 대적하고 나올 때, 사탄으로 불린다. 그러나 인간이나 세상에서 활동할 때에는 '꾀는 자', '미혹하는 자', '타락시키려는 자' 등의 의미를 가진 마귀로 표현된다. 예수를 팔려는 유다에게 "마귀가 벌써 시몬의 아들 가룟 유다의 마음에 예수를 팔려는 생각을 넣었더라" 하여 마귀로 표현했다.

1. 사탄의 권세

하나님은 흑암에 사탄과 그를 따르던 천사들을 가두셨다. 하늘에서 쫓겨 내려온 사탄은 하나님의 영광을 볼 수 없는 흑암에서 이 세상을 주관하는 자가 되었다. 이 음부에서 사탄과 그의 세력들은 여전히 하나님의 목적에 대항해 투쟁을 하고 있다. 사탄이나 마귀는 같은 존재인 루시퍼를 가리킨다.[61] 흔히 사탄이란 명칭은 하나님을 대적할 때 쓰이고, 마귀는 세상과 인간과의 관계에서 사용된다.

마귀는 이 세상을 정복하고 다스리는 공중 권세자로 "어둠의 권

---

60) 홍성건, 「하나님이 찾으시는 사람」, 218.
61) 이오갑, "루터와 깔뱅의 마귀 이해", 「한국교회 신학자들이 본 마귀론 이해」, 155.

세자"(골 1:13), "이 세상 임금"(요 12:31), "이 세상 신"(고후 4:4), "정사와 권세와 이 어두움의 세상 주관자"(엡 6:12)로 활동하고 있다. 사탄은 이 음부에서 사망 권세자가 되고, 거짓의 주관자가 되었다. 마귀는 이 세상 임금으로서, 막강한 권세를 지닌 존재로 세상 사람들을 자기 앞에 굴복시킬 수 있는 권세가 있다. 마귀와 귀신들은 인간이 절대로 상대할 수 없는 강한 존재들이다. 그들의 권세가 너무 강해서 인간이 이 강자를 이긴 경우는 없었다(요 12:31).

그러나 마귀의 모든 권세는 하나님에 의해 제한되어 있다. 하나님은 무소부재하시며 전지전능하시다. 하나님은 마귀를 심판하고 형벌하시는 분이지, 마귀와 싸우는 분이 아니시다. 이에 반해 타락한 천사장 루시퍼는 천사로 제한된 능력을 가지며 무소부재하지 못하여 시간, 공간, 능력에 제한을 받는 피조물에 불과하다. 천사는 두루 돌아다닐 수 있으나 한 번에 한 장소밖에 존재할 수 없으며, 모든 장소에 동시에 있을 수 없다.

2. 사탄의 조직 및 활동

사탄이 하늘에서 반역을 일으킬 때 그를 따르던 천사들도 함께 가담했다: "하늘에 또 다른 이적이 보이니 보라 한 큰 붉은 용이 있어 머리가 일곱이요 뿔이 열이라 그 여러 머리에 일곱 왕관이 있는데 그 꼬리가 하늘의 별 삼분의 일을 끌어다가 땅에 던지더라"(계 12:3~4). 사탄은 함께 타락한 천사들의 활동을 지휘한다. 사탄과 귀신들은 오합지졸이 아닌 군대 조직과 같은 체계적인 조직과 계급이 있다.[62] 사탄의 조직은 악령들의 총대장인 사탄을 중심으로 사탄과 함께 쫓겨난 천사들은 거짓 선지자의 영, 적그리스도의 영, 이단의 영 등으로 역할을 분할하여 세상 신으로 활동하고 있다. 여럿의 귀신들이 있을 경우, 조직에는 반드시 대장 귀신이 있고 졸개 귀신이 있다. 대장 귀신은 졸개 귀신에게 명령을 내리고, 졸개 귀신은 이에 복종한다.[63]

사탄은 타락한 천사들을 다스리는 동시에 그의 종 된 사람들을 지배한다. 그의 목표는 이 세상의 모든 부분을 다 장악하여 하나님을 대항하고, 복음이 침투하는 일을 차단하여 사람들로 하여금 하나님을 믿지 못하게 역사하는 것이다: "우리의 씨름은 혈과 육을 상대하는 것이 아니요 통치자들과 권세들과 이 어둠의 세상 주관자들과 하늘에 있는 악의 영들을 상대함이라"(엡 6:12). 여기서 정사란 정치체제 혹은 권력의 배후를 의미한다. 마귀의 정사는 대통령, 국회의사당, 시청, 교육부 등과 같은 정부 조직 및 권력 기관에 영향을 미쳐 결국 나라와 사회 전체가 하나님께 반항하게 만든다. 사탄은 세상 권세를 이용해 사람들을 이 권세 앞에 무릎 꿇게 만든다. 공산주의는 이념상 신이 없다는 전제하에 헌법을 정하고 유물론적 주장과 이념을 앞세워 기독교회를 핍박한다. 한국전쟁 동안 공산당이 교회를 얼마나 핍박했는지를 우리는 잘 알고 있다. 인도는 힌두교를 국교로 삼고 있기 때문에 자국인이 그리스도인으로 귀화할 경우 다른 곳으로 도망을 가야 한다. 우리는 기독교를 박해하는 정부의 배후에

---

62) 데오도르 에프, 「사탄」 (바울서신사, 1991), 26.
63) 찰스 크래프트, 「사악한 영을 대적하라」, 168-9.

거대한 악령의 조직이 있음을 깨달아야 한다.

어둠의 주관자는 우상 숭배나 거짓 선지자를 통해 사람을 우매하게 만든다. 로마 정부는 황제 숭배를 강요했고, 이에 반항하는 초대 교인들을 핍박했다. 사탄은 종교, 철학, 이념의 형태를 이용해 기독교가 들어올 수 없도록 조직적으로 차단한다. 거짓 선지자의 영은 구세주인 예수님이 오셨음에도 불구하고 예수님이 아닌 새로운 메시아가 와야 할 것처럼 예언하여 사람들에게 거짓 희망과 소망을 준다. 특히 종교를 만들어 그곳에 영생이 있다고 사람들을 미혹한다. 적그리스도의 영은 예수와 하나님을 대적하는 영으로 진리를 왜곡해 그리스도를 부인하는 사역을 한다. 빛의 천사로 가장하여 그리스도인인 것처럼 활동한다. 통일교의 문 교주처럼 다른 예수, 다른 복음, 다른 영을 전하면서(고후 11:4) '예수가 여기 있다' 고 미혹한다.

사탄은 또한 세상의 문화를 선도하고 이끌어 간다. 악한 영들이 매춘, 낙태, 동성연애, 도박, 포르노, 뉴에이지 음악 등으로 인간의 말초신경을 자극한다. 유럽의 어떤 헤비메탈 그룹은 노골적으로 사탄을 숭배하는 음악을 제작하고 부른다.[64] 한국의 경우, 동네 곳곳마다 술집과 유흥가들이 들어서 육체적 쾌락을 제공하여 사람들을 유혹하고 있다. 이 모든 현상들의 배후에는 악한 영들이 사역하고 있다.

현대 맘몬 숭배의 대표적인 것은 돈을 사랑하는 것이다. 아나니아와 삽비라도 자신의 소유를 팔 정도로 믿음이 있었으나, 결국 사

---

64) 하용조,「세상을 바꾼 사람들」, 214.

탄에게 속아 온전한 헌금을 하지 못했다. 이때 베드로는 "아나니아야 어찌하여 사탄이 네 마음에 가득하여 네가 성령을 속이고 땅 값 얼마를 감추었느냐"(행 5:3)라고 문책했다. 사람들은 돈을 위해서라면 무엇이든지 한다. 이를 잘 알고 있는 마귀는 경제 권력을 통해 세계를 지배하고 있다. 마귀는 이 세상에 경제적 번영과 정의로운 사회를 건설하라고 유혹한다.[65] 자본주의는 인간의 척도를 돈을 얼마나 벌 수 있느냐로 평가하게 만들었다. 그러나 성경은 일만 악의 뿌리가 돈을 사랑하는 것이라 경고한다: "부하려 하는 자들은 시험과 올무와 여러 가지 어리석고 해로운 욕심에 떨어지나니 곧 사람으로 파멸과 멸망에 빠지게 하는 것이라 돈을 사랑함이 일만 악의 뿌리가 되나니 이것을 탐내는 자들은 미혹을 받아 믿음에서 떠나 많은 근심으로써 자기를 찔렀도다"(딤전 6:9~10).

한번은 큰 통을 이용해 원숭이를 잡는 모습을 본 적이 있다. 큰 통에다 바나나를 집어넣고 원숭이의 손이 들어갈 만한 구멍을 뚫어 놓는다. 그러면 원숭이가 와서 손을 넣어 통 안에 든 바나나를 집는다. 바나나를 꽉 움켜쥔 손은 통 안에서 빠지지 않는다. 원숭이는 통 안에 든 바나나를 놓으면 살 수 있음에도 불구하고 바나나를 꽉 쥔 채 결국 사람에게 잡히고 말았다. 현대 한국 교회의 문제는 맘몬 숭배로, 사람들이 하나님보다 돈을 더 사랑한다는 점에 있다: "말세에 고통하는 때가 이르러 사람들이 자기를 사랑하며 돈을 사랑하며 …"(딤후 3:1~5).[66]

---

65) 최바울, 「세계영적도해」 (펴내기, 2005), 4, 131-2.

사탄은 권력에 눈이 먼 욕심 많은 지도자를 등장시켜 나라 전체를 악의 구렁텅이로 몰아간다.[67] 그래서 성경은 "모든 사람을 위하여 간구와 기도와 도고와 감사를 하되 임금들과 높은 지위에 있는 모든 사람을 위하여 하라"(딤전 2:1~2)고 권면하고 있다. 사탄은 세상 권력을 통해 사람들을 유혹한다. 예수님을 유혹했던 사탄도 "나에게 경배하면 천하만국의 영광을 쥐리라"고 유혹했다. 그러나 예수님은 '오직 주 하나님만 경배하라'고 물리치셨다. 현재 한국 교회도 명예를 추구하여 조직의 감투를 쓰는 일에 목숨을 거는 일들이 벌어지고 있다. 총회장이나 감독을 하기 위해 엄청난 돈을 뿌리고 있다. 이는 마귀의 권세 유혹에 넘어간 한국 교회의 슬픈 자화상이라 할 수 있다.

1974년 스위스 로잔에서 열렸던 세계복음화국제대회(The International Congress on World Evangelization)는 이러한 사탄의 활동을 자각하여 로잔 언약을 발표하면서 영적 투쟁에 대해서 다음과 같이 언급했다.

> 우리는 교회를 전복시키고 교회의 세계 복음화 과업을 좌절시키고자 애쓰는 악의 정사(政事) 및 권세와 우리가 끊임없는 영적 전투를 치르고 있다고 믿는다. 우리가 하나님의 갑주로 무장하고 진리와 기도의 영적 무기로 이 전투를 수

---

[67] C. F. Kraft, "Spiritual Warfare: A Neocharismatic perspective", in *The New International Dictionary of Pentecostal and Charismatic Movements*, 1094. 홍성건, 「하나님이 찾으시는 사람」, 234-5.

행하는 것이 필요하다는 것을 우리는 알고 있다.[68]

3. 지역 신

각 나라마다 최고 통치자인 대통령이 있고, 각 지역을 다스리는 도지사, 시장, 군수, 면장 등이 있듯이, 사탄 또한 그의 타락한 천사들을 나라, 대도시, 소도시에 맞춰 배치시킨 후 활동하게 한다. 그래서 국가를 총괄하는 악신이 있고, 특정 지역을 관할하는 대장신이 있다. 어둠의 세력들은 인종, 종교, 언어, 문화 등에 따라 각기 다른 전략을 가지고 작전을 짠다.[69] 선교지에 가면 그 지역만이 가지고 있는 정치 · 경제 · 종교 · 문화적 독특성을 발견할 수 있다. 그런데 그 배후를 자세히 관찰하면 그 지역을 강력하게 장악하여 지배하고 다스리는 영적 세력을 만나게 된다.

사막 수도승 안토니(251~356년)가 이집트의 사막에서 금식하며 기도하자 하루는 사탄이 그 앞에 나타났다. 사탄은 안토니 수도사에게 "왜 수도승과 다른 그리스도인은 까닭 없이 나를 비난하는가? 왜 매시간마다 나를 저주하는가?"라고 반문하면서, 사막 전체가 수도승들로 가득 차면서 그들이 너무 열심히 기도함으로 인해 더 이상 그 근처에 거할 도시나 장소가 없다는 불평을 했다.[70] 이는 이집트를 장악하고 있던 악한 세력이 존재한다는 좋은 사례를 제공해 준다.

---

68) 로잔언약(1974). 박용규, 「한국교회를 깨운 복음주의 운동」(두란노, 1988), 380.
69) 하용조, 「변화받은 사람들」, 257. 홍성건, 「하나님이 찾으시는 사람」, 236-7. C. F. Kraft, "Spiritual Warfare: A Neocharismatic perspective", in The New International Dictionary of Pentecostal and Charismatic Movements, 1094.
70) Athanasius, The Life of Saint Antony, 62.

한번은 조용기 목사가 일본에 복음을 전하러 갔다. 집회가 있기 전날, 저녁에 잠을 자고 있는데 갑자기 숨이 막히고 정신이 몽롱해졌다. 마치 누군가가 그의 목을 조르고 있는 듯한 느낌을 받았다. 더군다나 방 안은 냉장고 안에 들어 있는 것처럼 추웠다. 숨을 쉴 수가 없어서 자리에서 일어나 주위를 둘러보니, 놀랍게도 사탄이 앉아 있었다. 사탄은 그에게 협박을 했다: "오늘 밤 내가 너를 죽여 버리겠다. 너는 지금 일본에서 나의 일을 방해하고 있다 … 이곳은 내가 다스리는 나의 왕국이다. 너는 지금 내 백성들을 내 손아귀에서 빼내려고 하지만 결코 성공할 수 없다."[71] 이 사례는 일본을 장악하고 다스리고 있는 강력한 영적 세력이 있음을 보여 준다. 사탄은 일본을 자신의 왕국이라 칭한다. 일본은 문명이 발달된 나라지만 8백만이나 되는 잡신들이 있으며, 곳곳에 신들을 섬기는 곳을 만들어 놓았다. 강력하고 악한 지역신의 영향 때문인지, 일본의 복음화율은 매우 낮고, 복음을 전하기가 매우 힘들다. 그래서 일본에서 부흥회를 인도하려면 다른 곳보다 몇 갑절의 힘이 든다고 한다.[72]

하루는 서울의 미8군부대에서 사역하고 있는 Vaughn 목사가 조용기 목사를 찾아와서 다음과 같은 이야기를 했다. 그는 한국에 있는 미군부대로 배치받기 전 독일에 있는 미군부대에서 사역을 했다. 그러나 독일에서의 목회는 성공적이지 못했다고 한다. 아무리 전도를 해도 미군들은 교회에 나오지 않았다. 그런데 그의 설교와 목회

---

71) 조용기,「나의 교회성장 이야기」, 185-6.
72) 홍영기,「조용기 목사의 영성과 리더십」(교회성장연구소, 2003), 29.

방식에 아무런 변화를 주지 않았음에도 불구하고 서울에 와서 목회를 하니 많은 미군들이 교회에 출석했다는 것이다. 즉 독일에서는 부흥이 되지 않았고 서울에서는 부흥이 되었다는 것이다. 그 이유가 무엇일까?

조용기 목사는 그 질문에 대해 다음과 같이 대답했다: "독일 교회가 기도하지 않으므로 사탄이 궁중권세를 강하게 잡고 있다. 아무리 목회자가 하나님의 말씀을 선포해도 사람들이 복음을 받아들이지 않는다. 왜냐하면 지역의 어둠의 영들이 복음을 전하는 것과 듣는 것을 방해하고 핍박하기 때문이다.[73] 그러나 한국의 교회와 성도들은 새벽기도부터 철야기도까지 끊임없이 한국의 복음화를 위해서 기도한다. 사탄이 한국에서 큰 힘을 발휘하지 못하는 것은 한국 교회가 기도하는 교회이며, 이 기도가 악한 영적 세력을 묶기 때문이다."[74]

예수전도단의 셔만(Dean Sherman)은 파푸아뉴기니에서 3개월 동안 집회를 가졌지만 아무런 열매를 얻지 못하자 그 이유를 알기 위해 금식하면서 기도했다. 어느 날 하나님의 음성이 들렸는데 다음과 같은 내용이었다: "창세로부터 지금까지 이 도시를 지배해 온 어둠의 세력을 이기는 방법이 있다면, 그것은 찬양이다. 이 어둠의 세력들은 지금까지 한 번도 도전을 받아 본 적이 없다."[75] 그는 찬양으로 도시를 지배하는 어둠의 세력을 깨뜨리기 시작했고, 곧 5천 명이나 되

---

73) 하용조, 「변화받은 사람들」, 258. 홍성건, 「하나님이 찾으시는 사람」, 238-9.
74) 조용기, 「나의 교회성장 이야기」, 189-90.
75) 딘 셔만, 「모든 그리스도인을 위한 영적전쟁」, 이상신 역 (예수전도단, 2002), 16.

는 사람들이 집회에 참석하기 시작했다.[76]

특정 지역에서 특별한 사역을 감당하는 귀신들의 세력을 구체적으로 표현하는 것을 '영적 지도 그리기'(spiritual mapping)라 한다.[77] 암스테르담은 동성연애, 매춘, 마약의 도시이며 샌프란시스코 또한 동성연애자들의 중심지다. 이들 지역에서는 음란의 영이 강하게 역사한다. 하용조 목사는 산에 올라가 서울을 향해 손을 들고 기도했다 하는데, 그 이유는 다음과 같다: "서울에 있는 귀신들을 쫓아야 합니다. 우리는 내 안에 있는 귀신은 쫓지만, 우리 교회 안에 있는 귀신은 쫓으려 하지 않습니다."[78]

현재 중동 지역의 경우 이슬람의 세력이 워낙 강하기 때문에 기독교를 전파하는 일이 거의 불가능하다. 물론 이슬람 정부 차원에서 기독교를 봉쇄하고 있기 때문이기도 하지만, 우리는 그 배후에 강한 영들의 역사가 있음을 인식해야 할 것이다. 이런 곳에 선교를 갈 때는 무엇보다 먼저 그곳을 묶고 있는 거대한 악의 세력을 주님의 이름으로 꾸짖고, 기도하고 찬양함으로 시작해야 한다.

4. 사탄의 종말

하나님은 하나님 당신을 반역하고 하늘 성소를 더럽힌 사탄에 대하여 준엄한 심판을 선언하셨다. 하나님은 반역한 천사를 심판하고

---

76) 딘 셔먼, 「모든 그리스도인을 위한 영적전쟁」, 18-19.
77) C. F. Kraft, "Spiritual Warfare: A Neocharismatic perspective," in *The New International Dictionary of Pentecostal and Charismatic Movements*, 1095.
78) 하용조, "예배와 사역," 「청년이여 일어나라」 (규장, 1997), 104.

멸하기 위해 그를 우주 안에 영원한 결박으로 가두어 놓으셨다: "하나님이 범죄한 천사들을 용서하지 아니하시고 지옥에 던져 어두운 구덩이에 두어 심판 때까지 지키게 하셨으며"(벧후 2:4). 비록 그의 세력이 커 보이기는 하나 그는 하나님의 지배 안에서만 능력을 행사할 수 있는, 마치 새장 속에 갇힌 한 마리의 참새에 불과하다.

예수님은 마귀를 심판하기 위해 이 세상에 오셨다: "죄를 짓는 자는 마귀에게 속하나니 마귀는 처음부터 범죄함이라 하나님의 아들이 나타나신 것은 마귀의 일을 멸하려 하심이라"(요일 3:8). 마귀는 그의 사망 권세로 예수님을 십자가에 못 박아 죽였으나, 예수님은 죄가 없으시므로 다시 살아나셨다. 이로써 마귀의 불법이 온 천하에 드러나게 되었고, 사탄과 악령들에게는 영원한 형벌의 선고가 내려졌다. 사악한 세력들은 예수 그리스도의 십자가 앞에서 무참히 패배했고, 예수님은 불법자인 사탄의 능력과 활동을 무장 해제시키셨다. 이제 마귀는 정죄를 받은 상태로 예정된 심판의 날, 즉 형 집행(지옥에 갈 일)을 초조히 기다려야 하는 신세가 되었다. 이는 용의자를 구속한 후 재판에 회부하여 정죄한 다음 처벌을 위해 감옥에 보내는 것과 같은 이치다.

현재 마귀는 지옥에 가 있는 것이 아니라 음부에 갇혀 있다. 마귀는 자신의 운명 및 종말에 대해 잘 알고 있다: "이는 마귀가 자기의 때가 얼마 남지 않은 줄을 알므로 크게 분내어 너희에게 내려갔음이라 하더라"(계 12:12). 우리는 형 집행 때까지 최후 발악하는 마귀의 세력을 무시할 수 없다. 원칙적으로 그의 머리가 깨어졌고 영원한 형벌이 선언되었지만, 사탄과 귀신의 세력은 이 세상에서 완전히 없어지지 않았다. 패배한 사탄은 자신의 때가 얼마 남지 않음을 알고 마지막 심판 때까지 최후의 발악을 하고 있다: "우리는 하나님께 속하고 온 세상은 악한 자 안에 처한 것이며"(요일 5:19). 사탄은 잠깐 동안, 특히 중생하지 못한 자들의 세계에서 여전히 권세를 잡고 그들을 지배하고 있다.[79] 예수님의 십자가 사역으로 사탄이 결박을 당하기는 했지만 그의 세력이 완전히 사라진 것은 아니다.

요한계시록은 하나님의 권세에 대적했던 사탄이 어떻게 심판받는지에 대해 설명한다.[80] 하늘로 올라가신 예수님은 다시 재림하신다. 이때 마귀는 무저갱에 천 년 동안 갇히게 된다: "또 내가 보매 천사가 무저갱의 열쇠와 큰 쇠사슬을 그의 손에 가지고 하늘로부터 내려와서 용을 잡으니 곧 옛 뱀이요 마귀요 사탄이라 잡아서 천 년 동안 결박하여 무저갱에 던져 넣어 잠그고 그 위에 인봉하여 천 년이 차도록 다시는 만국을 미혹하지 못하게 하였는데 그 후에는 반드시 잠깐 놓이리라"(계 20:1~3). 이때 사탄의 졸개인 귀신들도 마귀와 함께 영적 감옥인 무저갱으로 보내진다.

사람이 죽음을 피할 수 없듯이, 사탄과 귀신들도 반드시 가야 할 장소가 무저갱이다. 예수님이 거라사의 광인을 만나 귀신의 이름을 물으니 '군대'라고 대답했다. 예수님이 귀신을 내어 쫓으려 하자 귀신은 "무저갱으로 들어가라 하지 마시기를 간구"(눅 8:31)하였다. 귀신은 심판자이신 예수님을 알아보았고, 자신에게 닥칠 심판의 때가

---

79) L. S. 채퍼, 「성경으로 본 사탄의 정체」, 김만풍 역, (두란노, 1985), 78.
80) 홍성건, 「하나님이 찾으시는 사람」, 229.

가까운 것도 알아챘다. 귀신은 자신의 활동에 종지부를 찍게 될 무저갱에만은 보내지 말아 달라고 간청했다. 귀신이 보이는 반응으로 미루어 보아 무저갱이 귀신에게 얼마나 공포의 장소인지를 알 수 있다. 무저갱은 깊이를 알 수 없는 한없이 내려가는 장소로, 한 번 들어가면 다시는 나올 수 없는 영원한 어둠의 장소다.[81]

그 이후 사탄은 무저갱에서 잠깐 놓인 후, 최종적으로 그들을 위하여 '예비된 영영한 불'인 지옥에 들어가게 된다:[82] "천 년이 차매 사탄이 그 옥에서 놓여 나와서 땅의 사방 백성 곧 곡과 마곡을 미혹하고 모아 싸움을 붙이리니 그 수가 바다의 모래 같으리라 그들이 지면에 널리 퍼져 성도들의 진과 사랑하시는 성을 두르매 하늘에서 불이 내려와 그들을 태워버리고 또 그들을 미혹하는 마귀가 불과 유황 못에 던져지니 거기는 그 짐승과 거짓 선지자도 있어 세세토록 밤낮 괴로움을 받으리라"(계 20:7~10). 영은 죽지도 않고 소멸되지도 않는 영원불멸의 존재이기에 그의 고통은 영원할 것이다. 하늘에서 반역을 일으켜 쫓겨난 사탄은 결국 심판을 받았고, 이제 지옥 갈 날만 기다리고 있는 신세다.

---

81) 메릴 엉거, 「성서적 마귀론」, 115-7.
82) Millard Erickson, *Christian Theology*, 451.

귀신의 정체

귀신의 사전적 정의를 살펴보면 문화와 역사, 종교 등에 따라서 그 개념이 매우 광범위하다는 것을 알 수 있다. 지역 및 역사에 따른 귀신에 대한 정의를 살펴보는 것만으로도 한 권의 책이 되기에 충분하다.[83] 한국의 경우에도 「조선의 귀신」이라는 두꺼운 책이 나올 정도로 귀신에 대한 내용은 방대해, 한마디로 귀신의 정의를 내리는 것은 쉽지 않다.

귀신은 거의 대부분의 나라와 지역에서 발견되는 낯설지 않은 존재다. 고대 희랍의 경우 귀신은 악한 영적 존재로, 인간에게 발생하는 불행 내지는 질병의 원인으로 해석했다. 귀신의 정체는 사람의 사후의 영, 특히 영웅들의 사령으로 보았다. 철학자 플라톤도 귀신의 존재를 인정하면서 당시 사람들의 일반 사고를 반영하여 귀신을 죽은 사람의 영혼과 동일시했다. 이집트의 경우 귀신에는 많은 종류가 있으며, 그중 가장 무서운 귀신은 사람의 육체를 벗어나 죽은 영으로, 이 영이 사람 속에 들어오면 질병을 일으키고 결국 죽는다고

---

[83] 이집트의 귀신, 메소포타미아의 귀신, 희랍의 귀신, 중국의 귀신, 일본의 귀신 등등 나라별로 다양하다. 서양의 경우만 하더라도 고대의 귀신, 중세의 귀신, 현대의 귀신으로 나누어서 설명한다. 서양의 귀신론과 동양의 귀신론이 서로 다르며, 동양의 귀신론이라 할지라도 한국의 귀신론과 일본의 귀신론이 서로 다르다.

생각했다.[84] 반면 동양에서는 우주와 생물을 구성하는 본질을 음과 양의 기로 해석하는데, 기가 생물에서 떠나면 귀신이 된다고 해석했다. 귀신은 기이므로 들어가지 못하는 곳이 없으며, 나무나 돌도 자유자재로 통과할 수 있다.[85]

한국표준어사전[86]은 귀신을 다음과 같이 정의한다: "귀신: 사람이 죽은 뒤의 넋. 사람에게 화복을 내려 준다는 신령." 이런 귀신의 정의는 다른 국어사전이나 백과사전에 나오는 것들과 큰 차이가 없다. 광의적 정의로 귀신을 일종의 신령(神靈)이라고 설명한 후, 좁은 의미로 귀신을 사람이 죽은 뒤의 사후 존재로 해석한다. 백과사전도 광의의 정의로는 하늘, 산, 물, 바위, 나무 등의 자연이나 호랑이, 곰, 뱀 등의 동물, 혹은 어떤 사물이나 질병도 상황에 따라서 '눈에 보이지 않는 정령'이 될 수 있다고 해석하고, 협의의 의미로 '죽은 사람의 사후의 영혼인 사령'으로 정의한다.[87] 귀신의 개념은 특히 종교와 깊은 관계가 있는데, 각 종교에서 바라보는 귀신의 정체 및 개념들을[88] 살펴보는 것은 너무도 방대하기 때문에 여기서는 다루지 않고자 한다.

성경을 보면 예수님 당시 사람들도 귀신의 존재에 대해 잘 알고 있었다는 사실을 알 수 있다. 예수님이 귀신을 쫓으시자 제자들과 주

---

84) 신태웅, 「성서 귀신 연구」, 40-49.
85) 동아출판사 백과사전연구소, 「동아세계대백과사전」 (동아출판사, 1982), 274-5.
86) 한글학회, 「우리말큰사전」 (언문각, 1991).
87) 한국브리태니커회사, 「브리태니커 세계 대백과사전」 2 (1992), 560-1.
88) 기독교의 귀신, 이슬람교의 귀신, 유교의 귀신, 불교의 귀신, 도교의 귀신, 무속에서의 귀신 등등 모든 종교에서 귀신을 다루고 있다.

변 사람들은 귀신이 존재한다는 사실에 놀라지 않았고, 귀신의 정체에 대해서도 궁금해 하지 않았다. 아무도 예수님께 귀신의 정체가 무엇인지 물어보지 않았다. 이는 대부분의 유대인들이 귀신의 존재와 정체에 대해 알고 있었기 때문에 굳이 물을 필요가 없었던 것 같다.

그런데 성경의 저자들은 귀신의 정체에 대해서는 정확하게 말하지 않았다. 예수님도 귀신을 쫓으셨으나 귀신의 정체에 대해 속 시원하게 설명하지 않으셨다. 성경 어디를 보더라도 정확히 '귀신은 ~이다'라고 귀신의 정체를 속 시원하게 설명한 구절을 찾을 수 없다. 그래서 성경을 통해 귀신의 정체를 파악하는 것은 매우 어려운 일이다. 대부분의 신학자들은 성경이 귀신의 기원 혹은 유래에 대해 확실히 기록하지 않고 침묵하고 있다는 데 동의한다.[89] 기독교회 안에서 다양한 귀신론들이 제기되고 있는데, 현재 기독교회 내에서 귀신의 정체는 다음과 같이 크게 4가지로 나누어 설명하고 있다.

1. 타락한 천사다

'사탄과 함께 타락한 천사들이 귀신이다'는 학설은 대부분의 복음적 신학자들의 전통적인 견해로, 엉거(Merrill Unger), 디카슨(C. Fred Dickason), 쉐퍼(Lewis Sperry Chafer) 등이 있다. 한국 대부분의 신학자들도 이 이론에 동의한다. 천사장 루시엘이 하나님을 대적하고 범죄할 때, 천사의 3분의 1이 반역에 동조했다. 사탄과 함께 타락한 천사들

---

89) 김성일, 「성경과의 만남」, 246-9. 주승민, "초대 기독교의 마귀론 이해", 「한국교회 신학자들이 본 마귀론 이해」, 54. 예영수, "귀신의 기원에 대한 제 학설 비교 연구", 「한국교회 신학자들이 본 마귀론 이해」, 192.

이 하늘에서 세상으로 쫓겨 내려와 귀신들이 되었다는 주장이다: "하늘에 또 다른 이적이 보이니 보라 한 큰 붉은 용이 있어 머리가 일곱이요 뿔이 열이라 그 여러 머리에 일곱 왕관이 있는데 그 꼬리가 하늘의 별 삼분의 일을 끌어다가 땅에 던지더라"(계 12:3~4).

이 주장의 근거로는 우선 마귀와 귀신의 이름의 유사성에 있다. 마귀는 '바알세불'(마 12:26)로 불리며 바알세불은 '귀신의 왕'이라는 뜻이다. "마귀와 그 사자들"(마 25:41), "용과 그의 사자들"(계 12:7), "귀신의 왕 바알세불"(마 12:24) 등의 표현에서 보는 바와 같이 마귀, 용, 바알세불은 동일한 사탄이며, '그의 사자들'은 귀신들이다. 둘째는 타락한 천사가 영적 존재이듯이 귀신도 영체이므로, 타락한 천사가 곧 귀신이라는 것이다. 셋째는 타락한 천사와 귀신의 활동의 유사성에 있다. 사탄이 하나님과 사람을 대적하듯(계 9:13~15) 귀신들도 사람 속에 들어가 지배하려고 한다(마 17:14~18). 귀신들은 그들의 우두머리인 마귀의 특성을 가지는데, 특히 사람에게 병을 주며(마 9:13~15), 죽이려 하고(막 9:22), 자신들은 무저갱에 가며(눅 8:31), 하나님의 능력 앞에서 두려워 떤다(약 1:19).[90]

이 주장에 대한 반론으로 천사는 영 자체로 완벽한 인격적 존재이기 때문에 사람의 육체를 필요로 하지 않는다는 점이다. 영 자체로 완벽한 인격체인 천사가 굳이 인간의 육체에 들어올 필요가 없다는 점이다. 천사는 사람 몸속에 들어가지 않고 밖에서 활동한다. 아

---

90) 예영수, "귀신의 기원에 대한 제 학설 비교 연구", 「한국교회 신학자들이 본 마귀론 이해」, 307.

브라함에게 나타났던 천사는 직접 사람의 모양으로 나타났고, 그 천사들이 롯과 그의 가족들을 잡아 이끌어 내었다. 베드로가 옥에 갇혀 있을 때, 천사가 베드로의 몸 안에 들어간 것이 아니라 밖에서 손을 붙잡고 나왔다. 그러므로 타락한 천사라 하더라도 사람 속에 들어갈 수 없다.[91] 반면 귀신은 사람의 육체 속에 들어오려고 하며, 심지어는 돼지 속에라도 들어가려고 몸부림을 친다. 이는 귀신이 사람의 몸을 무척 그리워한다는 사실을 반증한다. 만약 타락한 천사가 귀신이라면 이 현상을 설명하지 못한다.

2. 불신자의 사후 영이다

악한 사람, 특히 예수를 알지 못하고 죽은 후 그의 영혼이 귀신이 된다는 주장이다. 유대인 역사가인 요세푸스는 유대 랍비들은 귀신을 인간의 사후 영으로 해석했다고 주장한다. 이런 그의 견해는 당시 필로(Philo), 저스틴(Justin Martyr), 이레니우스(Irenaeus), 오리겐(Origen) 등을 포함한 유대교의 귀신에 대한 생각을 대표한다.[92]

종교개혁 이전 로마가톨릭교회는 귀신을 죽은 자의 혼령이라고 믿었다.[93] 캠벨(Alexander Campbell)이나 바이저(William Viser), 빔(Joe Beam) 등은 천사는 인간의 몸속에 들어가기를 원하지 않기에 귀신이 될 수 없으며, 결국 귀신이란 육체를 좋아했던 죽은 사람의 혼령으

---

91) Benny Hinn, *War in the Heavenlies* (Dallas, Texas: Heritage Printers and Publishers, 1984), 72-80. Joe Beam, *Seeing the Unseen* (West Mnroe, Louisiana: Howard Publishing Co., 1994), 89-90.
92) 예영수, "귀신의 기원에 대한 제 학설 비교 연구", 236. 재인용.
93) 예영수, "귀신의 기원에 대한 제 학설 비교 연구", 193.

로 해석한다:[94] "성서에서의 귀신들이란 지상에 돌아온 사악한 자의 죽은 영혼이며, 그들은 이 지상을 배회할 뿐 아니라 살아 있는 자들의 몸속에 거하며 지배한다."[95]

한국 교회에서 귀신을 불신자의 사후 영으로 주장하는 사람은 성락교회의 김기동 목사다. 그에 의하면 귀신은 예수님을 믿지 않은 사람들이 죽어서 된 것이다. 그에 의하면 점하는 귀신 들린 여종이란 신접한 여인을 말하며, 신접한 여인에게 들어가 점을 치는 것은 귀신이다: "우리가 기도하는 곳에 가다가 점치는 귀신 들린 여종 하나를 만나니 점으로 그 주인들에게 큰 이익을 주는 자라"(행 16:16), "어떤 사람이 너희에게 말하기를 주절거리며 속살거리는 신접한 자와 마술사에게 물으라 하거든 백성이 자기 하나님께 구할 것이 아니냐 산 자를 위하여 죽은 자에게 구하겠느냐 하라"(사 8:19). 그는 위의 성경 구절들을 연결시켜 점하는 귀신은 죽은 자이기에 귀신의 정체를 죽은 자의 사후 영이라 주장한다.

그는 '이방인의 제사는 귀신에게 하는 것'(고전 10:21)에 주목하여 이방인들의 제사는 죽은 조상인 귀신에게 한 것이라고 주장한다. "그들이 또 브올의 바알과 연합하여 죽은 자에게 제사한 음식을 먹어서 그 행위로 주를 격노하게 함으로써 재앙이 그들 중에 크게 유행하였도다"(시 106:28~29)에 나오는 것처럼 제사는 '죽은 자' 에게 하

---

94) Alexander Campbell, *Popular Lectures and Address* (Philadelphia: James Challen and Sons, 1863), 381-2, 389. Martin Ebon, *The Devil's Bride: Exorcism: Past and Present* (New York: San Francisco, 1974), 7.
95) Joe Beam, *Seeing the Unseen*, 86.

는 것이다.[96] 결국 제사는 죽은 사람에게 지내는 것이며, 죽은 사람의 영혼이 귀신이라는 결론을 내린다.

김기동 목사는 수십만 명으로부터 귀신을 쫓아내면서 연구한 결과, 예수 믿고 죽었다는 사람의 이름을 대는 귀신은 한 건도 없었다는 현상학적 경험을 증거로 내놓는다. 김기동 목사가 귀신에게 "넌 누구냐?"고 물었더니 "난 죽은 아무개다. 예수를 믿고 싶었는데 못 믿고 죽어서 귀신이 되었다", "나는 예수 믿지 않고 죽은 아무개이다"는 대답을 했다고 한다. 다들 "예수 안 믿고 죽은 것이 이렇게 원통할 수 없다"고 고백했다는 것이다.[97] 그에 의하면, 귀신에게 물어보면 자신의 이름뿐 아니라 살았던 곳, 친척 관계, 직업, 아내나 남편, 자식이 누구인지 구체적으로 말한다는 것이다.[98] 그는 축사 현상을 토대로 귀신을 병이나 사고, 자살 등으로 죽은 사람들의 영혼으로 정의한다.

귀신은 본래 육체를 가지고 살았기 때문에, 육체가 없어져 귀신이 된 이후에는 다른 사람 속에라도 들어가야 쉴 수 있는 존재. 성경도 귀신이 사람의 육체에서 나갔을 때, 거할 곳을 찾지 못하자 다시 그 사람 속으로 들어갔다고 기록한다. 이런 귀신의 습성이야말로 귀신이 육체를 가지고 있었다는 증거가 된다고 주장한다.[99]

그러나 미국이나 유럽의 경우, 귀신은 '음란의 영', '미혹의 영'

---

96) 김기동, 「마귀론(하)」 (베뢰아, 1993), 139.
97) 김기동, 「귀신이란?」 (베뢰아, 1985), 24-5, 141. 김기동, 「마귀란?」 (베뢰아, 1993), 176.
98) 조현, 「성경이 말하는 귀신 쫓는 방법」 (할렐루야서원, 1987), 87.
99) 김기동, 「마귀란?」, 173.

등으로 자신을 소개한다. 이 경우는 귀신이 오히려 타락한 천사 쪽에 가깝다. 결국 문화에 따라 귀신의 정체가 달라지는 경향을 볼 수 있다. 그리고 김기동 목사의 귀신론은 무속적인 귀신 개념과 유사성이 많으며, 그의 경험과 통계, 연구 결과에 치우친다는 비판을 받고 있다.[100]

3. 아담 이전 사람들의 영혼이다

베니 힌(Benny Hinn), 해긴(Kenneth Hagin), 네비우스(John Nevius) 등은 아담이 최초의 인간이 아니며, 그 이전에도 사람들이 존재했다고 주장한다. 아담 이전의 사람들이 죽어서 귀신이 되었다는 이론이다. 마귀가 하늘에서 반란을 일으켜 하나님께 대항하자 아담 이전의 인류들도 이에 동조해 이 세상에서 하나님께 대항했다. 하나님의 심판을 받은 그들은 육체를 상실하면서 영혼만 남게 되었고 결국 귀신이 되었다.[101] 그들은 그 이후로 계속 존재하면서 인간의 몸속에 거주하기를 바라며 틈을 타서 인간의 육체에 들어오려고 시도한다. 이는 귀신이 생전 자신의 몸을 가지고 있었기 때문에 귀신이 되어서라도 다른 사람의 몸에 거하려는 강한 욕망을 가지고 있기 때문이다. 아담이 최초의 인간이며 그 이전에는 인류가 존재하지 않았다는 해석이 지배적인 한국 신학계에서는 그 가능성을 거의 인정하지 않고 있다.

---

100) 서광선, "한국 교회 성령 운동과 부흥운동의 신학적 이해", 「한국 교회 성령운동의 현상과 구조」, 50-51.
101) Kenneth Hagin, *The Origin and Operation of Demons* (Ontario, Canada: Kenneth Hagin Ministries, 1985).

4. 타락한 천사와 사람의 자손이다

노아의 홍수 이전, 타락한 천사와 사람의 여자 사이에서 태어난 인종이 귀신이 되었다는 이론이다: "하나님의 아들들이 사람의 딸들의 아름다움을 보고 자기들이 좋아하는 모든 여자를 아내로 삼는지라"(창 6:2). 여기서 '하나님의 아들'을 천사로 해석하고 '사람의 딸'을 여자로 해석하여 하나님의 아들들인 천사가 이 세상 사람의 딸들과의 성적 결합에 의해 거인 족속인 네피림이 태어났고, 하나님의 심판으로 네피림이 멸망하고 난 이후 귀신이 되었다는 이론이다.[102] 네피림은 노아의 홍수로 인해 전멸되었다.

유대 역사가 요세푸스는 「유대 고대문화」에서 "수많은 하나님의 천사들이 여인들과 동침하여 불의한 아들들을 낳았는데, 이들은 자기 자신들의 힘에 확신을 갖기 때문에 모든 선한 것을 멸시하는 자들이다"라고 밝혔다.[103] 통일교의 경우, 창세기 선악과의 사건을 사탄과 하와의 성적 접촉으로 해석한다.

그러나 천사는 결혼을 하지 않고 자손을 낳을 수 없다는 성경 말씀에 비추어 볼 때 그 근거성이 희박하다: "부활 때에는 장가도 아니 가고 시집도 아니 가고 하늘에 있는 천사들과 같으니라"(마 22:30). 천사는 영적 존재로, 생식 능력이 없고 남녀의 구별도 없다. 엉거를 비롯한 복음주의 주석가들은 하나님의 아들들을 천사와 같은 천상적 존재가 아닌 셋 계통의 자손들로, 사람의 딸들을 가인 계통의 딸들

---

102) William Barclay, *And He had Compassion* (Judson Press, 1976), 24.
103) Flavius Josephus, *The Complete Works of Josephus* (Grand Rapids, Michigan: Kregel Publications, 1981), 28.

로 해석한다.[104]

현재 한국 교회는 귀신론 논쟁에 휘말려 있다. 그중에서도 귀신의 정체가 핵심 요소다. 귀신을 타락한 천사로 볼 것인지, 아니면 사람의 사후 영으로 볼 것인지에 대한 논쟁이 이단 정죄로 진행되었다. 현재 한국 교회의 대세는 '귀신은 타락한 천사다' 라는 주장으로, 다른 학설들은 이단으로 취급하고 있다. 김기동 목사는 귀신을 죽은 사람의 사후 영으로 해석하여 한국 기독교에 큰 파문을 불러일으켰고, 이로 인해 이단 정죄를 받고 있다.

그런데 많은 신학자들은 '성경이 귀신의 정체를 명확하게 말하고 있지 않다' 는 의견을 제시한다. 연세대 신학대 유상현 교수는 귀신의 기원을 포함한 귀신론을 발전시킬 만한 내용을 신약성경에서 찾기 힘들다고 주장한다.[105] 서울신대 주승민 교수도 성경은 귀신론에 대해 침묵하고 있으므로 명쾌하게 제시하기가 힘들다고 해석한다:[106] "귀신들의 기원과 정체에 관한 이야기는 문제가 있다. 성경은 그 문제를 구체적으로 해명하고 있지 않기 때문에, 몇 가지 서로 다른 학설들이 주장되고 있음을 볼 수 있다."[107] 그러므로 귀신의 정체에 대한 성경의 객관적 증거를 밝히는 것은 어렵다고 생각한다. 각 진영은 귀신의 정체를 설명하기 위해 나름대로 근거 있는 성경 구절

---

104) 메릴 엉거, 「성서적 마귀론」, 47.
105) 유상현, "신약의 귀신", 「한국교회 신학자들이 본 마귀론 이해」, 24.
106) 주승민, "초대 기독교의 마귀론 이해", 「한국교회 신학자들이 본 마귀론 이해」, 54.
107) C. F. 디카슨, 「천사: 사탄과 귀신론」, 김달생 역 (성광문화사, 1981), 167.

들을 모아 이론을 펼쳐 나가고 있다. 그런데 어떤 성경 구절을 어떤 목적으로 사용하느냐에 따라서 그 해석 방법이 크게 달라진다.

    귀신의 정체를 정확히 밝히는 것은 중요한 일이라 생각한다. 그러나 이로 인해 지나친 소모전을 하는 것은 서로에게 바람직하지 못하다고 생각한다. 귀신이란 신학적 주제는 성경의 핵심 주제 및 진리가 아니다. 귀신의 정체를 무엇이라고 해석하든 간에 구원 및 죄 사함의 문제와는 아무런 관련이 없다. 귀신이란 신학적 주제의 하나일 뿐 우리의 신앙 자체는 아닌 것이다.[108] 귀신의 정체를 밝히는 신학적 논의가 활발한 것은 좋으나, 그것보다 더 중요한 점은 사람에게 악한 존재인 귀신의 실체를 시인하고 예수 그리스도의 이름으로 귀신을 내어 쫓는 축사 사역을 해야 한다고 강조하고 싶다. 귀신의 정체가 무엇이든 간에 귀신은 하나님의 원수이며, 동시에 그리스도인이 싸워야 할 영적 적이기 때문이다.

---

108) 예영수, "귀신의 기원에 대한 제 학설 비교 연구", 「한국교회 신학자들이 본 마귀론 이해」 312.

오늘날에도 귀신이 있나요?

성경에 나오는 귀신

　수련회를 통해 귀신이란 존재를 체험하고 돌아온 다음 날, 아침에 일어나 보니 수련회에서 보았던 것이 꿈만 같았다. 이 세상에 절대로 존재하지 않는다고 생각했던 귀신을 경험한 것이었다. 그런데 사람의 마음이 간사하다고나 할까? 그런 일을 직접 보고 온 이후 하루가 지나니 다시 반신반의하게 되었다. '어쩌다 한번 일어난 일은 아닐까?' '잘못 본 것이 아닐까?' '정교한 각본이었는지도 몰라.' '심리적 현상으로 나타난 일일지도 모르잖아?' 내 눈으로 보았음에도 불구하고 여전히 귀신의 실존에 대한 강한 의심이 생겼다.
　이런 경험을 누군가에게 이야기한다면 미친 사람 취급을 받게 될 것이라는 사실을 누구보다도 잘 알고 있었기에 이 사건에 대해 침묵하기로 결정했다. 이 일로 인해 내 삶이 방해를 받는 것이 싫었고, 그렇다고 생전 나가지도 않던 교회를 가기는 더더욱 싫었다. 차츰 수련회에서 본 사실에 대해 잊어 가고 있었다. 그러다 불현듯 그날 일어났던 일들이 자꾸만 생각이 났고, 무엇보다도 두 눈으로 생생하게 보았기 때문에 그 현상 자체를 도저히 부인할 수만은 없었다.
　그러던 어느 날, 친구로부터 성경책을 선물로 받게 되었고 성경을 읽기 시작했다. 신약을 읽던 중, 성경에 귀신에 관한 구절이 나오는 것을 보고 깜짝 놀라게 되었다. '아니, 성경이 귀신 이야기를 하고 있잖아!' 종교적 교훈 및 도덕으로 가득 차 있다고 생각했던 성경이 귀신에 대해 언급하고 있으며, 성경의 주인공인 예수님이 귀신을 쫓으신 사건들이 많이 나와 있었다. 그리고 예수께서 귀신을 쫓으시는 장면이 내가 수련회에서 목격했던 모습과 너무도 흡사했다. '그러면 2,000년 전에도 귀신이 있었단 말인가? 성경에 기록된 귀신 쫓는 일이 오늘날에도 똑같이 일어나는 것이고?' 초등학교 이후 교회를 나가 본 적이 없던 나는 성경, 특히 사복음서의 귀신에 대해 언급된 부분을 읽고 또 읽었다. 성경의 다른 부분에 대해서는 아는 것이 없어서 뭐라고 평가할 수는 없었으나, 내가 직접 목격한 귀신에 대한 부분만은 사실이라고 인정하게 되었다.

생각보다 성경에 귀신에 대한 이야기가 많이 나온다. 특히 신약에서 예수님은 본격적으로 악한 영들을 쫓기 시작하셨고, 그의 제자들도 예수 이름으로 귀신을 쫓기 시작했다. 성경에 기록된 귀신에 관한 부분을 살펴보도록 하겠다.

1. 구약에 나오는 귀신

창세기를 보면 에덴동산에 살고 있던 하와에게 마귀가 뱀의 형체로 나타나 유혹하는 장면이 나온다. 마귀는 그가 하늘에서 하나님에 대해 반역을 한 것처럼 인간을 유혹하여 하나님을 배반하게 만든다. 대표적인 악한 영적 세력과의 능력 대결은 모세와 애굽의 마술사들 사이에서 일어났다(출 7~12장). 모세가 막대기를 던지자 뱀으로 변했고, 애굽의 마술사들도 이를 따라 막대기로 뱀을 만들었다. 그러나 모세의 뱀은 마술사의 뱀을 삼켜 버린다. 선지자 엘리야는 바알의 선지자들과 능력 대결을 벌였다(왕상 18장).

그러나 구약 전체에서 귀신이란 용어를 발견하기는 어려우며, 귀신에 관한 이야기가 많이 나오지도 않는다. 모세는 홍해를 갈라 이스라엘 백성을 구출하기도 하고 광야에서 반석을 쳐서 물이 나오게 하는 등 수많은 이적들을 행했지만, 귀신을 쫓지는 않았다. 여러 선지자들도 병자를 고치고 죽은 자를 살리기는 했지만, 그들이 귀신을 쫓았다는 기록은 없다. 쟁쟁했던 하나님의 사사들도 전쟁에서 적을 이기는 용맹을 보이기는 했으나, 영적으로 인간의 지배자였던 사탄이나 귀신의 세력을 꺾지는 못했다. 예수님으로부터 여자에게서 태어난 자들 중 가장 큰 자라 불렸던 세례 요한도 축사를 행한 기록을 찾아볼 수 없다.

그 이유는 무엇일까? 그들은 하나님의 종으로서의 능력은 있었지만 하나님의 자녀로서의 권세는 없었다. 아담과 하와가 마귀의 유혹에 넘어가 범죄함으로 마귀에게 져서 마귀의 종이 되고 말았다. 종의 권세로 주인의 권세를 누를 수는 없는 것이다. 모든 인류가 세상 임금 아래에서 종노릇하고 있었기 때문에 구약의 그 어떤 인간도 마귀의 권세를 누를 수 있는 더 큰 권세를 소유한 자는 없었다. 그래서 엄청난 이적을 일으킨 선지자나 사사라 할지라도 귀신을 쫓지 못했던 것이다. 결국 세상 임금인 마귀와 귀신은 만왕의 왕이신 예수께서 이 세상에 오심으로 그 정체가 적나라하게 드러나면서 쫓겨 가기 시작했다.

2. 신약에 나오는 귀신

구약과는 달리 신약에 들어와서는 '귀신'이란 용어가 110회 이상 나오며, 귀신의 실체와 활동이 적나라하게 드러났다. 특히 예수 그리스도의 공생애를 통해 축사 사역을 활발히 하심으로 귀신의 나라는 붕괴되기 시작했다.

1) 예수님과 귀신

우리는 예수께서 이 세상에 오셔서 십자가에서 돌아가심으로 우리의 죄를 사하셨고, 그로 인해 우리가 구원받을 수 있는 길이 열렸다는 사실을 잘 알고 있다. 예수님의 3대 사역은 하늘나라의 복음을 전파하시고, 가르치시며, 병자를 고치는 것이었다. 많은 그리스도인들은 예수께서 인간의 죄를 사하기 위해 그의 생명을 대속물로 주기 위해서 오셨다는 사실은 잘 알고 있으나, 예수께서 귀신을 내어 쫓으신 사역에 대해서는 무관심하다. 예수님이 구세주라는 사실은 인정하나, 귀신 쫓는 자(축사자)라는 사실에 대해서는 동의하지 않는 듯하다. 그리스도인들 대부분은 예수께서 귀신을 쫓는 사역을 직접 행하셨다는 이야기를 들으면 어색해 한다. 그러나 신약은 예수께서 직접 귀신을 쫓으셨다고 기록하고 있다. 예수님은 능력을 나타내심으로, 특히 귀신을 쫓아내심으로 자신이 하나님의 아들임을 밝히셨다.

공관복음서에 나타난 기적을 빈도로 따져 보면 제일 많은 것, 즉 다른 기적보다 더 자주 나타난 기적은 축귀의 기적, 다시 말해서 귀신들을 몰아내는 기적이다. 그것의 통계적

우월성은 그것의 신학적 중요성을 말해 주는 충분한 증거가 된다. 예수는 마귀를 멸하려고 오셨다. 그리고 그것은 예수께서 귀신들, 즉 그 악의 무리들을 공격할 수밖에 없었다는 것을 의미한다.[109]

성경과 예수님은 귀신이 실존이라고 말한다. 성경이 기록하는 최초의 완벽한 축사자는 예수님이시다. 예수님 이전에는 그 누구도 완벽한 권세와 권능으로 귀신을 쫓아낸 예가 없다. 그는 귀신을 완전히 압도하는 강력하고 완벽한 능력을 소유했던 분이시다. 예수님은 귀신에 대해 잘 알고 계셨다. 귀신은 악하고 더러운 존재이기에 적극적으로 내어 쫓아야 한다고 강조하셨다. 예수님은 귀신의 존재를 밝히심으로 영적 세계인 귀신 분야를 적극적으로 개척하신 분이시다. 마가복음은 예수께서 많은 사람을 위한 대속물로 죽기 위해서 오셨을 뿐만 아니라(막 10:45), 귀신들의 세력을 멸하기 위해서 오셨다(막 1:24)고 말한다.[110] 귀신들도 예수께서 그들을 멸하기 위해서 오셨음을 알고 있었다: "나사렛 예수여 우리가 당신과 무슨 상관이 있나이까 우리를 멸하러 왔나이까"(눅 4:34).

성경은 예수님이 이 세상에 오신 목적들 중 하나가 하늘에서 하나님을 배반함으로 하나님의 이름을 망령되이 일컬은 마귀의 세력을 심판하고 멸하러 오신 것이라고 말한다: "죄를 짓는 자는 마귀에

---

109) 제임스 칼라스, 「사탄의 생태」, 박창환 역 (컨콜디아사, 1995), 87.
110) 프랭크 틸만, 「신약신학」 (기독교문서선교회, 2008), 97.

게 속하나니 마귀는 처음부터 범죄함이라 하나님의 아들이 나타나신 것은 마귀의 일을 멸하려 하심이라"(요일 3:8). 엄격히 말해 예수님은 마귀와 일대일로 싸우기 위해 오신 것이 아니라 일방적으로 멸하러 오셨다. 예수님과 마귀가 싸웠다고 말하는 것은 마귀의 권위를 하나님의 권위와 같은 것으로 인정해 주는 꼴이 되고 만다. 하나님은 창조주이시지만 마귀는 피조물에 불과하다.

예수님은 사탄과 귀신의 정체를 잘 알고 계셨다. 그가 이 땅에 오시고 공생애를 시작하자 가장 먼저 그를 알아본 것도 영적 존재인 마귀와 귀신들이었다. 사람들은 예수님이 누구신지를 전혀 알아보지 못했지만, 마귀는 예수님의 탄생을 감지하고 여자의 후손으로 태어나는 하나님의 아들 예수를 죽이려고 계교를 짜 헤롯 왕을 통해 예수님을 죽이려 했다: "용이 해산하려는 여자 앞에서 그가 해산하면 그 아이를 삼키고자 하더니"(계 12:4). 여자의 후손으로 오실 예수님과 사탄과의 투쟁이 있을 것은 구약의 예언 중 하나였다: "내가 너로 여자와 원수가 되게 하고 네 후손도 여자의 후손과 원수가 되게 하리니 여자의 후손은 네 머리를 상하게 할 것이요 너는 그의 발꿈치를 상하게 할 것이니라 하시고"(창 3:15).

예수께서는 세례 요한에게 요단강에서 세례를 받으시고 성령의 기름부음을 받으신 이후 성령에게 이끌려 광야로 가셨다. 예수께서 40일 동안 금식하실 때 마귀가 나타나 예수님을 시험했다(마 4장). 그때까지 예수님이 하나님의 아들임을 알아본 것은 오직 마귀뿐이었다. 마귀는 때가 되어 예수께서 마귀의 일을 멸하려 오신 것을 알고 두려워했다. 하나님을 대적하고 시험하는 자인 사탄은 예수를 시험하여 넘어뜨리려 했다. 마귀는 주님의 권세를 부인하면서 자신이 이 세상의 주인이라며 예수에게 대항했고, 자기에게 경배하도록 유혹했다. 그러나 예수님은 말씀으로 마귀를 물리치셨고, 사탄은 잠시 뒤로 물러났다. 그 이후로도 사탄은 예수님을 대적하는 일을 계속했고, 결국 유대인들을 동요시키고 가룟 유다를 유혹하여 예수님을 십자가에 매다는 데 성공했다. 그러나 예수께서 부활하심으로 마귀는 패배했다.

예수님의 공생애는 마귀와 귀신들을 쫓는 사역과 분리된 적이 없을 만큼 축사 사역에 적극적이셨다. 그의 사역 중 치유와 축사 사역은 매우 중요한 위치를 차지한다: "예수께서 온 갈릴리에 두루 다니사 그들의 회당에서 가르치시며 천국 복음을 전파하시며 백성 중의 모든 병과 모든 약한 것을 고치시니 그의 소문이 온 수리아에 퍼진지라 사람들이 모든 앓는 자 곧 각종 병에 걸려서 고통 당하는 자, 귀신 들린 자, 간질하는 자, 중풍병자들을 데려오니 그들을 고치시더라 갈릴리와 데가볼리와 예루살렘과 유대와 요단 강 건너편에서 수많은 무리가 따르니라"(마 4:23~25). 예수님은 그의 공생애를 통해 지속적으로 병자들을 고치시고 귀신을 쫓으셨는데, 이는 사역의 3분의 2에 해당될 정도로 큰 비중을 차지했다. 특히 마가복음은 예수님이 성령의 능력에 힘입은 축사자임을 강조하고 있다. 축사 사역은 예수님의 정체성, 즉 그가 하나님의 아들이심을 증명하는 중요한 수단이 되었다.[111] 예수께서 공생애를 시작하시자 귀신들은 예수 앞에서 그들의 정체를 드러냈고, 소리 지르고 굴복하며 쫓겨 갔다.

"그들이 가버나움에 들어가니라 예수께서 곧 안식일에 회당에 들어가 가르치시매 뭇 사람이 그의 교훈에 놀라니 이는 그가 가르치시는 것이 권위 있는 자와 같고 서기관들과 같지 아니함일러라 마침 그들의 회당에 더러운 귀신 들린 사람이 있어 소리 질러 이르되 나사렛 예수여 우리가 당신과 무슨 상관이 있나이까 우리를 멸하러 왔나이까 나는 당신이 누구인 줄 아노니 하나님의 거룩한 자니이다 예수께서 꾸짖어 이르시되 잠잠하고 그 사람에게서 나오라 하시니 더러운 귀신이 그 사람에게 경련을 일으키고 큰 소리를 지르며 나오는지라 다 놀라 서로 물어 이르되 이는 어쩜이냐 권위 있는 새 교훈이로다 더러운 귀신들에게 명한즉 순종하는도다 하더라" (막 1:21~27).

여기서 한 가지 주목할 만한 사실은, 유대인들은 귀신이 존재하며 귀신이 쫓겨 가는 사실에 대해서는 전혀 놀라지 않았다는 사실이다. 이로 미루어 보아 당시에 귀신이 존재했으며, 귀신 들림 현상이 보편적으로 나타나는 현상이었음을 알 수 있다. 유대인들은 귀신이란 존재가 사람 속에 들어오며 질병을 일으키고 죽이려 한다는 사실을 잘 알고 있었다. 그러나 그들이 충격을 받은 것은 예수님의 권세 때문이었다. 예수 이전까지는 그 누구도 귀신을 완전히 압도하지 못했으나, 목수의 아들에 불과한 예수가 귀신을 꾸짖고 명령을 내리니 귀신이

---

111) Kilian McDonnell and George T. Montague, *Christian Initiation and Baptism in the Holy Spirit* (Collegeville, Minnesota: The Liturgical Press, 1994), 8.

쫓겨 갔던 것이다. 그들은 예수님이 어떤 권세로 귀신을 쫓는지 궁금해 했다. 이를 통해 그들이 깨닫게 된 것은 예수님의 권세가 더러운 귀신의 권세보다 크다는 점이었다.

예수님은 귀신 들린 자로부터 귀신을 내어 쫓는 분으로 소문이 났고, 사람들은 사방에서 병들거나 귀신 들린 자들을 예수님 앞으로 데리고 나왔다. 예수님은 그들을 병원이나 의원에게로 돌려보내지 않고 일일이 귀신을 쫓아 주셨다. 당시 귀신 들린 사람들이 얼마나 많았던지, 수많은 사람들이 귀신 들린 자들을 예수께로 데리고 왔다. 아직 예수님이 하나님의 아들이라는 사실을 모르는 사람이라 할지라도 예수는 능히 귀신을 쫓을 수 있는 분이라는 사실을 인정했다: "저물매 사람들이 귀신 들린 자를 많이 데리고 예수께 오거늘 예수께서 말씀으로 귀신들을 쫓아 내시고 병든 자들을 다 고치시니"(마 8:16), "해 질 무렵에 사람들이 온갖 병자들을 데리고 나아오매 예수께서 일일이 그 위에 손을 얹으사 고치시니"(눅 4:40). 그의 대중적 인기는 귀신 추방에 의한 질병의 치료에 있었다.[112]

귀신들은 예수님을 보자마자 그분이 누구신지를 알아차렸다: "아 나사렛 예수여 우리가 당신과 무슨 상관이 있나이까 우리를 멸하러 왔나이까 나는 당신이 누구인 줄 아노니 하나님의 거룩한 자니이다"(눅 4:34), "지극히 높으신 하나님의 아들 예수여 나와 당신이 무슨 상관이 있나이까"(막 5:7). 쫓겨 나가는 위급한 상황 속에서도 귀신들은 예수님이 하나님의 아들이심을 고백했다: "예수께서 일일이

---

112) 유상현, "신약의 귀신", 「한국교회 신학자들이 본 마귀론 이해」, 30.

그 위에 손을 얹으사 고치시니 여러 사람에게서 귀신들이 나가며 소리 질러 이르되 당신은 하나님의 아들이니이다"(눅 4:40~41). 예수님은 귀신을 쫓아내심으로 자신이 메시아이자 하나님의 아들이심을 보여 주셨다. 요한이 제자들을 보내어 "오실 그이가 당신이오니이까 우리가 다른 이를 기다리오리이까"라고 물었을 때, 예수님은 "질병과 고통과 및 악귀 들린 자를 많이 고치시"(눅 7:21)고 계셨다.

예수님은 자신을 사탄의 권세를 결박할 수 있는 하나님 아들로서의 권세와 권능을 가진 분으로 소개하셨다: "사람이 먼저 강한 자를 결박하지 않고서야 어떻게 그 강한 자의 집에 들어가 그 세간을 강탈하겠느냐 결박한 후에야 그 집을 강탈하리라"(마 12:29). 예수님은 그의 능력과 권세로 강한 사탄과 귀신을 결박하심으로 그가 사탄의 권세를 꺾으신 하나님의 아들이심을 알리셨다.

성경에 나오는 대표적 축사 장면은 거라사의 광인 이야기다. '거라사'라는 한 마을에 귀신이 들려 미친 사람이 있었는데, 힘이 얼마나 세던지 여러 사람들이 달려들어도 이기지 못했고, 쇠사슬로 묶어 두어도 끊을 정도였다. 그는 벌거벗은 채로 무덤가에 살면서 돌로 자신의 몸을 자해했다. 하루는 예수께서 그 지방에 오셨고, 무덤가를 지나게 되셨다. 그 미친 사람은 예수를 즉각적으로 알아보고는 무릎을 꿇고 빌기 시작했다. 실은 그 미친 사람이 예수님을 알아본 것이 아니라 미친 사람 속에 있는 귀신들이 예수님을 알아보고 무릎을 꿇은 것이었다. 귀신들은 예수님을 보는 순간 자신이 쫓겨날 것을 직감적으로 알아챘다. 예수님은 귀신에게 "네 이름이 무엇이냐"고 물으셨고, 귀신은 "군대"라고 대답했다. 이는 그 광인에게 하나의 귀신만이 아닌 수많은 귀신들이 들어갔음을 의미한다. 귀신은 이왕 쫓아낼 것이면 무저갱으로 보내지 말고 돼지 떼에게로 들어가게 해 달라고 간구했다. 예수님은 이를 허락하셨고, 귀신들이 그 사람에게서 나와 돼지 떼에게로 들어가자 돼지들은 비탈길로 내리달아 호수에 빠져 죽었다. 귀신들이 나가자 그 미친 사람은 갑자기 정신이 온전해졌다. 이 소문을 듣고 마을 사람들이 와서 그 미친 사람의 정신이 온전해진 것을 보고 충격을 받았다(눅 8:26~39). 이처럼 예수님의 중요한 사역 중 하나는 사탄에게 희생된 자, 사탄의 노예가 된 자를 구원해 내는 것이었다.

예수님은 유대인들이 두 눈을 부릅뜨고 예수님의 잘못을 찾으려 한다는 사실을 잘 알고 계셨다. 안식일에 8년 동안 귀신 들려 꼬부라진 여인을 고치자 유대인들은 예수님을 맹렬히 비난했다. 이에 예수님은 '안식일에도 목마른 소나 나귀에게 물을 먹인다'는 예화를 말씀하시면서 "열여덟 해 동안 사탄에게 매인 바 된 이 아브라함의 딸을 안식일에 이 매임에서 푸는 것이 합당하지 아니하냐"(눅 13:16)며 말씀하셨다. 이처럼 예수님은 안식일에도 축사 사역을 하실 만큼 그 사역을 중요하게 생각하셨다. 그의 공생애가 거의 종착역에 가까이 왔다는 사실을 안 예수님은 자신에게 3일이 남아 있다 할지라도 귀신을 쫓아내며 병을 낫게 하는 사역을 감당할 것이라고 말씀하셨다: "너희는 가서 저 여우에게 이르되 오늘과 내일은 내가 귀신을 쫓아내며 병을 고치다가 제삼일에는 완전하여지리라 하라"(눅 13:32). 이처럼 십자가에 달려 죽기 사흘 전에도 전적으로 귀신 쫓는 사역에 역점을 두셨다.

십자가와 사탄의 패배

하늘에서 범죄한 후 이 세상으로 쫓겨난 사탄은 이 세상을 장악하고 왕 노릇하고 있었다. 흑암은 빛이 없고, 생명이 없고, 말씀이 없고, 오직 사망과 거짓만이 있는 곳이다. 마귀는 '어둠의 주관자', '사망 권세 잡은 자', '거짓의 아비'로 이 세상을 통치했고, 인간은 마귀에게 져서 그에게 종노릇하고 있었다. 인간의 운명은 주님께서 다시 재림하실 때 마귀와 함께 영원한 형벌을 받을 자들이었다.

그러나 예수께서 이 세상에 오셔서 우리의 죄를 대신 담당하기 위해 십자가에서 죽으심으로 율법이 요구하는 죗값을 그의 피로 지불하셨다. 사탄은 자신의 사망 권세로 예수님을 죽였다고 생각했지만, 예수님은 죄가 없으신 분이시기 때문에 하나님께서 그를 다시 살리셨다. 예수께서 십자가에 달려 죽으시기 전에는 세상 임금이 심판을 받지 않았었다: "이제 이 세상에 대한 심판이 이르렀으니 이 세상의 임금이 쫓겨나리라"(요 12:31). 불법자가 죄 없는 하나님의 아들을 죄 있는 자로 심판하여 십자가에서 죽였으나, 예수님은 죄가 없으시므로 죽음을 깨뜨리고 살아나심으로 불법 권세를 가진 마귀를 이기셨다. 그리스도의 부활은 악한 세력을 물리치셨다는 중대한 증거다.[113] 예수께서 십자가에서 죽으시기 이전까지는 세상 임금인 마귀가 지배했지만, 이제 마귀는 정죄를 받고 그 권세로부터 쫓겨나게 되었다: "그리스도는 십자가상에서 무력하게 되었다. 그러나 바로 거기서 그는 자신의 그 빛나는 위대한 일을 성취하셨다. 그는 죄와

---

113) 프랭크 틸만, 「신약신학」, 우성훈, 김장복 역, 632.

죽음, 세상, 지옥, 마귀 그리고 모든 악을 물리치셨다."[114] 예수님의 부활로 마귀의 불법 행위는 온 천하에 드러났고, 그는 불법자로 정죄되었다.

마귀의 불법 세력은 예수님의 부활 권세를 당해내지 못하고 패함으로 사망 권세자인 사탄의 모든 권세와 능력은 무장해제를 당했다. 마귀는 예수의 이름 앞에 무릎 꿇고 창세 전에 하나님의 이름을 더럽힌 죄를 심판받았다: "자녀들은 혈과 육에 속하였으매 그도 또한 같은 모양으로 혈과 육을 함께 지니심은 죽음을 통하여 죽음의 세력을 잡은 자 곧 마귀를 멸하시며"(히 2:14). 예수님의 죽으심과 부활을 통해 세상 임금인 사탄의 머리는 깨어졌고, 사탄은 결박을 당하게 되었다: "심판에 대하여라 함은 이 세상 임금이 심판을 받았음이라"(요 16:11). 예수님의 십자가 대속으로 죄와 사탄의 세력은 완전히 파괴되었다.[115]

예수님은 원수에게 영적으로 매여 있던 자들을 풀어 주셨다. 사망 권세 잡은 자에게 평생 종노릇하며 일생 죽기를 두려워하던 인간은 그리스도의 피로 죄 사함을 받고 마귀의 권세로부터 구원받았다: "하나님이 나사렛 예수에게 성령과 능력을 기름 붓듯 하셨으매 그가 두루 다니시며 선한 일을 행하시고 마귀에게 눌린 모든 사람을 고치셨으니 이는 하나님이 함께 하셨음이라"(행 10:38). 예수님은 마

---

114) 이오갑, "루터와 깔뱅의 마귀 이해",「한국교회 신학자들이 본 마귀론 이해」150. 재인용.
115) Donald Dayton, *Theological Roots of Pentecostalism* (Metuchen, NJ: The Scarecrow Press, 1987), 116.

귀의 거짓을 심판하여 마귀 아래서 종노릇하며 고통당하는 사람들의 영혼을 구원해 주셨다: "자녀들은 혈과 육에 속하였으매 그도 또한 같은 모양으로 혈과 육을 함께 지니심은 죽음을 통하여 죽음의 세력을 잡은 자 곧 마귀를 멸하시며 또 죽기를 무서워하므로 한평생 매여 종 노릇 하는 모든 자들을 놓아 주려 하심이니"(히 2:14~15).

예수님의 십자가 대속에는 죄와 죽음, 그리고 사탄에 대한 승리가 함께 포함되어 있다. 우리는 예수님의 십자가 보혈로 인해 죄 사함을 받고 영생을 얻었을 뿐만 아니라, 악령에 대한 승리자가 되었음을 믿어야 한다. 그리스도의 십자가 부활로 인해 우리의 신분은 사탄의 노예에서 하나님의 자녀로 변하게 되었다.[116] 그리스도께서 오시기 전에는 마귀가 사망 권세를 가졌지만, 그리스도 십자가 이후에 마귀의 권세는 무너졌고, 그의 지배 아래 있던 인간은 마귀로부터 벗어나게 되었다.[117]

하나님은 '여자의 후손'이 오셔서 사탄을 멸하고 인간을 구원하실 것이라고 약속하셨다. 결국 하나님의 아들이신 예수께서 이 세상에 오셔서 십자가에서 죽으시고 부활하심으로 마귀의 권세는 파괴되었다. 예수님은 그의 부활을 통해 우리에게 죽음을 이기는 능력을 주셨기에, 우리는 하나님의 자녀 된 권세로 원수를 정복할 수 있다는 사실을 인정해야 한다. 그런데 마귀는 여전히 자신이 권세 있는

---

116) Millard Erickson, *Christian Theology*, 451. F. D. Macchia, "Theology, Pentecostal" in *The New International Dictionary of Pentecostal and Charismatic Movements*, 1134-5. Nicky Gumbel, *Questions of Life*, 165-6. 프랭크 틸만, 「신약신학」, 195.
117) Morton Kelsey, *Healing and Christianity*, 115.

자인 것처럼 자신의 신분을 속인다. 그래서 지금도 많은 사람들이 마귀에게 속아서 떨고 있다. 그러나 우리는 마귀에게 "너는 이미 사망 권세를 상실했다. 예수께서 네 권세를 박탈하셨다"고 선포할 수 있어야 한다.

하나님 나라와 축사

사탄은 '세상 지배자'로 세상을 다스리는 권세를 가지고 있었다. 흑암의 세력을 이기는 것이 빛이다. 빛이 없는 곳에서는 어둠이 절대적이지만, 빛이 오면 어둠이 무너진다. 말씀이 없고 진리가 없으며 어둠과 사망만 있는 이곳에 예수님은 말씀, 진리, 빛, 생명으로 진격해 오셨다. 진리가 없는 곳에서는 마귀가 승리했지만, 진리가 있는 곳에서는 전혀 힘을 쓸 수 없다.

예수님은 공생애를 시작하시면서 "회개하라 천국이 가까이 왔느니라"(마 3:2)고 선포하셨다. 천국이란 하나님 나라로, 예수님은 이 땅에 천국을 가지고 오신 것이다. 예수께서 이 세상에 오심으로 마귀가 누렸던 권세는 무너졌고, 본격적인 하나님의 권세가 이 세상에 시작되었다. 이전까지 사탄의 통치하에 있었던 이 세상에 천하의 주인이신 하나님의 아들이 오심으로 하나님의 나라가 진격해 왔다. 하늘의 권세인 예수께서 이 세상에 임재하시자 그동안 이 땅의 지배자로 군림했던 마귀와 졸개 귀신들은 이전에 누렸던 권세를 순식간에 예수께 넘겨주게 되었다. 그는 광야에서 마귀의 시험을 이김으로 마귀에 대한 승리를 거두셨다. 주기도문에 "나라가 임하시오며 뜻이 하늘에서 이루어진 것 같이 땅에서도 이루어지이다"라는 구절이 있다. 이는 '아버지의 뜻이 하늘에서 이루어진 것처럼 아버지의 나라가 이 땅에서도 이루어지소서' 라는 뜻이다.

성경은 모든 우주적 권능들을 압도하는 그리스도의 권세를 강조한다.[118] 예수님은 그 권세와 권능으로 귀신을 제압하셨다. 이는 임금의 권세로, 임금이 명령을 내리면 신하들이 무조건 복종해야 하는 그런 권세였다. 예수님은 귀신에게 나가라고 명하셨고, 귀신들은 예수 앞에서 대항 한번 못하고 굴복을 당했다. 이는 예수님과 귀신의 관계가 동격이 아닌 비교 대상조차 될 수 없는 엄청난 권위의 차이가 있음을 보여 준다. 귀신들은 예수님을 하나님의 아들로 알아보았고, 그 권세 앞에 무릎을 꿇었다. 예수님은 강자(사탄)의 집에 들어가 강자를 결박하여 그의 나라를 제압하고 그 밑에서 고통당하고 있던 자들을 해방시켜 주셨다. 이는 예수께서 '강한 자'를 결박할 수 있는 '더 강한 자'의 권세와 능력을 가지셨음을 의미한다. 예수님은 축사를 통해 악의 세력에 대한 정면 공격을 시작하셨고, 예수님이 가시는 곳마다 귀신이 쫓겨 가고 그곳에 하나님의 나라가 도래했다.

예수님의 하나님 나라 선포는 축사와 깊은 연관성을 가지고 있다.[119] 예수님은 축사를 하심으로 악령을 무너뜨리셨고, 이 땅 위에 하나님 나라를 세우기 시작하셨다(막 1:23~28, 5:1~20).[120] 성령께서 예수에게 내주하심으로 이 세상 임금이었던 마귀의 권세를 완전히 눌

---

118) 프랭크 틸만, 「신약신학」, 596.
119) 프랭크 틸만, 「신약신학」, 101.
120) F. D. Macchia "Theology, Pentecostal" in *The New International Dictionary of Pentecostal and Charismatic Movements*, 1136.

러 버리는, 창조주의 주권적 도래가 시작되었다: "내가 하나님의 성령을 힘입어 귀신을 쫓아내는 것이면 하나님의 나라가 이미 너희에게 임하였느니라"(마 12:28). 귀신이 쫓겨 간다는 것은 사탄의 권세를 제압했다는 것을 의미하며, 사탄이 쫓겨나는 것은 바로 그 장소, 그 시간에 하나님의 나라가 임재했다는 징표가 된다. 예수님의 축사를 통해 사탄의 왕국이 붕괴되고 하나님의 나라가 선포되었다.

복음이 전파되는 곳에 무슨 일이 일어나는가? 하나님의 복음이 선포되는 곳마다 그 지역과 사람을 장악하고 있던 귀신의 나라는 붕괴되고 하나님 나라가 그곳에 임재한다. 그중 축사는 사탄의 왕국을 허물고 적을 무너뜨리는 직접적 방법이다. 귀신이 쫓겨나는 곳에 사탄의 왕국은 무너지고 하나님 나라가 세워진다. 하나님의 능력이 임하는 곳이 곧 하나님의 나라다. 그러므로 목회와 선교 현장에서 축사 사역은 하나님 나라의 표적으로 강조되어야 한다. 귀신을 쫓는 것은 예수님과 그의 나라를 위하는 일이다.

교회의 사명은 무엇인가? 예수님은 교회를 세움으로 음부의 권세를 깨뜨리기를 원하셨다: "내가 네게 이르노니 너는 베드로라 내가 이 반석 위에 내 교회를 세우리니 음부의 권세가 이기지 못하리라"(마 16:18). 교회의 사명은 어둠의 왕국, 사탄의 왕국과 영적 전쟁을 하여 그 왕국을 깨뜨리고 공격해 들어가 하나님 나라를 세우고 확장하는 데에 있다.[121] 여호수아가 가나안 땅을 정복해 나갔듯이, 교회가 해야 할 일은 사탄이 지배하고 있는 지역에 복음을 선포하고, 그 지

---

121) 홍성건, 「하나님이 찾으시는 사람」, 219, 223.

역을 장악하고 있는 악한 영들을 쫓아냄으로 어둠의 왕국을 부수고 하나님 나라를 확장시키는 것이다. 우리가 미전도 지역을 선교하는 것은 사탄의 나라를 공격하여 그곳에 하나님 나라를 세우는 것이 된다.[122]

2) 제자들과 축사

예수님은 혼자서 귀신 쫓는 사역을 감당하는 것에 한계를 느끼셨다. 많은 곳에 수많은 귀신 들린 자들이 있었고, 그들은 예수님께 도움을 청했다. 그러나 이를 혼자서 감당하기에는 시간적, 공간적 한계가 있었다. 그러자 예수님은 제자들에게 귀신 쫓는 권세와 권능을 주시면서 '귀신을 쫓으라' 고 명하셨다: "산에 오르사 자기가 원하는 자들을 부르시니 나아온지라 이에 열둘을 세우셨으니 이는 자기와 함께 있게 하시고 또 보내사 전도도 하며 귀신을 내쫓는 권능도 가지게 하려 하심이러라"(막 3:13~15). 예수님의 제자들은 예수님으로부터 귀신을 쫓는 권능을 받기 이전까지는 귀신을 쫓을 생각을 해 본 적이 없었다. 예수님이 귀신을 쫓는 것을 지켜볼 뿐, 그들은 그와 같은 일을 직접 하게 되리라고 기대하지 않았다. 그러한 그들에게 예수님은 축사를 명하셨다.

이로 인해 예수님의 축사 사역은 제자들에게 그 사명이 전수되었다. 이는 임금이 직접 지방에 내려가 탐관오리를 처벌하지 못하니,

---

[122] 조용기, 「나의 교회성장 이야기」, 204. 홍성건, 「하나님이 찾으시는 사람」, 221. 하용조, 「세상을 바꾼 사람들」, 44.

암행어사를 선택하여 그에게 전적인 권한을 부여하고 그 징표로 마패를 주어서 지방에 내려가 탐관오리를 처벌하는 방법과 같은 이치다. 열두 제자들뿐만 아니라 70여 명의 제자들에게도 귀신을 쫓아낼 수 있는 능력을 주셔서 그들로 하여금 귀신을 쫓게 하셨다.

예수님의 작전은 대성공이었다. 예수께서 주신 능력과 예수의 이름으로 귀신들이 쫓겨 가는 모습에 제자들 스스로 큰 충격을 받고 놀라워했다: "칠십 인이 기뻐하며 돌아와 이르되 주여 주의 이름이면 귀신들도 우리에게 항복하더이다 예수께서 이르시되 사탄이 하늘로부터 번개 같이 떨어지는 것을 내가 보았노라 내가 너희에게 뱀과 전갈을 밟으며 원수의 모든 능력을 제어할 권능을 주었으니 너희를 해칠 자가 결코 없으리라"(눅 10:17~19).

심지어 예수님과 제자들을 직접 따르지 않던 다른 무리가 예수님의 이름으로 귀신을 내어 쫓는다는 제자들의 보고를 받고도 이를 말리지 않으셨다. 제자들은 다른 무리들이 자신들과 함께하지 않으므로 귀신을 쫓지 못하게 했다고 예수님께 보고하자, 예수님은 "금하지 말라 내 이름을 의탁하여 능한 일을 행하고 즉시로 나를 비방할 자가 없느니라 우리를 반대하지 않는 자는 우리를 위하는 자니라"(막 9:39~40)라고 변호하셨다. 이렇듯 예수님은 그를 직접 따라다니지 않더라도 하나님의 일을 하는 사람들에 의해 하나님 나라의 원수인 귀신이 쫓겨 가는 축사 사역이 계속 진행되기를 바라셨던 것이다. 예수님의 이름을 의지하여 하늘나라의 공공의 적인 귀신을 쫓아내는 자는 하나님 나라의 우군인 것이다. 귀신을 쫓는 것은 예수님이 하신 일을 하는 것으로, 이를 통해 원수의 나라는 무너지고 하나님의 나라가 세워져 간다.

　예수님은 십자가에서 죽으시고 부활하신 후 하늘로 승천하셨다. 그는 제자들에게 '예루살렘을 떠나지 말고 성령을 받으라' 는 명령을 내리셨고, 그들은 마가의 다락방에서 기도하던 중 성령 세례를 받았다. 성령을 받은 제자들은 예수께서 하신 사역인 귀신을 쫓아내고 병을 고치며 복음을 전했다: "예루살렘 부근의 수많은 사람들도 모여 병든 사람과 더러운 귀신에게 괴로움 받는 사람을 데리고 와서 다 나음을 얻으니라"(행 5:16). 빌립은 집사임에도 불구하고 사마리아에 선교를 가 병자를 고치고 귀신을 쫓았다: "많은 사람에게 붙었던 더러운 귀신들이 크게 소리를 지르며 나가고 또 많은 중풍병자와 못 걷는 사람이 나으니 그 성에 큰 기쁨이 있더라"(행 8:7~8).

　사도 바울은 그의 선교 여행에서 귀신 들린 자들과 대면했고, 악령에 대한 승리를 통해 많은 전도의 열매를 맺을 수 있었다. 그는 마술사 시몬, 점하는 귀신 들린 여종, 유대인 마술사들을 만났을 때 예수님 이름의 권세를 사용하여 귀신을 내쫓았다(행 16:18). 심지어는 수많은 사람들이 몰려들자 바울의 손수건에 손만 대어도 귀신이 쫓겨 갔다(행 19:11~12). 바울이 얼마나 많은 축사를 행했던지, 사람들이 바울을 흉내 내어 귀신을 쫓으려는 시도를 한 적도 있었다. 제사장 아들들이 사도 바울이 행하던 식으로 흉내를 내서 "내가 바울이 전파하는 예수를 의지하여 너희에게 명하노라" 했더니, 귀신이 말하기를 "내가 예수도 알고 바울도 알거니와 너희는 누구냐" 하면서 달려들었다(행 19:15).

　제자들은 자신의 능력으로 귀신을 쫓았던 것이 아니라 예수님의 권세와 성령의 능력을 힘입어서 귀신을 쫓았다. 모든 축사의 근원은 예수님의 권세로부터 왔고, 제자들은 그 권세를 의지하여 축사를 행할 수 있었다: "제자들이 나가 두루 전파할새 주께서 함께 역사하사 그 따르는 표적으로 말씀을 확실히 증언하시니라"(막 16:20). 이러한 사실은 예수님을 따르는 자라면 누구나 예수님이 하신 것과 동일하게 귀신을 쫓아낼 수 있음(행 8:7)을 보여 준다.

오늘날에도 귀신이 있나요?

역사 속에 나타난 축사

예수님은 귀신을 쫓으셨고, 그의 제자들도 귀신을 쫓았다. 예수님은 그의 몸 된 교회에게도 귀신을 쫓을 것을 명하셨기에, 초대 교회로부터 오늘날에 이르기까지 교회는 귀신 쫓는 사역을 지속해 왔다. 교회 역사에서 나타난 축사 사역을 살펴보고, 오늘날에도 목회나 선교 현장에서 나타나는 귀신 들림 현상과 축사 사역을 간단하게 소개하고자 한다.

1. 초대 교회

초대 교회는 '병자를 고치고 귀신을 쫓으라' 는 예수님의 말씀에 순종하여 신유와 축사 사역을 활발하게 펼쳤다. 초대 교회는 귀신이 실존하며, 귀신 들림으로 인해 육체적 질병과 정신병이 발생한다고 해석했다. 신유와 축사를 악의 세력으로부터 인간을 자유케 하는 사역으로 생각하여 병자를 고치고 귀신을 쫓는 사역을 적극적으로 행했다.[123] 1~2세기의 작품으로 알려진 「헤르마스의 목자」(Shepherd of Hermas)는 선한 천사와 악한 천사가 있으며, 귀신 들림 현상과 축사

---

123) Morton Kesley, *Healing and Christianity*, 117. William Barclay, *And He had Compassion*, 23. Evelyn Frost, *Christian Healing* (A. R. Mowbray & Co., Ltd, 1949).

가 당시에도 지속되었음을 기록으로 남기고 있다. 그리스도의 십자가가 악의 세력에게 승리했음을 보여 주는 증거로 성령님의 사역인 신유와 축사를 행했다.[124]

교회 교부들인 폴리갑, 저스틴, 클레멘트, 히폴리토스 등은 그들의 저술에 교회의 일원이 되는 과정으로 세례 교육을 받고, 그 다음으로 축사를 받은 후에야 세례를 받았다고 기록한다. 즉 세례를 받기 전에 축사를 받아 귀신이 나간 이후 세례를 받은 것이다. 이는 축사가 세례와 같이 교회의 공식적인 의식과 함께 행해졌음을 말해 준다.

순교자 저스틴(Justin Martyr, 100~165)은 그리스도인들이 수많은 귀신 들린 자들로부터 귀신을 쫓아냈다고 기록한다. 귀신 들려 무당을 찾아가거나 주문과 약을 사용해도 고침을 받지 못했던 사람들이 그리스도인들을 찾아왔고 고침을 받았다. 그의 저서 「변증」(Apology)은 귀신 추방에 대해서 자세히 기록하고 있다: "전 세계에 너무도 많은 귀신 들린 사람들이 있는데, 많은 그리스도인들이 예수 그리스도의 이름으로 귀신들을 쫓아냈다 … 다른 (종교의) 축사자들은 고칠 수 없었기 때문에 그리스도인들이 귀신 들린 자들로부터 귀신을 쫓아내어 그들의 병을 고쳤다."[125]

리용의 감독 이레니우스(Irenaeus, ?~202)는 당시의 그리스도인들이 예수님의 이름과 성령의 능력으로 신유를 행하고 귀신을 쫓았다는 기록을 남겼다. 교회에 나온 사람들은 육체적 연약함과 질병의 고침

---

124) *The Shepherd of Hermas* III.X.4. William Barclay, *And He had Compassion*, 23-4.
125) Justine, "Apology II", in *The Ante-Nicene Fathers*, Vol. 5 (Grand Rapids, MI: Wm. B. Eerdmans Publishing Co., 1978), 6, 240.

을 받았고, 모든 종류의 귀신들은 쫓김을 당했다. 귀신을 쫓아내어 악한 영으로부터 해방될 때, 사람들은 병 고침과 깨끗함을 받았다. 특히 안수기도와 금식기도는 병자와 귀신 들린 자들을 고치는 데 효과적이었다.[126] 2세기의 데오필러스(Theophilus of Antioch)는 귀신들이 예수 믿는 자들을 알아보았고, 그리스도인들은 살아 계신 하나님의 이름으로 귀신을 쫓아냈다고 기록했다.[127] 수많은 그리스도인들이 축사를 행했는데, 대표적인 축사자로는 유제니아(St. Eugenia, ?~258)와 펠릭스(Minucius Felix) 등이 있었다.[128]

터툴리안(Tertullian, 160~225)도 3세기 초경에 교회 내에서 축사와 치유 사역이 활발하게 일어났다고 기록했다. 그는 귀신이 인간을 파멸로 이끄는데, 특히 육신적·정신적 질병을 일으킨다고 해석했다: "악령에 의해서 땅바닥에 쓰러질 뻔한 어떤 상인이 그의 고통에서 벗어났다. 그 옆에 있던 다른 사람과 한 소년도 역시 악령으로부터 풀려났다. 얼마나 많은 사람들이 악령들로부터 해방 받아 병 고침을 받았는지 모른다." 이를 목격한 사람들은 주변에 귀신 들린 사람들이 있으면 그리스도인에게로 데려왔다.[129]

오리겐(Origen, 184~253)은 「켈수스 논박」(Against Celsus)이라는 저서를 통해 그리스도인들은 귀신의 도전에 대처해야 함을 강조했다. 이단은 귀신을 쫓지 못하는 데 반해, 그리스도인들은 예수의 이름으로

---

126) Irenaeus, "Against Heresies," II. 32, III.24. in *The Ante-Nicene Fathers*, Vol. 1, A. Roberts and J. Donaldson eds (New York: Charles Scribner's Sons, 1908), 409.
127) Theophilus of Antioch, *To Autolycus I*. 13, II. 8.
128) Minucius Felix, *The Octavius 27*. Acts of S. Egenia 10-11.
129) Tertullain, *To Scapula 4*.

귀신을 쫓아냈다고 해석했다. 예수 그리스도의 이름은 온갖 종류의 질병을 고치며 귀신을 쫓아내는 근원이었다. 당시 교회는 마귀와 악령들의 존재 및 그들의 활동에 관해서 계속적으로 가르쳤다.[130] 4세기경의 락탄티우스(Lactantius, 240~320)는 '하나님의 법'이란 글에서 인간의 몸속에 침투한 영들이 예수의 이름에 의해서 쫓겨나갔다고 기록한다.[131]

313년 콘스탄티누스 대제의 기독교 승인 이후 기독교가 세상 권력에 의해 타락했다고 믿은 사람들은 사막으로 은둔하여 수도승이 되었다. 그들이 남긴 기록들에서 수많은 신유 사건과 악령들과의 만남, 그리고 축사의 사례들이 나온다. 많은 사막 수도승들은 악령들에 대항해 용사처럼 싸웠고, 귀신의 세력을 이기는 능력을 소유하고 있었다. 아리우스 논쟁의 승리자인 아타나시우스는 사막 수도승이었던 안토니(Anthony, 251~356)의 생애를 기록했다. 그의 기록에 의하면 안토니의 삶 전체는 악한 영들과의 전투로 뒤덮여 있다. 안토니가 이집트의 사막에 들어가 은둔하며 기도하자, 수많은 악한 영들이 때로는 여인의 모습이나 짐승 및 거대한 모습으로 그가 명상하던 장소에 찾아와 그를 유혹하고 공격했다. 그는 기도와 하나님의 말씀과 십자가의 보혈로 승리를 거두었다.[132] 하루는 귀신 들린 딸을 가진 고위급 군인이 그를 찾아와 그의 딸을 위해 기도해 달라고 부탁하자

---

130) Origen, *Against Celsus* I. 46-47, III. 24.
131) Lactantius, *Epitome of the Divine Institutes*, 51.
132) Athanasius, *The Life of Antony and the Letter to Marcellinus* (New York: Paulist Press, 1980), 7-8, 48.

안토니는 평안히 집으로 돌아가라고 명했다. 그 군인은 집으로 돌아갔고, 그의 딸이 귀신으로부터 깨끗함을 받았다는 것을 발견했다.[133]

수도승 마카리우스(Macarius, ?~395)는 악령에 사로잡힌 한 소년을 만났을 때 한 손을 그 소년의 머리에, 다른 한 손은 그의 가슴에 얹고 기도했다. 그러자 소년의 몸이 갑자기 부풀어 오르면서 몸에서 물이 터져 나왔고, 소년은 소리를 질렀다. 결국 귀신이 쫓겨남으로 그 소년은 정상으로 돌아왔다. 그는 귀신을 파리와 같은 존재로 생각했고, 성령의 능력으로 그들을 쫓아냈다.[134]

동방교회 카파도키아의 3인인 바실(Basil the Great, 329~379), 그의 동생 니사의 그레고리(Gregory of Nyssa, 331~396), 나지안주스의 그레고리(Gregory of Nazianzus, 329~389)는 인간을 영적 존재로 인식했고, 천사와 마귀의 존재를 인정했다. 이들 영적 존재는 인간의 육체에 직접적 영향을 줄 수 있는데, 특히 귀신은 인간 몸에 들어와 육체적·정신적 질환을 가져다준다고 해석했다. 그러나 그들은 예수 그리스도의 십자가에서의 죽으심과 부활로 사탄의 세력이 패배했음을 알았고, 성령의 충만함으로 귀신을 쫓아내며 신유를 행했다.[135] 아타나시우스(Athanasius, 296~373)는 귀신을 쫓아내고 병을 고치는 신유는 하나도 자랑할 것이 없다고 말했다. 왜냐하면 이런 기적을 행할 수 있는 능력은 오직 예수님으로부터 오기 때문이다.[136] 황금의 입이란 별명을

---

133) Athanasius, *The Life of Saint Antony*, 67.
134) Palladius, *The Lausiac History* (Newman Press, 1965), 47-48, 57-58.
135) Morton Kelsey, *Healing and Christianity*, 127-8.
136) Athanasius, *The Life of Saint Anthony*, 38.

가진 크리소스토무스(John Chysostom, 345~407)는 한 수도승이 심한 우울증으로 고통 받는 것을 보고 병의 원인으로 귀신을 지목했고, 귀신을 쫓음으로 병을 고쳤다.[137]

밀란의 감독 암브로스(Ambrose, 340~397)는 귀신을 쫓아내는 능력이 있었다. 다리의 통증으로 앉은뱅이가 된 니센티우스(Nicentius)라는 사람이 암브로스가 성찬식을 인도할 때 그 앞에 나왔다. 암브로스는 실수로 그의 발을 밟았고, 그는 아파서 소리를 질렀다. 이때 암브로스가 "가라, 그리고 온전하라"고 명하자 귀신이 떠나면서 발의 고통이 사라졌다.[138] 어거스틴(Augustine, 354~430)은 초창기에 신유 및 축사가 교회 역사에서 중단되었다고 믿었으나 말년에 그의 입장을 바꾸었다. 그는 귀신이 병을 가져다준다고 믿었다. 귀신 들린 사람들이 그를 찾아왔을 때 그는 눈물로 그를 위해 기도해 주었고, 그는 곧 귀신 들림으로부터 해방되었다. 눈에 심한 상처를 입은 한 소년으로부터 귀신을 쫓았더니 치유되었다. 어거스틴에 의하면, 이 세상은 예수님에 의해 다스려지는 하나님의 빛, 진리, 생명의 왕국이 있고, 사탄이 지배하는 어둠, 거짓, 사망의 왕국이 있다. 그리스도인은 하나님의 나라에 소속되어 있고, 불신자는 마귀의 나라에 속해 있다. 그러나 이 두 왕국은 하나님 나라가 마귀의 왕국을 지배하는 관계에 있다.

마틴(St. Martin of Tours, 316~397)은 감독이 그를 축사자로 임명할 만

---

137) St. Chrysostom, *A Commentary on the Acts of the Apostles*, Homily XXXVIII.
138) Paulinus, *Life of St. Ambrose in Early Christian Biographises*, 8. 28, 9. 44, 10. 52.

큼 엄청난 축사의 능력이 있었다. 귀신 들려 사람들을 물어뜯는 사람이 있었는데, 마틴이 그의 손가락을 그 사람의 입에 넣으면서 "능력이 있으면 물어뜯어라"고 외치자 그 사람은 불에 덴 사람처럼 놀라면서 뒤로 물러서더니 곧 귀신이 나갔고 고침을 받았다.[139]

이렇듯 수많은 초대 교부들은 예수님의 십자가 대속에는 악한 영적 세력으로부터의 승리가 포함되어 있다고 믿었고, 신유와 축사 사역을 통해 정신병과 귀신 들림을 치유했다.[140] 그들은 귀신의 활동에 대해 잘 숙지하고 있었고, 귀신을 육체적·정신적 질병의 원인으로 해석했다. 축사는 그들의 신앙생활의 한 부분이었다. 가장 보편적인 축사 방법은 예수 그리스도의 이름으로 귀신을 쫓는 것이었다. 간혹 안수기도나 금식을 통해서 귀신을 쫓기도 했다.

2. 중세 교회

교황 그레고리(Gregory the Great, 590~604)는 질병을 하나님의 개입으로 보았고, 그의 자녀들을 훈육하는 도구로 해석했다. 죄를 지은 결과로 하나님은 질병을 통해 그리스도인들을 회개하게 하고 훈련시키신다고 생각한 것이다. 그는 귀신이 그리스도인의 육체에 아무런 영향을 끼칠 수 없기에 질병은 귀신과 무관하게 해석했다. 그의 영향으로 인해 중세 교회에 신유와 축사에 대한 큰 변화가 생겼다.[141] 질병과 귀신 들림은 인간의 죄에 대한 하나님의 형벌이기에

---

139) Sulpitius Severus, *Life of St. Martin* XVI, XVII.
140) Gustav Aulen, *Christus Victor* (Spck, 1965). Morton Kesley, *Healing and Christianity*, 121.

당장 제거되어서는 안 되는 것으로 여겨졌다.

"사제가 귀신을 쫓고 있다. 귀신 들린 여인의 입에서 귀신이 나오고 있다."

더군다나 아리스토텔레스의 과학적·이성적 철학 방법론이 기독교에 들어왔고, 토마스 아퀴나스가 이를 전적으로 받아들임으로 초자연적 성령의 역사 및 영적 세계에 대한 관심이 소홀해졌다. 하나님은 자연법칙을 초월하지 않으시고 자연과 과학의 테두리 안에서만 역사하신다. 인간은 이성과 과학적 관찰로 자연법칙을 운영하시는 하나님을 알 수 있다고 주장했다. 하나님의 초자연적 역사는 더 이상 일어날 수 없는 것으로 해석되었다. 점점 신유 및 축사는 초대교회에만 한정된 사건이며, 특히 자연 과학법칙에 어긋난 미신이므로 다시는 일어날 수 없다고 해석되기 시작했다. 사제들은 병자나

---

141) Morton Kesley, *Healing and Christianity*, 154-6.

귀신 들린 자들을 심방 가서 신유나 축사를 하기보다 죄의 고백을 권유했다.[142] 그리고 중세 교회는 귀신 들림 현상이 마녀와 관련된 것으로 취급되는 바람에 축사 사역은 크게 움츠러들었다.

그러나 로마가톨릭교회의 저술들을 살펴보면, 중세 교회에서도 여전히 사제들이 귀신 축출을 행했다고 기록한다. 데살로니가 교회의 감독이었던 카바실라스(Nicholas Cabasilas, 1320~1390)는 "이런 일들이 여전히 우리 시대에도 일어나고 있으며, 최근에도 사람들이 장래 일을 예언하고 귀신을 쫓아내고, 기도로써 질병을 치료하고 있다"[143]고 기록했다.

3. 근/현대 교회

종교개혁가 마틴 루터(Martin Luther, 1483~1546)는 마귀를 관념적 존재가 아닌 실체로 경험했기에 마귀의 존재와 활동에 대해 민감했다. 그는 마귀와 대면해 논쟁을 하고, 마귀가 내는 소리를 직접 듣기도 했다. 심지어 루터가 성경을 번역하고 있을 때 그의 방에 마귀가 직접 나타났다. 그는 마귀로부터 직접 시험을 받았고, 마귀에게 격렬하게 대항했다.[144] 루터는 귀신들이 예수의 이름 앞에 쫓김을 당한다는 사실을 믿었다. 하루는 한 귀신 들린 소녀의 머리에 안수하면서 요한복음 14장 12절[145] 말씀을 의지하여 귀신에게 떠나갈 것을 명하

---

142) Morton Kesley, *Healing and Christianity*, 160-3.
143) Nicholas Cabasilas, *The Life of Christ* (T. Valadimir's Seminary Press, 1997), 106-7.
144) 이오갑, "루터와 깔뱅의 마귀 이해", 「한국교회 신학자들이 본 마귀론 이해」, 167. 재인용.

자 완전한 치유가 그녀에게 임했다.[146]

그러나 종교개혁은 구원의 문제를 죄와 용서의 관계로만 한정시켰고, 교회는 근본적으로 영혼의 죄를 다루는 곳이지 질병이나 귀신 들림을 해결하는 곳이 아니라고 해석했다. 점점 신유를 포함한 성령의 은사들은 초대 교회에만 한정된 일시적인 현상으로, 성경의 완성과 함께 역사 속에서 사라졌다고 믿게 되었다. 이제는 더 이상의 초자연적 현상이나 기적은 존재하지 않는다.[147] 특히 19세기에 들어서 현대 과학과 인간 이성의 발전으로 인해 옛날에는 귀신의 활동으로 해석되었던 현상들이 이제는 정신의학이나 심리학의 용어로 표현되면서 귀신의 존재 자체를 부정하게 되었다. 교회도 신유와 축사를 일종의 미신으로 생각하면서 귀신을 실존으로 여기지 않게 되었다. 자연히 교회는 병을 고치는 신유보다는 병원을 세워 사람을 고쳤고, 귀신 들림은 정신병으로 해석되어 정신의학이나 심리치료실에서 담당하게 되었다.

그러나 이러한 분위기 속에서도 귀신의 실존을 인정하고 축사를 행한 그리스도인들이 있었다. 독일 루터교 목사인 블룸하르트(Johann Blumhardt, 1805~1880)는 그의 교인인 디투스(Gottliebin Dittus)라는 여인이 심한 육체적·정신적 발작을 일으키는 것을 목격했다. 그는 그 여인의 질병 안에서 악령의 힘을 보게 되었다. 그가 기도하자 그

---

145) 내가 진실로 진실로 너희에게 이르노니 나를 믿는 자는 내가 하는 일을 그도 할 것이요 또한 그보다 큰 일도 하리니 이는 내가 아버지께로 감이라
146) Sidlow Baxter, *The Divine Healing of the Body* (Zondervan, 1979), 76.
147) John Calvin, *Institutes of the Christian Religion* IV.19.20, 2:638. Morton Kelsey, *Healing and Christianity*, 19.

여인의 입에서 다른 음성으로 "예수는 승리자다. 예수는 승리자다"라는 외침과 함께 귀신이 쫓겨나면서 그 여인은 치유함을 받았다. 이 사건을 통해 그는 성경이 하나님과 악마와의 영적 전쟁에 대해서 말하고 있으며, 목회의 본질은 이 악령과의 싸움이라는 사실을 자각하게 되었다. 그는 악마의 세력이 현존하고 있고, 악마의 세력에 의해 수많은 사람들이 고통 받고 있는 현실을 직시했다. 이 악의 세력은 인간의 영혼뿐 아니라 마음과 육체를 괴롭힌다. 예수님의 십자가의 승리는 인간의 죄뿐 아니라 악령으로부터의 해방도 포함되어 있음을 인정하게 되었다.[148]

네비우스 선교 정책으로 한국 선교에도 큰 영향을 끼친 존 네비우스(John Nevius, 1829~1893) 박사는 중국에 선교를 갔다가 그곳에서 발생했던 충격적인 귀신 들림 현상에 대한 기록을 남겼다. 그는 선교사로 중국에 가기 전까지만 해도 귀신은 야만적이고 미신적인 시대에나 속한 것이기에 이 시대에 귀신이 존재한다는 것은 절대로 있을 수 없는 일이라고 생각했다. 그러나 중국에 가서 보니 귀신의 존재와 귀신 들림이 실재임을 알게 되었다. 그는 「귀신 들림과 이에 연관된 주제들」이란 저서에서 중국인들의 귀신 들린 사례들을 기록으로 남겼다.[149]

20세기 초에 탄생한 현대 오순절교회가 급성장하게 된 원인 중

---

148) Kelso Carter, Pastor Blumhardt (Boston: Willard Track Repository, 1883), 36. Donald Dayton, 120-1. F.D. Macchia "Theology, Pentecostal" in the New International Dictionary of Pentecostal and Charismatic Movements, 1135. 박명수, 『근대복음주의의 주요 흐름』(대한기독교서회, 1998), 144. 프리드리히 쿤델, 『영적각성: 블룸하르트의 하나님 나라를 위한 영적전쟁』(서울: 서로사랑, 2010).

하나는 신유와 축사에 있다. 세이모어(William Seymour, 1870~1922) 목사는 1906년 미국 로스앤젤레스의 아주사 거리에 있던 한 감리교회에서 모임을 인도했는데, 여기서 방언, 예언, 축사, 신유 등의 현상들이 나타났다: "귀신 들린 사람들이 이곳에 오자 하나님은 귀신을 쫓으셨고, 귀신은 큰 소리를 지르며 떠났습니다. 모든 귀신들이 쫓겨나자 그들은 구원을 받고 거룩하게 되었습니다."[150] 오순절 신자들은 정령주의가 지배하는 제3세계에 선교사로 나가 예수 그리스도의 이름으로 귀신을 쫓아내고 병자를 고쳤다. 그들은 토속 종교를 믿고 있는 원주민들에게 하나님의 능력을 보여 주었다. 특히 남미에서 오순절교회가 폭발적으로 성장하는 데 있어 신유와 축사가 큰 역할을 담당했다.[151]

오순절 운동의 영향을 받은 가톨릭교회에서도 카리스마 운동이 일어나면서 신유와 축사에 대한 관심이 커졌다. 1973년 교황 바오로 6세(Paul VI, 1897~1978)는 "우리가 가장 필요로 하는 한 가지는 마귀라고 하는 악으로부터의 방어다"라고 공표했다.[152] 이는 교황 자신도 현대에도 마귀와 귀신이 존재하기에 이를 미신적 존재로 취급해서는 안 된다고 고백한 것이다. 제3의 물결 운동의 경우 병자를 고치고 귀신을 쫓아내는 사역이 큰 특징들 중 하나다.[153]

---

149) John L. Nevius, Demon Possession and Allied Themes (Chicago: Fleming H. Revell Company, 1894).150) 로버츠 리어든, 『아주사 부흥』, 김광석 역 (서울: 서로사랑, 2008), 123.
150) 로버츠 리어든, 「아주사 부흥」, 김광석 역 (서로사랑, 2008), 123.
151) C. P. Wagner, *Spiritual Power and Church Growth* (Stran Communication Co., 1986), 126-29.
152) 미카엘 스캔랜, 「악의 세력으로부터의 해방」, 이동수 역 (성요셉출판사, 1984), 32

현대 미국 교회의 경우 전문적인 축사 사역자들이 많이 있다. 내가 귀신에 대한 연구를 시작하면서 놀란 사실 중 하나는, 미국 교계에 많은 신학자와 목회자들이 축사 사역을 하고 있으며, 활발한 저술 활동을 하고 있다는 사실이다. 맥스웰 휘트 목사는 그의 전 생애를 통해 축사 사역에 전념했으며, 그가 사망한 이후에는 그의 아들이 귀신 쫓는 사역을 이어 가고 있다. 그의 '귀신 축사 사역'의 소문이 퍼지자 귀신에게 시달리던 수많은 사람들이 그를 찾아와 귀신 들림으로부터 해방되었다.[154] 귀신에 관한 전문가 중의 한 사람인 프레드 디카슨 목사도 1975년부터 1987년까지 400명이 넘는 사람들에게서 귀신을 쫓았다고 증언했다.[155] 피터 와그너도 처음에는 귀신에 대해 거의 관심을 가지지 않았다고 고백한다. 하루는 신학교 사무실에 발목이 심하게 아픈 한 여인이 기도 요청을 해 왔는데, 이를 위해 기도하던 중 갑자기 그 여인에게서 귀신이 드러났다. 그녀는 고래고래 소리를 질렀고, 이에 당황한 와그너 교수도 덩달아서 큰소리로 고함을 질렀다. 다행히 귀신에 대한 지식과 경험이 있던 그의 아내가 귀신을 쫓아내자 무려 10여 마리나 되는 귀신이 드러났고, 거품을 물면서 격렬하게 반항을 하다 떠났다.[156] 이 경험은 그의 사고에 일대 전환을 가져왔고, 이후로 그는 귀신 쫓음과 병 고치는 신유에 대해 많은 연구를 하게 되었다.

---

153) 국제신학연구원, 「순복음교회의 신앙과 신학 II」 (서울서적, 1993), 42-3.
154) 맥스웰 휘트, 「귀신아 내가 네게 명하노라」, 이충을 역 (나침반, 1995), 12.
155) C. 프레드 디카슨, 「그리스도인도 귀신들릴 수 있는가?」 (요단출판사, 1994), 223-255.
156) 피터 와그너, 「제3의 바람」, 188-191.

4. 능력 대결

사람들을 기존 종교에서 다른 종교로 개종시키는 일은 쉽지 않다. 새로운 종교가 기존 종교보다 강하다는 것이 입증될 때야만 개종이 이루어질 수 있다. 교회는 타종교와의 영적 전쟁에서 승리함으로 전도 및 선교가 이루어져 왔다. 성경에 나오는 대표적 능력 대결의 예는 모세와 바로의 술객들 사이에 있었던 것(출 7~12장)과 엘리야와 바알의 선지자들 사이의 대결(왕상 18장)이다. 예수님도 우리가 사탄의 세력을 어떻게 결박할 것인지 말씀하신다: "사람이 먼저 강한 자를 결박하지 않고서야 어떻게 그 강한 자의 집에 들어가 그 세간을 강탈하겠느냐 결박한 후에야 그 집을 강탈하리라"(마 12:29). 사도행전은 바울을 비롯한 제자들이 귀신들과의 대결에서 승리함으로 많은 선교적 결실을 맺었음을 밝히고 있다. 사마리아 최고의 마술사였던 시몬도 빌립이 행하는 하나님의 권능을 보고 놀라 예수님을 영접했다(행 8:13). 악령 숭배로 유명했던 에베소에서 바울이 예수님의 이름으로 귀신을 쫓자 에베소 사람들은 예수의 이름을 높이며 마술책을 불에 태웠다(행 19:13~20). 선교는 귀신과의 대결이며, 성령의 능력으로 귀신이 쫓겨나면서 선교가 이루어진다.[157]

선교지에서는 늘 복음 전파를 방해하는 귀신들의 세력이 존재하며, 선교의 성공을 위해서는 귀신과의 투쟁에서 승리해야 한다. 오늘날 선교학에서 사탄의 세력과의 만남과 전쟁을 '능력 대결' 혹은

---

157) 프랭크 틸만, 「신약신학」, 197. 최재덕, "'신약의 귀신'에 대한 논평", 「한국교회 신학자들이 본 마귀론 이해」, 49.

'능력 전도'라 부른다. 주로 제3세계의 선교 현지에서 사역하는 선교사들은 그 지역을 장악하고 있는 악령의 세력과 만나게 됨(power encounter)으로 귀신의 존재를 인정하며 축사 사역을 감당하고 있다. 선교의 목표는 사탄에게 사로잡힌 자들을 빼내어 하나님 앞으로 데리고 오는 것이다. 원주민들을 주님께 데리고 오기 위해서는 먼저 그 지역을 사로잡고 있는 어둠의 세력을 결박해야 한다. 그런 후에야 사탄의 세력 아래 있던 자들의 결박이 풀리고 예수 그리스도를 영접하게 된다.

인도네시아 선교사인 로보트 피터슨은 현지인인 '로'라는 이름을 가진 한 여인에 대해 기록했다. 그녀는 심하게 귀신이 들려서 괴성을 질렀고, 여섯 명의 남자가 붙들어야 할 정도로 난폭했다. 그녀에게 축사를 행하자 귀신이 나갔고 온순해졌다. 데오도르 에프 박사는 아버지와 함께 선교지에 나갔을 때의 경험을 기록으로 남겼다. 인디언들이 귀신을 보고 놀라 촛불을 켜고 그들의 의식으로 귀신을 쫓았으나 나가지 않았다. 귀신에 대해 잘 알고 있던 그의 아버지가 가서 기도했을 때 귀신들은 도망을 갔다.[158]

간혹 귀신의 존재를 인정하지 않고 귀신을 전혀 쫓아 본 경험이 없이 해외로 사역을 나간 선교사들의 간증을 들어 보면 '능력 대결'의 경험을 이야기한다. 그들의 공통된 이야기는 원주민들을 상대로 선교를 하다가 우연히 귀신 들린 자들과 대면하게 되었는데, 어떻게 해야 할지 몰라서 당황하게 되었다는 것이다. 그러다가 성경에서 예

---

158) 데오도르 에프, 「사탄」, 17-19.

수님의 축사 사역을 기억하고 그대로 따라 했더니 귀신이 쫓겨 갔다는 이야기다. 하나님의 능력에 의해 강한 축사의 능력이 나타날 때, 온 가족이나 마을 단위 혹은 부족 단위의 집단 개종이 일어난다.

한국 교회에서도 능력 대결의 사례들이 많다. 초기 한국 교회에서는 많은 무당들이 기독교로 개종했다. 무당인 심 씨 부인의 경우, 기독교와 영적 대결을 함으로 자신의 힘이 기독교보다 강하다는 사실을 보여 주기 위해 그리스도인과 대결을 벌였다. 그러나 그녀는 힘 한번 제대로 쓰지 못하고 패배했고, 심각한 영적 갈등을 겪었다. 결국 그녀는 회심하게 되었고, 오히려 그녀의 이전 무당 경험이 자산이 되어 하나님의 능력에 의해 신유 및 축사 사역에 크게 쓰임을 받았다.[159]

5. 한국 교회

19세기 말 한국에 온 초기 선교사들은 대부분 하나님의 초자연적 역사를 부인하는 계몽주의자들로, 귀신은 미개한 시대의 것이라 생각해 귀신의 존재를 심각하게 생각하지 않았다. 그들은 병과 귀신의 관련성을 부인했고, 신유나 축사에 대해 무관심하거나 부정적인 시각을 가지고 있었다. 그들은 기도로 질병을 고치거나 귀신을 쫓기보다는 병원을 세워 서구의 근대적 의술을 전하고, 학교를 세워 교육을 강화하는 데 전념했다. 그들의 관심은 서양 의학을 통해 병을 고

---

159) Annie L. Baird, 「어둠을 헤치고: 빛을 찾은 사람들」, 심현녀 역 (다산글방, 1994), 99-111.

치는 것이었다.[160]

　축사 사역에 큰 관심을 가진 것은 초기 한국 교인들이었다. 당시 한국 교인들은 질병의 원인이 귀신이라고 믿었고, 당연히 질병 치유에서 축사는 자연스러운 현상이었다. 그들은 하나님이 귀신을 이긴다는 믿음을 가지고 실제로 귀신들과 싸우는 영적 전쟁을 수행했다. 베어드 선교사는 "선교사들이 귀신을 쫓아내는 축귀 행위를 주선하지 않았고 시킨 일도 없다. 한국인들 스스로가 성경을 읽고 축귀의 사실을 깨달은 다음부터 이 일을 시작했다"고 기록하고 있다.[161] 1907년 스크랜튼 부인은 상동교회 전도 부인의 축사 행위에 대해 다음과 같이 보고했다: "악령에 사로잡힌 사람이 있으면 으레 전도 부인을 찾는다. 그러면 전도 부인이 그 집에 가서 부적을 떼어 태워 버린다. 귀신을 내어 쫓는 일엔 전도 부인들이 초청되며, 그들은 종종 기도로 병자들을 고치기도 한다."[162] 샤머니즘의 영향을 받은 한국인들은 귀신이 인간을 공격하고 해를 끼치며 병을 가져다준다고 생각했고, 기독교 복음을 악령의 협박이나 위험에서 사람들을 보호해 줄 수 있는 것으로 이해했다.

　초기 한국 교회에서 전도는 곧 영적 전쟁을 의미했다. 베어드 선교사 부인은 한 귀신 들린 여인의 이야기를 기록으로 남겼다. 이 여인은 출산한 다음부터 귀신이 들려서 하루 종일 말도 하지 않으며

---

160) 허명섭, "초기 한국 교회 신유 이해", 146-7.
161) R. H. Baird, *William Baird of Korea, A Profile* (Okland, 1968), 239.
162) M. F. Scranton, "Day Schools and Bible Women", *Korean Mission Field* (April, 1907), 53.

머리를 숙이고 살았다. 귀신의 시달림에 견디다 못한 그녀는 '예수님이 계신 곳에는 귀신이 살 수 없다'는 소문을 듣고 교회를 찾아왔다. 베어드 부인은 예수님의 권능을 힘입는다면 이 여인을 귀신으로부터 해방시킬 수 있다는 확신이 들었다. 교회에서 교인들이 몇 주일에 걸쳐서 간절히 기도하자 이 여인은 완전히 나음을 입었다.[163] 초기 한국 교회의 신유 사역은 악령 추방과 깊은 관계가 있었다. 악령이 추방되는 곳에는 귀신이 나감으로 치유의 역사가 동반되었다. 기독교 복음이 전파되는 곳마다 악령의 두려움에서 해방되는 역사는 일상적으로 일어났다.[164]

한국에는 이렇게 악령에게 괴로움을 당하는 사람들이 많았다. 심지어 그리스도인이 아닌 사람들도 예수가 악령을 쫓아낸다는 사실을 알고 있다. 그들은 흔히 교회에 귀신 들린 친구나 친척을 데리고 와서 그들을 위해 기도해 달라고 간청했다. 때때로 나는 설교를 시작한 후 불신자 친척들에 의해 이끌려 나온 귀신 들린 사람들을 발견하기도 했다. 우리는 그들을 그냥 돌려보낼 수 없었다. 우리에게 와서 도움을 구하는데 어떻게 그들을 돌려보낼 수 있겠는가?[165]

---

163) Annie Laurie Baird, *Inside Views of Mission Life* (Philadelphia, Westminster Press, 1913), 129-131.
164) 박명수, 「한국교회 부흥운동 연구」(한국기독교역사연구소, 2003), 67. 허명섭, "초기 한국 교회 신유 이해", 「성결교회와 신학」(서울신학대학교 역사연구소, 2004), 140-1.
165) William Newton Blair, 「속히 예수 믿으시기 바라나이다」, 김승태 역 (두란노, 1995), 84.

계몽주의의 영향을 받은 초기 선교사들은 귀신의 실재를 인식하지 못했다. 그러나 점차 한국 교인들의 축사 사역을 보면서 그들의 생각이 달라졌다. 게일 선교사는 "우리들은 마귀들이 실제로 이 세상에 존재하며, 예수는 그들을 몰아낼 수 있다는 것을 깨닫게 되었다"[166]고 고백할 정도였다. 선교사들은 한국 교인들의 축사 사역에 큰 도전을 받았고, 결국 그들도 귀신의 실체를 인정하고 받아들이게 되었다.

1907년 4월, 제물포에 사는 이경필의 처가 귀신이 들려 67일 동안 먹지 못하고 고생하자 그리스도인인 홍승하가 손을 얹고 기도하니 귀신이 나가면서 깨끗해졌고 음식을 먹기 시작했다. 1908년 전북 무풍돌목 교회에서 귀신이 들려 집안을 소동케 하며 사람들의 구경거리가 된 어떤 사람이, 교인들이 합심기도를 하자 귀신이 나가면서 건강을 회복했다.[167]

한국 교회 신유 운동의 아버지인 김익두 목사는 1901년 신천교회에 첫 부임을 했을 때, 이기화의 처가 무당 귀신이 들어서 고생하던 것을 일주일 동안 열심으로 기도하면서 고침으로 그의 신유 사역을 시작했다. 한번은 박수은이란 여자 아이가 기독교 신앙을 가지면서 귀신을 섬기지 않게 되자 까무러쳐 버렸다. 김익두 목사가 아이를 안고 기도하자 아이는 소생했다. 그의 신유 사역은 영적으로 귀신에게 속박된 인생을 해방시키고 하나님의 자녀로 만드는 것이었다.[168]

---

166) James S. Gale, *Korea in Transition* (New York: Eaton & Mains, 1909), 89.
167) "경귀도 인천 제물포", 〈예수교신보〉 (1908. 1. 29), 42. 재인용, 박용규, 「평양대부흥운동」 (생명의말씀사, 2000), 355-6.

성결교 이성봉 목사의 경우, 무척 지쳐 있는 가운데 사탄의 검은 십자가를 보았고, 다시 기도하는 가운데 주님이 달리신 십자가를 본 이후 몸이 건강해졌다. 그는 1928년부터 수원에서 목회를 시작했는데, 성령의 능력으로 병자를 고치고 귀신을 쫓아내기 시작했다. 평양 명촌장로교회에서 대감귀신이 들려서 4일간이나 집회를 방해한 한 부인에게서 집회 마지막 날 귀신을 쫓아냈다.[169] 그는 귀신이 우리를 병들게 한다고 생각했다.[170]

1950년대, 한국 교회에는 여전히 축사 사역이 활발하게 일어났다. 한국전쟁 시 하용조 목사의 가정은 평안남도에서 전남 목포로 피난을 왔는데, 그의 어머니는 부흥회에 참석하여 큰 은혜를 받은 후 방언을 하고 예언도 하며 귀신을 쫓아냈다. 바닷가인 목포에는 귀신 들린 사람들이 많았는데, 그의 어머니는 복음을 전하면서 귀신을 쫓았다. 그러면 예수님의 이름으로 귀신 들린 사람이 나동그라지며 거품을 흘리면서 쓰러졌다: "그때부터 어머니는 귀신도 쫓고 안수도 하였다 … 어머니가 귀신을 내쫓고 있으면 사람들이 우르르 몰려와서 구경을 했다 … 마을 사람들은 예수님의 이름으로 귀신 들린 사람이 나동그라지고 거품을 쏟아 내면서 쓰러지는 걸 보았다. 그러면 '하나님이 세다' 하고 예수님을 영접하기도 했다."[171] 이에 영향을 받은 하용조 목사도 복음을 전하면서 귀신을 내쫓고 병이 낫는

---

168) 정인영 편, 「김인서 저작전집」 제5권, 102-3. 재인용, 박명수, 「한국교회 부흥운동 연구」, 72-3, 84.
169) 이성봉, "부흥사업순회약보(2)," 활천 (1938년 4월호), 42.
170) 최자실, 「나는 할렐루야 아줌마였다」 (서울말씀사, 1999), 22.
171) 하용조, 「사도행전적 교회를 꿈꾼다」 (두란노, 2008), 35-36.

기적을 일으켰다. 군대 내무반에서 자살을 시도하던 하사 한 사람을 위해 기도하다가 귀신을 쫓기도 하고, 연예인 교회에서 기적이 일어나고 귀신이 떠나가기도 했다.[172]

최자실 목사의 「나는 할렐루야 아줌마였다」를 읽어 보면 수많은 귀신들과 조우했음을 고백하고 있다. 신학생 시절 예배실에서 기도를 하고 있는데 갑자기 귀신 들린 여자가 나타났다. "더러운 귀신아, 물러가라"고 몇 시간 동안 쫓았으나 꿈쩍도 하지 않았다. 그러자 이를 지켜보고 있던 다른 한 목사가 이런 일은 금식기도를 하고 해야지, 그렇지 않으면 쉽게 나가지 않는다고 충고해 주었다.[173] 이 경험을 계기로 금식기도의 중요성을 깨달은 그녀는 오산리금식기도원을 세우게 된다. 최자실 목사는 한 청년을 교회 직원으로 채용했는데, 하루는 이 청년이 조용기 목사를 보더니 큰 소리로 악담을 퍼붓고 욕을 하기 시작했다. 최자실 목사가 그 청년의 손발을 잡고 방언으로 기도했더니 귀신이 드러났고 고래고래 악을 썼다. 고함을 지르고 한동안 소동을 부리다가 귀신이 나갔고, 그 청년이 앓고 있던 간질병도 나음을 입었다.[174]

최자실 목사의 또 다른 간증에 신병에 걸린 여인 이야기가 나온다. 염주창이란 병에 걸려서 한동안 앓던 여인이 병이 낫지 않자 무당을 찾아갔더니 내림굿을 하지 않으면 죽는다는 이야기를 들었다. 그러나 그 여인은 무당이 되는 것이 너무도 싫고 두려웠다. 최자실

---

172) 하용조, 「사도행전적 교회를 꿈꾼다」, 49, 66.
173) 최자실, 「나는 할렐루야 아줌마였다」, 146-9.
174) 최자실, 「나는 할렐루야 아줌마였다」, 313-5.

목사에게 심방을 요청해서 찾아갔더니, 아파서 누워 있던 여자가 갑자기 어깨를 곧추세우고는 쉭쉭 뱀 소리를 내었다. 찬송을 부르고 예배를 드린 후 축사를 했다. "예수 이름으로 명하노니, 더러운 귀신아, 물러가라"고 명하자, 그 여인의 코와 입에서 거품이 나오면서 얼굴 전체가 흙빛으로 변하더니 뒤로 '쿵' 하고 넘어갔다. 그로부터 한 시간 후 그 여인은 일어났고, 무슨 일이 일어났는지 전혀 기억하지 못했다. 그녀는 신병에서 나음을 입었다.[175]

한국의 성령 운동은 성령 충만을 강조하며, 신유와 축사 사역에 초점을 맞추고 있다.[176] 여의도순복음교회의 조용기 목사가 강조하는 것 중 하나는 악령의 축출을 통한 치유다. 그의 신유론의 독특성은 치유를 사죄와 악령 추방과 많이 연관시킨다는 점이다. 그는 사탄의 영적 실재를 인정하며, 이 영적 존재로 인해 인간이 타락하고 질병에 걸린다고 해석한다. 치유는 악령 추방과 깊은 관계가 있으며, 귀신을 축출함으로 질병에서 해방될 수 있다.[177] 그는 목회 초기에 무당에게서 귀신을 쫓음으로 그를 하나님의 자녀로 만들었다. 신유와 귀신 쫓음을 하나님 나라의 가시적 표적으로 보고 이를 목회 철학의 핵심 중 하나로 삼았으며, 그의 교회 예배 시간마다 병자들이 고침을 받고, 귀신 들린 자들이 해방되었다. 성령의 역사에 의한 신유와 축사 사역은 교회에 큰 부흥을 가져왔다.[178]

---

175) 최자실, 「나는 할렐루야 아줌마였다」, 258-268.
176) 류장현, 「한국의 성령운동과 영성」 (프리칭아카데미, 2004), 196-7.
177) 조용기, 「삼박자 축복」 (영산출판사, 1977), 244.
178) 국제신학연구원, 「여의도순복음교회의 신앙과 신학 II」, (서울서적, 1993) 100, 105.

손기철 장로의 '월요치유집회'에서도 수많은 병자들이 고침을 받고 귀신 들림으로부터 해방된 간증들이 쏟아지고 있다. 많은 목회자들이 교회 사역을 감당하면서 귀신의 실체나 활동, 즉 귀신 들린 성도를 목격하고 축사를 행하고 있다. 많은 목사들이 그들의 목회 현장에서 숱한 귀신 들림의 사례들을 접했고, 귀신을 쫓고 있음을 밝히고 있다.[179]

---

179) 임수식, 「성경이 가르치는 마귀론」 (보이스사, 1991), 33. 김광일, "기독교 치병 현상에 관한 정신의학적 조사 연구", 「한국교회 성령운동의 현상과 구조」, 240-2.

오늘날에도 귀신이 있나요?

귀신의 활동

사탄은 하나님이 주신 지위를 떠나 하나님과 같이 되려고 하나님께 대항한 후, 하나님의 존전에서 이 세상으로 쫓겨 내려왔다. 그는 그의 졸개인 귀신들과 활발한 활동을 하고 있다. 비록 예수 그리스도의 십자가 승리로 마귀는 패배를 당했지만, 사탄은 여전히 하늘과 땅을 왕래하면서 계속해서 활동하고 있다. 마귀는 교회를 향해서도 계속 불화살을 쏘고 있으며, 그리스도인과의 영적 전쟁을 선포하고 있다(엡 6:11~12).[180]

인간은 본래 하나님과 교통하는 자로 지음을 받았다. 그러나 마귀에게 속아 하나님의 말씀을 거역하고 범죄함으로 하나님과 단절되어 영적으로 죽은 자가 되었다. 타락하는 순간부터 사망 권세를 가진 마귀의 종이 되어 사망을 두려워하며 평생 마귀의 종노릇을 하고 있다. 마귀의 유혹으로 인간은 전적으로 타락하여 선을 행할 수 없고, 그의 모든 생각은 악함뿐이었다. 이 파괴자는 인간을 통치하게 되었고, 인간은 죄와 죽음을 이길 능력이 없기에 마귀에게 매여 있다. 범죄한 인간에게 남아 있는 유일한 것은 영원한 형벌이다.

마귀의 이름을 분석해 보면 그들의 본성을 알 수 있다. 마귀는

---

180) 프랭크 틸만, 「신약신학」, 641.

'거짓의 아비'이며 '범죄한 자' 요, '살인한 자' 이다. 마귀는 인간을 유혹하여 결국 인간으로 하여금 그와 같은 일을 하게 만들었다. 마귀는 가인이 아벨을 미워하게 조종했고, 결국 아우를 죽이게 했다(창 4장). 그는 '시험하는 자'(마 4:3), '악한 자'(마 13:19), '대적하는 자'(벧전 5:8), '천하를 꾀는 자'(계 12:9), '거짓말쟁이'(요 8:44) 등으로 불린다. 마귀는 악한 존재로, 하나님을 반대했고, 예수께서 하신 일을 방해했으며, 사람들에게 수많은 해악을 끼치고 있다.

사탄과 귀신은 공기와 같은 존재로 항상 우리 곁에 있다. 그들은 그에게 속한 불신자가 그들의 통제에서 벗어나지 못하도록 감시할 뿐만 아니라 호시탐탐 기회를 노려 신자들을 쓰러뜨린다. 사탄은 쉬지도 않고, 병들어 눕지도 않고, 잠자지도 않는다. 광야에서 예수를 시험한 마귀는 예수로부터 꾸지람을 듣고 잠시 떠났으나, 결국 예수님이 십자가에 달릴 때까지 끊임없이 사역했다. 성경은 우리에게 경고하고 있다: "근신하라 깨어라 너희 대적 마귀가 우는 사자 같이 두루 다니며 삼킬 자를 찾나니"(벧전 5:8).

우리가 사탄과 귀신의 실체를 무시하고 그들의 활동 및 공격에 대해 무지할 땐 일방적으로 당할 수밖에 없다. 만약 이제까지 전혀 알지 못하고 있던 존재가 발견된다 하더라도 그 존재가 실제로 우리의 삶에 아무런 영향을 주지 않는다면 우리는 큰 관심을 가지지 않는다. 설사 귀신이 존재한다 하더라도 우리에게 아무런 영향을 미치지 않는다면 귀신에게 그리 큰 관심을 가질 필요가 없을 것이다. 그러나 우리가 귀신의 실체 및 활동에 대해 잘 알아야 하는 이유는, 그들이 인간에게 직접적인 영향을 미치고 있기 때문이다. 불행한 것은 귀신이 사람의 눈에 보이지 않기 때문에 우리가 이를 알아채지 못하는 것이다. 귀신은 육체가 없는 영적 존재이나 사람들의 삶에 깊이 관여하고 있으며, 많은 악영향들을 끼치고 있다. 귀신은 사람에게 영향을 미칠 뿐만 아니라 직접 사람의 몸에 들어온다. 바이러스가 몸에 들어와 질병을 일으키듯이, 귀신도 직접 사람의 몸속에 들어와 여러 가지 나쁜 영향들을 미친다. 이를 통해 육체와 정신에 영향을 끼쳐, 결국 죄, 파괴, 죽음 등으로 인도한다: "마귀는 끊임없이 어떻게 하면 우리를 죄와 수치, 불행과 고통 속으로 빠뜨릴 수 있을까를 고민하면서 우리들 주변에 매복해 있다." [181]

예수님은 마귀의 목적이 인간을 멸망시키는 것임을 정확하게 지적하셨다: "도둑이 오는 것은 도둑질하고 죽이고 멸망시키려는 것 뿐이요"(요 10:10). 악한 영들은 절대로 사람을 돕지 않는다. 사탄의 궁극적인 목표는 그가 심판을 받고 지옥으로 가듯이 모든 인간들을 멸망의 길로 인도하는 것이다. 귀신은 악한 존재로 사람을 속이고 미혹하고 범죄케 하며, 인간을 파괴하고 멸망으로 몰고 가기 위한 일이라면 무엇이든지 한다.[182] 이처럼 귀신은 실질적으로 사람과 접촉하고 있는 영적 존재이기 때문에 절대로 그들의 존재와 활동에 대해 과소평가할 수 없다. 칼빈은 귀신의 활동에 대해서 다음과 같이 말한다.

---

181) Le Grand Cath chisme(1929), *Oeuvres* VII, 44. 이오갑, "루터와 깔뱅의 마귀 이해", 「한국교회 신학자들이 본 마귀론 이해」, 134. 재인용.
182) 김명혁, "성령과 악령", 95.

그것은(마귀) 자신의 술수들로써 하나님의 진리를 공격하며, 자신의 어둠으로써 빛을 어둡게 만들며, 사람들의 영을 오류 가운데로 빠지게 미혹한다. 한편 그것은 미움을 일으키고, 논란과 분란을 불러들인다. 그것은 그 모든 것을 하나님의 나라를 뒤엎고, 인간들을 영원한 형벌에 빠뜨리기 위해서 행한다.[183]

구체적으로 귀신은 인간에게 다음과 같은 해악을 끼친다. 우리는 귀신들의 실체를 인정하고 그들의 활동에 대해 잘 알아서 귀신의 공격으로부터 우리와 교회를 방어할 수 있어야 한다.

1. 귀신 들림

귀신은 영적 존재이므로 물질인 사람의 육체에 직접적인 영향을 끼칠 수 없다. 귀신이 주먹을 휘두르거나 밀친다고 해서 사람이 넘어지는 것은 아니다. 그런데 심각한 문제는, 인정하기 힘들겠지만 귀신이 사람 속에 들어올 수 있다는 점이다. 많은 사람들이 영화 〈엑소시스트〉(The Exorcist, 1973)를 본 적이 있을 것이다. 이 영화는 귀신이란 존재가 사람 속에 들어와 그 사람을 어떻게 파괴하는지를 적나라하게 보여 준다. 귀신은 사람 속에 들어와 서서히 귀신의 인격을 나타내면서 귀신 들린 사람에게 영향력을 미치고, 때때로 사람의 몸을 통해 말하고 행동한다.[184]

---

183) John Calvin, Instition I, 14/15.

성경을 보면 수많은 귀신 들림 현상이 나타난다: "저물매 사람들이 귀신 들린 자를 많이 데리고 예수께 오거늘"(마 8:16). 수로보니게 여인은 "더러운 귀신 들린 어린 딸"(막 7:25)이 있었다. 귀신 들림 현상은 과거의 사건이 아닌 오늘날 우리 주변에서도 나타나는 현상으로, 특히 선교사들은 귀신 들림에 대한 많은 기록들을 남기고 있다. 귀신 들림은 비단 기독교에만 국한된 현상이 아니라 대부분의 종교에서도 발견된다. 「전생여행」이라는 책을 쓴 정신의학자 김영우 박사는 환자를 치료하던 과정 중 귀신 들림 현상을 발견했다.[185]

사람은 육체와 영혼으로 이루어져 있는데, 귀신은 인간의 영혼 속에 들어오는 것이 아니라 사람의 육체, 특히 신경계통에 들어와 이를 장악하는 것으로 추정된다. 특히 호르몬이나 신경전달물질의 이동에 관여해 사람의 육체와 정신에 영향을 주는 듯하다. 귀신을 쫓아낼 때 귀신 들린 사람의 몸에 나타나는 현상을 자세히 관찰해 보면 신경조직에 심한 경련이 일어나는 것을 알 수 있다. 귀신은 또한 눈, 귀, 혀, 코와 같은 감각기관과 뇌 작용에도 영향을 미친다.[186]

인간에게 사는 집이 필요하듯이, 귀신은 자신의 거처를 사람으로 보고 육체를 가진 사람에게 들어와 산다. 즉 사람의 몸은 귀신의 집이다: "더러운 귀신이 사람에게서 나갔을 때에 물 없는 곳으로 다니며 쉬기를 구하되 쉴 곳을 얻지 못하고 이에 이르되 내가 나온 내 집

---

184) Merrill F. Unger, *Biblical Demonology* (Grand Rapids, MI: Kregel Publications, 1994), 22, 140.
185) 김영우, 「김영우와 함께하는 전생여행」, 141-2.
186) Gordon Lindsay, *Satan's Demon Manifestations and Delusion* (Christ for the Nations, 1991), 14-21.

으로 돌아가리라"(마 12:43~44). 이처럼 귀신은 사람의 육체를 자신의 집으로 부른다. 그러나 귀신은 합당한 권리에 의해 사람 몸에 들어와 사는 것이 아니라, 주인도 모르게 불법적으로 들어와 산다. 대부분의 경우, 귀신이 사람 속에 들어오더라도 사람들은 이를 전혀 감지하지 못한다. 이런 의미에서 귀신은 집주인(사람)의 허락 없이 그 집에 들어가서 사는 일종의 무단 침입자요, 불법자다. 불법자인 귀신은 자신의 집이 아닌 곳에 들어와서 살면서 오히려 주인 행세를 한다.[187] 귀신은 몸속에 들어와 스파이와 같이 몰래 거주하고 활동을 개시하기에 귀신 들린 사람조차도 이 사실을 전혀 자각하지 못한다. 이는 마치 기생충이 사람 속에 들어와 살고 있는 것과 같다. 채소를 씻지 않고 먹거나 오염된 생선을 먹게 되면 우리 자신도 모르는 사이 기생충이 사람의 몸속에 들어와 살게 된다. 기생충이 있다는 사실을 모르고 있는 동안 기생충은 마음 놓고 사람의 속에서 살 수 있다. 그러나 기생충이 있다는 사실을 알게 되면 약을 먹고 수술을 해서라도 이를 몸속에서 빼내려고 한다. 이처럼 기생충이 사람의 몸에서 양분을 빨아먹듯이 귀신도 서서히 자신이 들어간 그 사람을 파멸로 이끈다. 자신의 속에 귀신이 있다는 사실을 알게 되면 불법자인 귀신을 반드시 내어 쫓아야 한다.

귀신은 남녀노소를 가리지 않고 들어간다. 성인뿐만 아니라 태아나 어린아이 속에도 들어간다.[188] 성경에 간질 걸린 아들을 데리고

---

187) 메릴 엉거, 「성도를 향한 귀신들의 도전」, 103-5.
188) 맥스웰 휘트, 「귀신아 내가 네게 명하노라」, 130.

온 아비에게 예수께서 "언제부터 이렇게 되었느냐"고 물었을 때, 그 아비는 "어릴 때부터니이다"(막 9:21)라고 대답했다. 수로보니게 여인도 어린 딸이 귀신 들리자 예수님을 찾아왔다(막 7:26). 이처럼 귀신은 어른이든 어린아이든 상관하지 않고 들어온다. 심지어 돼지에게라도 들어가려고 몸부림친다(눅 8:32). 모든 육체를 가진 사람이 귀신의 공격 대상이 된다. 귀신이 존재하고 심지어 사람 속에 들어온다면, 그 다음으로 알아야 할 것은 '귀신은 사람 속에 들어와 어떤 일을 하냐?' 는 것이다.

그리스도인도 귀신 들릴 수 있나요?

그리스도인에게도 귀신이 들어올 수 있는가? 대부분의 그리스도인들은 성령께서 거하시는 하나님의 성전인 신자의 몸에 귀신같이 더러운 존재가 들어올 수 없다고 단정한다.[189] 한국 교회가 마귀론의 정통으로 여기는 메릴 엉거 박사의 경우, 그도 처음에는 그리스도인에게 귀신이 절대로 들어올 수 없다고 주장했다. 그래서 '그리스도인도 귀신 들릴 수 있다' 는 주장이 이단으로 정죄되기도 했다. 그러나 그는 여러 사례들을 연구하면서 이전의 주장을 번복해 '그리스도인에게도 귀신이 들어올 수 있다' 는 쪽으로 입장을 선회했다.[190]

성경은 하나님을 알고 있던 자에게도 귀신이 들어왔음을 밝히고 있다. 예수께서 회당에서 말씀을 전하셨는데, 그의 말씀을 듣기 위

---

189) Charles W. Conn, *The Anatomy of Evil* (Pathway Press, 1996), 105.
190) 메릴 엉거, 「성도들을 향한 귀신들의 도전」, 83-97.

해 회당에 들어왔던 유대인들은 하나님을 믿던 자들이었다. 예수께서 권세 있는 말씀을 전하시자 한 유대인 속에 들어갔던 귀신이 정체를 밝혔다(막 1:24). 이렇듯 하나님을 알고 믿고 있던 유대인들 속에도 귀신이 들어갔으며, 그것은 그들 몸속에 잠재하고 있었다.

예수께서 "너희는 나를 누구라 하느냐"고 물으셨을 때, 베드로는 성령이 충만하여 "주는 그리스도시요 살아 계신 하나님의 아들이시니이다"(마 16:16)라고 대답했다. 그러나 우리는 악령이 베드로를 가만히 내버려 두지 않았음을 알 수 있다: "시몬아, 시몬아, 보라 사탄이 너희를 밀 까부르듯 하려고 요구하였으나"(눅 22:31). 결국 베드로는 사탄의 꼬임을 받아 예수님을 세 번 부인했다. 가룟 유다는 예수님과 3년 동안 지내면서 그의 말씀을 듣고 기적을 목격했지만, 그의 마음이 물질과 탐욕에 이끌리자 사탄이 그를 유혹했다: "열둘 중의 하나인 가룟인이라 부르는 유다에게 사탄이 들어가니 이에 유다가 대제사장들과 성전 경비대장들에게 가서 예수를 넘겨 줄 방도를 의논하매"(눅 22:3~4). 결국 유다는 사탄의 생각을 따라 예수를 팔고 나중에는 자살하고 말았다. 이처럼 예수님의 제자라 할지라도 마음이 교만한 자와 탐욕에 이끌리는 자들 속에 귀신은 들어갔다. 아나니아가 하나님께 드릴 물질에 대한 탐욕이 생겨 얼마를 빼돌리자 베드로는 "사탄이 네 마음에 가득하여 네가 성령을 속이고"라고 질책했고, 아나니아는 그 자리에서 죽었다(행 5:3).

조용기 목사는 영안이 열리면서 귀신이 자신을 공격하는 것을 본 이후 귀신이 그리스도인을 괴롭히고 들어올 수도 있다는 사실을 알게 되었다. 그 이후로 그는 귀신을 몰아내기 위한 기도를 열심히 한다. 신학자이자 임상가인 쿠르트 코흐, 켄트 필포트, 레오 해리오 및 귀신 들린 사람을 전문적으로 상담하는 마크 부벡, 400여 명이 넘는 귀신 들린 그리스도인을 연구한 프레드 디카슨 등도 한목소리로 그리스도인에게 귀신이 들어올 수 있다고 해석한다.[191] 풀러신학교 교수인 찰스 크래프트는 그리스도인뿐만 아니라 심지어 목사도 귀신의 공격 대상이 되어 귀신 들릴 수 있다는 사례를 보고한다.[192]

바이올라 대학 교수인 머피 박사의 경우에도, 자신의 딸이 귀신 들리기 전까지는 귀신에 대해 전혀 아는 것이 없었고, 그리스도인은 절대로 귀신 들릴 수 없다는 생각을 가지고 있었다. 하루는 그리스도인인 딸이 "내 안에 무엇이 있는데, 간혹 나를 사로잡아서 이상한 행동을 하도록 해요"라고 말했다. 그러나 그는 딸을 위해 무엇을 어떻게 해야 할지 알지 못했다. 딸이 계속해서 "아빠, 저들이 나를 쫓아와요, 무서워요"라는 말을 했을 때, 비로소 그 원인이 귀신이라는 사실을 알고 귀신을 쫓게 되었다. "예수 그리스도의 이름과 권세로 명하노니, 귀신아, 나가라"고 외치는 순간 귀신은 나갔고 딸은 온전해졌다.[193]

이처럼 예수를 대적하고 그 사역을 방해하는 귀신은 그리스도인 안에도 들어오며, 그리스도인의 가정에도 침투해 들어온다.[194] 나도 수차례에 걸쳐서 귀신을 쫓았는데, 그들 대부분은 정상적인 그리스

---

191) C. 프레드 디카슨, 「그리스도인도 귀신 들릴 수 있는가?」, 206-9. 레오 해리오, 「사탄을 이기자」 (만민기독문화사, 1984), 49.
192) 찰스 크래프트, 「사악한 영을 대적하라」, 43.
193) 찰스 크래프트, 「사악한 영을 대적하라」, 16-17.
194) 하용조, 「변화받은 사람들」, 260.

도인들이었다. 모태 신앙이며 지성을 자랑하는 대학생 그리스도인임에도 불구하고 귀신을 쫓기 위해 기도하면 곧장 온몸이 뒤틀리면서 그동안 숨어 있었던 귀신이 드러났다. 분명한 사실 하나는 그리스도인도 귀신의 공격 대상이라는 점이다.

2. 생각과 감정에 영향을 준다

축사 전문가들이 공통적으로 말하는 귀신 들림 증세 중 하나는 한 사람 속에 이전에는 전혀 보지 못했던 새로운 성격(인격)이 나타나는 것이다.[195] 존 네비우스 선교사는 "귀신 들린 것을 구별해 주는 중요한 증거 중 하나는 새로운 인격이 표현되는 것이다. 어떤 사람 속에 새로운 인격이 나타나면 이를 귀신 들린 단서로 볼 수 있다"[196]고 해석한다. 귀신은 사람 속에 들어와 귀신의 인격을 나타내는데, 귀신의 생각, 감정, 의지가 사람에게 영향을 미칠 수 있다. 귀신이 들리면 자신의 인격 및 성격과는 동떨어진 방식으로 말하고 행동한다. '평소의 그라면 할 수 없는 행동이나 말'은 귀신의 인격이 그 사람을 통해 나타난 것이다. 간혹 목소리에 변화가 있기도 한데, 이는 그 사람이 말하는 것이 아니라 그를 속박하고 있던 귀신이 말하는 것이다.

그런데 새로운 인격이 나타난 것을 자신도 통제할 수 없게 된다. 이런 현상을 심리학에서는 정신질환의 일종인 이중인격 내지는 다

---

195) 좀 웜버, 「능력치유」, 378-385.
196) 세무얼 사다드, 「마귀론과 정신질환」, 112-117.

중인격으로 표현한다. 이 현상은 다른 인격이 그 사람의 인격을 점령할 때 나타난다고 해석한다. 예를 들면, '이브 화이트'라는 여성에게 자신의 인격 이외에 또 다른 인격인 '이브 블랙'이라는 전혀 다른 인격이 나타난다. 특기할 만한 것은 새로운 인격이 출현하면 바로 직전의 인격이 한 말이나 행동에 대해 전혀 기억하지 못한다는 점이다. 즉 A라는 자신이 행동하고 말한 것을 새로 나타난 B라는 인격은 전혀 기억하지 못하며, 다시 A로 돌아왔을 때 B상태에서 행한 일을 기억하지 못한다. 다른 인격이 출현하면 자신이 아닌 남의 목소리로 이야기하고 다른 성격, 얼굴 표정, 행동 등이 출현한다. 축사 전문가들은 이를 귀신의 인격이 일시적으로 귀신 들린 사람의 인격을 억압하고 지배해 귀신의 인격이 나타났기 때문이라고 해석한다.[197] 그래서 급격한 성격의 변화가 나타날 때 이를 주의해서 지켜보아야 한다. 심리학이나 정신의학이 풀지 못하고 있는 난제인 '다중인격'의 문제를 기독교의 '귀신 들림' 현상으로 충분히 설명할 수 있다고 생각한다.

귀신은 육체의 신경계통이나 호르몬 체계에 영향을 줘 사람의 감정과 성격을 좌우한다. 귀신이 들어옴으로 사람의 인격과 귀신의 인격이 충돌하면서 심한 갈등과 마찰을 겪는다. 옛날에는 쉽게 결정할 수 있었던 문제도 갑자기 심각하게 고민하면서 결정을 내리지 못하기도 한다. 전에는 명랑하고 따뜻했던 사람이 갑자기 우울하고 폐쇄적 성격으로 바뀐다. 정직했던 사람이 거짓말을 하고, 긍정적이었던

---

197) C. F. 디카슨, 「천사: 사탄과 귀신론」, 253.

사람이 비판적이고 부정적인 말을 한다. 자신만만했던 사람이 극도로 예민해지면서 모든 일에 대해 불안해하고 두려워한다.[198] 자신의 본성과는 반대되는 행동과 말을 해서 주변 사람들을 놀라게 하기도 한다. 우리는 이런 현상을 정신적 충격으로 인한 일시적 현상으로 해석한다. 갑자기 자신의 인격과는 동떨어진 방식으로 말하고 행동하고 싶은 강한 충동을 느낀다면 영적인 것에 원인이 있을 수 있다.

   조용기 목사는 어느 날 갑자기 마음이 불안해지고 우울해지면 너무 피곤하고 지쳐서 그런 것이라고 생각했다. 인생에서 실패했다는 생각이 들면서 걷잡을 수 없는 회의가 밀려오고, 목사가 된 것에 대한 후회가 생겼다. 그는 절망 속에 기도하기 시작했고, 하나님께서 그의 영안을 열어 주셨다. 놀랍게도 그는 그의 몸에 매달려 누르고 있는 귀신들을 보았다. 귀신이 사람의 몸속이나 몸에 붙어서 인간의 마음에 영향을 주고 있는 것을 발견하게 된 것이었다. 이처럼 귀신은 사람 속에 들어와 마음을 누르고 침울하고 고통스럽게 만든다. 마음속에 사랑, 평안과 즐거움이 사라지게 하고, 주체할 수 없는 슬픔, 중압감, 우울함, 증오와 좌절감을 가져다준다. 그리고 우리가 인생의 실패자라는 생각을 집어넣는다. 조용기 목사가 귀신을 꾸짖자 귀신들이 떠났다. 그러자 그에게 기쁨과 평안이 몰려왔다.[199] 그는 이 경험 이후 슬픔과 괴로움에 빠져 있는 성도들에게 이렇게 권면한다: "성도님의 마음이 평안을 얻지 못하고 증오와 고통으로 사로잡

---

198) 메릴 엉거, 「성도를 향한 귀신들의 도전」, 84-85.
199) 조용기, 「나의 교회성장 이야기」, 172, 174.

혀 있다면, 마귀가 성도님을 파괴시키려고 누르고 있기 때문입니다. 기도하십시오. 그러면 성령님께서 성도님이 사탄을 이길 수 있도록 강한 힘을 부어 주십니다. 그리고 평안과 기쁨을 느낄 수 있도록 해 주십니다."[200] 이처럼 귀신은 사람 속에 들어와 우리의 생각과 감정에 큰 영향력을 끼친다.

성령의 사람은 마음이 평안하고 기쁘며 사랑이 충만하다: "오직 성령의 열매는 사랑과 희락과 화평과 오래 참음과 자비와 양선과 충성과 온유와 절제니"(갈 5:22). 마귀의 속성은 부정적이고 소극적이며 비타협적이다. 귀신은 사람 속에 들어와 인간의 사고 영역에 머무르면서 잘못된 생각과 사상을 통해 우리에게 영향을 미친다. 결국 비판적이고 회의적인 성격을 조성하여 열등감을 심어 주며, 심한 정죄감을 심어 줘 낙담하게 만든다. 자아 이미지가 부정적이 되며, 실패한 것에 대해 지나치게 집착하게 된다. 분노, 불안, 부정적 생각, 무기력, 탐욕이 우리의 생각을 사로잡으며, 교만, 완고함, 불신앙, 두려움, 마음의 쓴 뿌리 등으로 괴로워한다.[201] 현대인들은 특별한 원인을 알 수 없는 심한 우울증과 신경질에 시달리고 있다. 우리는 그 원인을 귀신 들림으로 의심해 보아야 한다. 하나님은 우리에게 마음을 지킬 것에 대해 말씀하신다: "모든 지킬 만한 것 중에 더욱 네 마음을 지키라 생명의 근원이 이에서 남이니라"(잠 4:23).

---

200) 조용기, 「나의 교회성장 이야기」, 175-6.
201) C. F. Kraft, "Spiritual Warfare: A Neocharismatic perspective", in *The New International Dictionary of Pentecostal and Charismatic Movements*, 1094-5.

3. 살인 및 자살 충동을 일으킨다

오늘날에도 많은 살인 사건이 일어나고 있다. 성경은 살인의 동기가 마귀와 연관되어 있음을 말하고 있다. 마귀는 살인자요, 거짓의 아비다: "너희는 너희 아비 마귀에게서 났으니 너희 아비의 욕심대로 너희도 행하고자 하느니라 그는 처음부터 살인한 자요 진리가 그 속에 없으므로 진리에 서지 못하고 거짓을 말할 때마다 제 것으로 말하나니 이는 그가 거짓말쟁이요 거짓의 아비가 되었음이라"(요 8:44). 마귀는 사람들로 하여금 하나님의 말씀을 따르기보다는 육체의 정욕대로 살도록 유도했다. 아담의 아들 가인을 속여 그 아우를 죽임으로 그때부터 이 세상에 살인이 있게 되었다. 성경은 가인이 사탄에게 속하여 자기 아우 아벨을 죽였다고 말한다: "여러분은 가인과 같이 되지 마십시오. 그는 마귀에게 속하여 동생을 죽였습니다. 그가 왜 동생을 죽였습니까? 자기 행위는 악하고 동생의 행위는 의로왔기 때문입니다"(요일 3:12 현대인의 성경).

사울 왕이 하나님의 말씀에서 떠나자 하나님의 부리신 악신이 사울 왕을 괴롭혔다: "여호와의 영이 사울에게서 떠나고 여호와께서 부리시는 악령이 그를 번뇌하게 한지라 사울의 신하들이 그에게 이르되 보소서 하나님께서 부리시는 악령이 왕을 번뇌하게 하온즉"(삼상 16:14~15). 사울 왕은 악귀의 영향을 받자 사위로 생각하고 있던 다윗에게 심한 질투를 느껴 그를 죽이려 했다: "그 이튿날 하나님께서 부리시는 악령이 사울에게 힘 있게 내리매 그가 집 안에서 정신 없이 떠들어대므로 다윗이 평일과 같이 손으로 수금을 타는데 그 때에 사울의 손에 창이 있는지라 그가 스스로 이르기를 내가 다윗을 벽에

박으리라 하고 사울이 그 창을 던졌으나 다윗이 그의 앞에서 두 번 피하였더라"(삼상 18:10~11). 사울의 질투심과 마음의 갈등은 악신의 강한 영향 때문이었다. 맨 정신을 가지고 사람을 죽이는 것은 힘들다. 살인자를 잡고 보면 "나도 왜 그랬는지 모른다", "그때 제정신이 아니었다"는 등의 이야기를 듣게 된다. 마귀는 살인자로, 살인의 배후에는 귀신이 있다.

흔히 성경공부 시간에 "자살을 하면 지옥에 가느냐?"라는 질문을 많이 받는다. 교회는 자살을 금하고 있으며, 신자라 하더라도 자살을 하면 지옥에 간다고 설명한다. 한 번 자살을 마음먹은 경우, 또 다시 자살을 시도한다. 심리 치료, 정신 치료를 받더라도 재발할 가능성이 높다. 갑자기 삶의 의미를 잃고 자살할 생각에 몰두하는 것은 귀신의 영향 때문이다. 실제로 귀신을 쫓다 보면 귀신은 그 사람을 죽이려고 들어왔고, 자살하고 싶은 마음을 충동시켰다고 고백한다. 마크 부벡 목사는 여러 차례 자살을 시도한 한 남자와 상담을 했다. 그는 문제를 해결하기 위해 유명한 정신과 의사를 찾아갔으나 별다른 도움을 받지 못했다. 마크 부벡 목사는 상담 중 자살의 원인이 귀신이라는 생각이 들어서 그 사람에게 말했더니 그는 절대로 동의할 수 없다고 했다. 그러나 마크 부벡 목사가 귀신 들림 징조에 대해 자세하게 설명해 주고 그에게서 귀신을 쫓았는데, 놀랍게도 자살을 유도한 귀신이 드러났다. '자살 귀신'은 끝까지 남아서 죽이겠다고 소리를 지르고 구토하게 만들다가 간신히 나갔다. 신기한 것은 그 이후로 자살하고자 하는 충동이 사라졌다는 것이다.[202]

축사 사역자들이 공통적으로 지적하는 현상은 자살을 시도하려는 사람에게서 귀신을 쫓았더니 귀신이 드러났고, 귀신은 자신의 이름을 '죽음의 영' 혹은 '자살의 영' 이라고 밝혔다는 것이다.[203] 자신의 의지가 아닌 타자, 특히 더러운 영인 귀신의 영향에 의해서 자살하는 것은 엄격한 의미로 보아 귀신에 의해 자행되는 타살이다. 자살 귀신은 다른 사람 속에 들어가 자살하도록 유인한다. 높은 빌딩에 올라가면 '뛰어 내릴까?' 하는 생각을 하다가도 '어, 내가 왜 이러지?' 할 때가 있다. 귀신은 소극적이고, 우울하고, 고독을 좋아하며, 혼자 있기를 좋아하는 사람에게 잘 찾아간다. 자살을 시도하는 사람의 성격을 보면, 명랑하거나 밝은 쪽이기보다는 다소 우울하고 내성적인 쪽이 많다. 우리의 한 몸에 살려는 욕망과 죽으려 하는 욕망이 동시에 존재한다. 죽으려고 하는 욕망, 자살하고 싶은 욕망에 귀신이 어느 정도 영향을 미친다.

현재 한국 청소년과 청년들의 사망 원인 중 1위가 자살이라고 한다. 살인이 타인의 목숨을 빼앗는 행위라면, 자살은 자신의 목숨을 빼앗는 행위다. 보통 현실이 고통스럽고 괴로워 이를 극복할 자신이 없을 때, 막다른 골목에서 자살을 한다. 그런데 자살은 자신의 목숨을 끊는 것일 뿐 아니라 살아 있는 주변 사람들에게도 영원한 충격을 입히는 살인 행위다. 무엇보다도 자살을 통해 육체는 깨어지지만, 그 이후에 영혼이 남게 되고, 그 영혼은 엄청난 고통과 심판에 시달려야 함을 알아야 할 것이다.

---

202) 마크 부벡, 「사단을 대적하라」, 106.
203) 찰스 크래프트, 「사악한 영을 대적하라」 (생명의말씀사, 1982), 313.

자살을 시도했다가 다시 살아난 임사 체험자들의 증언에 의하면, 현실 세계에서의 고통에 견디다 못해 자살을 시도했는데, 사후 세계는 이 세상보다도 더 극심한 갈등과 고통이 기다리고 있었다고 고백한다. 그들의 표현에 의하면, 자살 이후에 가는 세계는 말로 표현할 수 없는 '무시무시한 곳' 이라고 한다. 자살을 통해서 이 세상에서의 고통에서 벗어났다고 생각했지만 오히려 더 큰 고통과 심판이 기다리고 있다는 것이다.[204] 가끔 "차라리 지옥 가는 것이 낫다"며 용감하게 말하는 사람들이 있는데, 이는 죽음 이후의 세계가 어떠한지 모르기에 그런 말을 하는 것이다.

4. 유혹하고 죄를 짓게 한다

마귀는 마음이 교만하여 자신의 지위를 떠난 것처럼 자신이 가졌던 교만한 마음을 인간에게 그대로 전수해 에덴동산에 있던 하와와 아담을 속여 하나님이 될 수 있다고 유혹함으로 결국 인간을 하나님으로부터 떨어져 나가게 만들었다: "뱀이 여자에게 이르되 너희가 결코 죽지 아니하리라 너희가 그것을 먹는 날에는 너희 눈이 밝아져 하나님과 같이 되어 선악을 알 줄 하나님이 아심이니라"(창 3:4-5). 결국 하나님 말씀에 순종해야 할 인간은 마귀의 속임에 빠져 선악과를 따 먹고 하나님을 대적하는 죄를 짓게 되었다. 이처럼 세상의 악과 유혹과 죄의 시초는 마귀다.[205] 마귀는 인간이 하나님께 불순종하도

---

204) 레이몬드 무디, 「이 세상 후의 세상」, 167-9.
205) Nicky Gumbel, *Questions of Life*, 157-8.

록 이끌었고, 결국 인간은 그의 소유가 되었다:[206] "죄를 짓는 자는 마귀에게 속하나니 마귀는 처음부터 범죄함이라"(요일 3:8).

사탄은 하나님의 아들을 유혹할 만큼 활동적이었다. 예수께서 금식하기 위해 광야로 가시자 마귀가 와서 예수님을 시험했다. 마귀는 예수께 '돌로 떡을 만들어 먹으라', '높은 곳에서 뛰어내리라', '내게 경배하라. 그러면 내가 천하 영광을 네게 주리라' 고 제안했다. 마귀는 예수에게 제안했던 유혹을 현재 인간에게도 똑같이 제시하고 있다: "그 때에 너희는 그 가운데서 행하여 이 세상 풍조를 따르고 공중의 권세 잡은 자를 따랐으니 곧 지금 불순종의 아들들 가운데서 역사하는 영이라 전에는 우리도 다 그 가운데서 우리 육체의 욕심을 따라 지내며 육체와 마음의 원하는 것을 하여 다른 이들과 같이 본질상 진노의 자녀이었더니"(엡 2:2~3).

사탄은 하나님에 대한 반역 행위를 수행하고 하나님이 세우신 구속의 역사를 방해하기 위해 귀신들을 동원해서 이 세상의 잃어버린 영혼들을 유혹하고 있다. 자신이 한 것과 똑같이 사람들의 마음에 교만과 반역의 마음을 심어 주면서 결국 하나님을 대적하게 만든다. 인간이 죄를 짓는 것은 마귀에게 속하여 악을 행하기 때문이다. 마귀가 예수를 팔려는 생각을 가룟 유다에게 넣었고, 결국 유다는 마귀의 사주를 받아 예수를 팔게 되었다. 이 세상에 존재하는 고문과 폭력, 집단 살인, 강간, 마약, 사탄 숭배 등의 뒷배경에는 악한 영들

---

206) 이상근, 「마태복음(신약주해)」 (성등사, 1991), 74. 국제신학연구원, 「여의도순복음교회의 신앙과 신학 II」, 206-7.

이 존재한다.[207] 결국 귀신은 사람 속에 들어와 마음속에 죄를 심고, 이 영향으로 인해 인간은 죄를 짓게 된다.

5. 신앙생활을 방해한다

마귀와 귀신의 가장 큰 사역은 하나님과 그리스도의 사역을 방해하며, 사람들이 예수 그리스도를 구주로 영접하는 것을 방해하는 것이다. 마귀는 모든 불신앙의 근원이다. 마귀가 아담과 하와에게 가장 먼저 한 것은 하나님 말씀에 대한 의심을 가져다준 것이었다. 귀신은 끊임없이 그리스도인들의 마음에 의심을 불러일으켜 우리가 예수 그리스도를 믿는 믿음을 가지는 것을 방해한다: "그 중에 이 세상의 신이 믿지 아니하는 자들의 마음을 혼미하게 하여 그리스도의 영광의 복음의 광채가 비치지 못하게 함이니"(고후 4:4).

한 자매로부터 직접 들은 이야기다. 남동생이 하나 있는데, 주일 아침에 아무리 깨워도 피곤하다며 일어나지 않고 결국 교회를 나오지 않는다고 했다. 동생이 한번은 주일 이른 아침에 아르바이트를 하게 되었는데, 그때는 신기하게도 새벽같이 일어나 일을 하러 갔다고 한다. 누나는 동생이 주일에 교회를 나가지 않고 일하는 것이 마음에 걸렸는데 다행히(?) 그만두게 되었다. 주일 아침에 남동생을 교회로 인도하기 위해 깨우러 들어갔는데, 갑자기 영안이 열리면서 형체를 알 수 없는 검은 구름 같은 것이 동생 위를 짓누르고 있는 것이 보였다. 깜짝 놀란 그 자매는 "예수의 이름으로 명하노니, 악령아,

---

207) Nicky Gumbel, *Questions of Life*, 159.

물러가라"고 고래고래 고함을 질렀다. 그랬더니 그 시커먼 연기 같은 것이 동생 몸 위에서 사라졌다. 그동안 정신없이 누워만 있던 동생은 갑자기 벌떡 일어나더니 교회를 가겠다고 따라 나섰다고 한다. 이 이야기를 듣고 섬뜩한 느낌이 들었다. 눈에 보이지 않는 귀신은 우리가 교회에 나가는 것을 매우 싫어해 이를 방해한다는 사실을 알게 되었다.

신기하게 교회만 오면 예배 중에 조는 사람이 있다. 예배 전까지는 초롱초롱한 눈빛을 하다가도 설교가 시작되기만 하면 그때부터 꾸벅꾸벅 조는 사람이 있다. 나도 설교 도중 이런 사람들을 여러 번 본 적이 있다. 얼마나 심하게 졸던지, 예배가 끝나고 나서 지난 밤 잠을 전혀 못 잔 것이 아닌가 하여 물어본 적이 있다. 그런데 아무 이상 없이 잘 잤다는 것이다. 더 신기한 것은, 설교가 끝나면 어떻게 알았는지 다시 눈을 말똥말똥 뜨는 것이었다. 나는 이런 현상이 귀신이 하나님의 말씀을 듣지 못하도록 역사하는 방법 중 하나라고 해석한다. 예수님은 씨 뿌리는 비유를 통해 사람들이 천국 복음을 듣고도 깨닫지 못하는 것은 악한 자가 와서 하나님의 말씀을 빼앗아 가기 때문이라고 설명하셨다(마 13:19). 귀신은 신자들이 설교에서 하나님의 말씀을 듣지 못하도록 방해하며, 듣더라도 불신하도록 부추긴다. 온갖 거짓말과 유혹을 동원하여 믿지 않는 자는 계속 믿음을 갖지 못하게 하며, 믿음을 가진 자는 그 믿음을 떨어뜨린다.[208]

한번은 중고등부 수련회를 인도했는데 저녁 예배를 마치고 기도

---

208) 홍성건, 「하나님이 찾으시는 사람」, 239. Nicky Gumbel, *Questions of Life*, 161.

하는 시간이 되었다. 다른 학생들은 열심히 기도하고 있는데, 한 대학생 교사가 기도를 하지 않고 가만히 앉아 있는 것이 눈에 띄었다. 가서 머리에 손을 얹고 기도하는 가운데 갑자기 귀신이 드러나면서 발작을 하기 시작했다. 방언 기도를 하고 축사를 했으나 쉽게 나가지 않았다. 할 수 없이 뒤로 눕혀 놓았더니 한참 후에야 정신을 차렸다. 상담을 해 보니, 아르바이트를 하고 있는데 이 과정 가운데 세상을 사는 것이 그리 쉽지 않고, 이 세상에 믿을 만한 사람이 없다는 사실을 깨닫게 되었다고 한다. 사람과의 관계 및 신뢰가 깨어지니 가슴이 답답하고 기도가 전혀 나오지 않게 되었다고 한다. 수련회 기간 동안 기도를 하고 싶은데 아무리 기도를 하려고 해도 입이 떨어지지 않았다고 했다. 그러던 중 귀신이 드러났고, 귀신이 기도를 막고 있다는 놀라운 사실을 발견하게 된 것이었다. 손기철 장로도 기도할 때마다 많은 악한 영들이 찾아와 기도를 방해한다고 고백한다. 환상 가운데 뱀의 형상이 나타나 기도하는 자신을 노려본다는 것이다.[209] 칼빈도 이런 점을 시인한다. 악한 영은 "신자들에게는 기도의 문을 닫게 만들려고 힘쓴다".[210] 성경은 마귀가 기도 응답을 방해하는 사건까지 기록하고 있다.

"그가 내게 이르되 다니엘아 두려워하지 말라 네가 깨달으려 하여 네 하나님 앞에 스스로 겸비하게 하기로 결심하던

---

209) 손기철, 「고맙습니다 성령님」 (규장, 2007), 65.
210) John Calvin, *Institute* III, 20/16.

첫날부터 네 말이 응답 받았으므로 내가 네 말로 말미암아 왔느니라 그런데 바사 왕국의 군주가 이십일 일 동안 나를 막았으므로 내가 거기 바사 왕국의 왕들과 함께 머물러 있더니 가장 높은 군주 중 하나인 미가엘이 와서 나를 도와 주므로 이제 내가 마지막 날에 네 백성이 당할 일을 네게 깨닫게 하러 왔노라 이는 이 환상이 오랜 후의 일임이라 하더라"(단 10:12~14).

우리가 기도하면 천사는 우리 기도를 하나님께 상달시킨다. 그런데 다니엘의 기도 응답을 가지고 오던 천사는 21일 동안이나 마귀의 방해를 받았다. 이처럼 마귀는 기도 응답을 가지고 오는 천사를 방해하여, 그 응답이 도착하지 못하거나 지연되어 우리의 믿음이 떨어지도록 유도한다. 우리는 귀신이 신앙생활을 방해한다는 사실을 명심해야 할 것이다.

6. 정죄하고 관계를 파괴한다

마귀는 헬라어로 '디아볼로스' 인데, 이는 '분리시키다' 는 뜻을 가지고 있다. 마귀는 이간자로, 하나님과 사람, 사람과 사람 사이의 관계를 이간질한다. 마귀는 하나님과 사람 사이의 친밀한 관계를 시기하여 결국은 아담과 하와를 유혹함으로 그 관계를 파괴시켰다. 그리고 결국 아담과 하와 사이의 신뢰도 깨 버렸다.[211] 귀신은 끊임없

---

211) Nicky Gumbel, *Questions of Life*, 163-4.

이 하나님과 그리스도인의 관계를 파괴시키며, 사람과 사람 사이를 끊게 만든다.

마귀는 하나님과 인간 사이를 왕래하면서 사람들의 죄와 잘못을 끊임없이 하나님께 고발하고 참소한다. 사탄은 믿는 자들을 가만히 내버려 두지 않고 공격하며, 사람의 잘못을 하나님께도 고해바친다. 사탄은 신실한 믿음과 경건한 가정을 가졌던 욥을 참소하고 시험했다. 사탄은 욥의 믿음이 축복을 받은 조건부 믿음임을 강조하며 그의 의로움에 이의를 제기했고, 결국 그의 가족과 욥의 몸에 손을 대었다(욥 1:12, 2:6). 예수님은 베드로를 향하여 "시몬아, 시몬아, 보라 사탄이 너희를 밀 까부르듯 하려고 요구하였으나"(눅 22:31)고 말씀하셨다. 이 구절은 사탄이 예수님의 제자에게도 비판과 공격을 가하는 존재임을 보여 준다. 마귀는 끊임없이 우리의 죄를 참소한다: "내가 또 들으니 하늘에 큰 음성이 있어 이르되 이제 우리 하나님의 구원과 능력과 나라와 또 그의 그리스도의 권세가 나타났으니 우리 형제들을 참소하던 자 곧 우리 하나님 앞에서 밤낮 참소하던 자가 쫓겨났고"(계 12:10). 마귀는 우리가 은혜와 사랑의 하나님을 보지 못하게 막고, 오직 하나님을 죄인을 심판하시는 진노자로 오해하게 만든다.[212]

귀신이 활동하는 교회에는 내분이 일어나게 되어 있어, 곧 교회는 두 쪽으로 깨어진다. 귀신이 활동하는 곳에는 미움이 있고, 다툼이 생긴다. 이용도 목사는 1928년 협성신학교를 졸업한 후 강원도

---

212) 이오갑, "루터와 깔뱅의 마귀 이해", 「한국교회 신학자들이 본 마귀론 이해」, 139.

통천교회로 파송을 받았다. 그해 12월 24일, 교회에서 기도하고 있을 때 그는 교회 안에서 귀신을 보았고, 귀신과 영적 전투를 벌였다. 그가 귀신에게 나가라고 명했더니 귀신은 교회에서 도망을 쳐 자신의 교인 집으로 들어갔다. 그 집에서 귀신을 쫓았더니 귀신은 마을 밖으로 도망을 갔다.[213] 그 사건 이후 교회를 비방하고 박해하던 사람들이 회개하고, 교회를 떠났던 사람들이 돌아오는 역사가 일어났다. 50~60명이던 교인이 몇 주 사이에 150~160명으로 늘어났다. 그의 귀신을 쫓은 영적 체험은 그의 목회에 큰 전환을 가져왔다.

LA에서 목회를 하고 계시는 목사님께 직접 들은 이야기다. 최근 부임한 교회는 목사를 잘 쫓아내기로 유명한 교회였다. 아무리 좋은 목회자도 그 교회에 가면 몇 개월을 견디지 못하고 쫓겨났다. 목사를 잘 쫓아내기로 소문이 나다 보니 이제는 가려는 지원자도 없는 처지가 되었다. 그 목사님은 지원을 했고 청빙을 받았다. 부임한 지 얼마 되지 않아, 아니나 다를까 그 목사님도 교인들의 가십거리에 올랐고, 더 이상 있기 힘든 처지가 되었다. 목사님은 교회에 가 금식을 하면서 기도했는데, 기도하던 중 갑자기 교회 강대상에서 무엇인가 왔다 갔다 하는 것이 보였다. 정체를 알 수 없는 시커먼 것이 강대상에 올라가 있었다. 목사님은 즉각적으로 귀신이라는 것을 알아챘다. 예수 그리스도의 이름을 외치며 귀신에게 대항하자 귀신은 반항을 했다. 계속 하나님의 말씀을 외우며 귀신을 대적하자 마침내 귀신이 교회 안에서 나갔다. 그런데 신기한 것은, 더 이상 교인들도 목

---

213) 변종호, 「이용도 목사전」 (장안문화사, 1993), 36-38.

사님을 쫓아내려 하지 않았고, 교회의 분란도 사라졌다고 한다.

마귀는 사람들이 끊임없이 서로의 죄를 보게 하고, 자신의 들보보다 다른 사람의 티를 찾게 만든다. 잘한 것보다는 잘못된 것만 끄집어내어 정죄하고 비판한다. 심지어 가정에도 침투하여 부부 사이를 이간질시킨다. 아담은 하와를 처음 보았을 때 "내 뼈 중의 뼈요 살 중의 살"이라고 고백했으나, 마귀로부터 유혹을 받은 후에는 서로를 비방하기 시작했다. 가인은 아우 아벨을 시기하여 살해했다. 귀신이 있는 곳에서는 가족끼리 싸우고 소리를 지른다. 집에 들어가기만 해도 화가 나고 부부싸움을 한다. 귀신은 가만히 집에 들어와 부부를 이혼시키며, 부모와 자식 간의 관계를 깨뜨린다. 하용조 목사는 그 원인을 귀신을 묶지 않아서 그런 것이라고 단정한다. 부부싸움이 나서 이혼을 하려는 가정을 심방할 때면 먼저 그 가정을 묶고 있는 귀신을 쫓아낸 후 상담에 응한다고 한다. 그러면 신기하게 부부 사이의 금실이 좋아진다고 한다.

영적으로 깨어 있는 자들은 교회에 분열이 일어나고, 결혼 생활이 파괴되고, 가정이 붕괴되며, 사람들과의 관계가 뒤틀리는 일이 발생하면 귀신이 관여한다는 사실을 자각해야 한다. 주변 사람들이 아무런 이유도 없이 비난할 때, 그들과 논쟁하고 싸운다고 해서 문제가 해결되지 않는다. 그들 배후를 조종하는 귀신을 쫓아내야 문제가 해결된다. 그래서 성경은 우리의 싸움이 혈과 육의 싸움이 아닌 사탄에 대한 영적 싸움이라고 설명한다.[214]

7. 중독의 원인이 된다

최자실 목사는 남편이 알코올중독이며 그 부인은 영양실조로 인해 위장병과 두통으로 시달리는 가정에 심방을 갔다. 예수님을 믿으면 남편이 알코올중독에서 벗어날 수 있다는 말을 듣고 그 부인은 교회에 나와서 기도하기 시작했고, 얼마 후 그 부인의 위장병과 두통이 사라졌다. 알코올중독에 걸린 남편이 배와 머리가 아프다고 하자 최자실 목사는 손을 얹고 "예수의 이름으로 명하노니, 이 악독한 귀신아, 나오라"고 소리치며 기도했다. 그러자 그는 발작을 일으키더니 코에서 시커먼 피를 흘리며 뒤로 넘어져 죽은 듯했다. 알코올 중독 귀신이 떠나자 그는 정상으로 돌아왔고, 그 이후로 가정에 충실했다.[215]

술이나 담배, 마약, 도박, 컴퓨터 게임 등에 중독이 된 경우, 자신의 의지로는 이를 조절하지 못하게 된다. 헤로인과 같은 마약이나 본드 등의 경우 한 번의 시도가 중독으로 이어지며, 이는 사람의 의지로 끊을 수 없다. 이런 종류의 마약은 사람의 신경전달물질에 심각한 영향을 미치며, 환각과 환청을 불러일으킨다. 그런데 심하게 중독되어 있는 경우, 이를 귀신 들린 증상으로 해석할 수 있다. 담배의 기원 자체가 미국 인디언의 샤먼들이 죽은 조상이나 귀신을 자신들의 몸으로 불러들이기 위한 도구로 사용한 것이다.

---

214) 조용기, 「나의 교회성장 이야기」, 176. C. F. Kraft, "Spiritual Warfare: A Neocharismatic perspective", in *The New International Dictionary of Pentecostal and Charismatice Movements*, 1095. Nicky Gumbel, *Questions of Life*, 163-4. 하용조, 「변화받은 사람들」, 263-4.
215) 최자실, 「나는 할렐루야 아줌마였다」, 216-226.

홍콩 선교사인 재키 플린저는 주로 마약 중독자, 깡패, 매춘부들을 상대로 선교 사역을 했다. 그녀는 사역을 시작하기 전 귀신에 대해서 잘 알지 못했다. 그러나 사역을 하면 할수록 중독자로 변하는 요인 중 하나가 귀신이라는 사실을 알게 되었다. 그녀는 마약 및 알코올중독자들로부터 귀신을 쫓기 시작했으며, 귀신이 나간 후 그들이 변하는 모습을 목격했다.[216]

8. 악몽을 꾸게 한다

나는 우리 가족들 중 처음으로 예수님을 구주로 영접하고 교회를 다녔다. 열심으로 전도하고 기도한 끝에 마침내 어머니께서 교회를 나가기 시작하셨다. 그런데 어머니는 교회를 다니기 시작하면서 계속해서 악몽을 꾸셨다. 꿈에 커다란 뱀이 나타나는데, 크기가 얼마나 큰지 어머니를 한 입에 삼킬 만한 크기였다고 한다. 교회를 갔다가 집에 돌아오면 갑자기 어디선가 이 뱀이 나타나 입을 쫙 벌리고 혀를 날름거리면서 어머니를 쳐다보더라는 것이었다. 너무 무서워서 달아나다가 뱀에게 잡히는 순간 놀라 잠에서 깨곤 한다는 것이었다. 하루 이틀도 아니고 지속적으로 같은 악몽을 꾸다 보니 이제는 잠을 자는 게 무섭다고 하셨다.

이 이야기를 들은 나는 단번에 귀신이 원인이라는 것을 알 수 있었다. 그래서 꿈에서 뱀을 보면 도망가지 말고 "예수의 이름으로 명한다. 귀신아, 떠나가라"고 외치라고 말씀드렸다. 어머니는 꿈을 꾸

---

216) 존 윔버, 「제 3의 물결을 타고」 (무실, 1991), 305-326.

는 도중 그렇게 하는 것이 가능하겠냐면서 전화를 끊으셨다. 며칠 후 어머니에게서 다시 전화가 왔다. 계속 같은 꿈을 꾸면서 괴롭힘을 받았는데, 그저께 밤, 꿈에서 뱀이 나타나자 도망을 가지 않고 그 뱀을 바라보면서 "예수의 이름으로 명한다. 떠나가라, 귀신아"라고 외쳤더니 그 큰 뱀이 갑자기 지렁이만 한 크기로 줄더니 도망을 갔다고 했다. 그리고 이제는 그 뱀이 꿈에 나타나지 않는다며 매우 신기하다고 말씀하셨다.

매일 같은 악몽을 반복적으로 꾸는 것은 귀신 들림 증상 중 하나일 가능성이 높다. 특히 계속해서 죽은 사람에 대한 꿈을 꾸거나 가위에 눌릴 경우, 귀신을 쫓으면 대부분 그 사람의 꿈속에 나타났던 귀신이 어김없이 나타난다. 1968년 남파되었던 무장공비 김신조는 그의 저서에서 귀신에 대한 생생한 체험을 말한다. 그는 청와대를 까부수러 남파되었으나 국군에게 발각되어 쫓기게 되었다. 자신과 함께 도망을 치던 부하들은 국군의 총에 맞아 즉사했고 그만 혼자 살아남아서 투항을 했다. 그런데 그때 죽었던 부하들이 수십 년 동안 계속 꿈에 나타났다고 한다. 밤마다 같은 악몽에 시달리면서도 이 사실을 누구에게도 말하지 않았다. 부인을 따라 교회에 나와 기도하던 중, 목사님이 그에게 안수를 하자 온몸이 떨리기 시작했다. 목사님은 "더러운 귀신들아, 썩 나가라"고 명했고, 그 순간 김신조는 입에 거품을 물고 쓰러졌다. 귀신을 쫓은 이후로 그는 다시는 그 꿈을 꾸지 않게 되었다. 공산주의 사회에서 영적 세계를 부인하면서 살았던 그는 이 경험으로 인해 교회에 입문하게 되었고, 목사 안수를 받았다.[217]

한 선교사의 아내가 무서운 꿈을 연속적으로 꾸면서 심리적 불안 증세가 나타났다. 그녀는 정신과 전문의에게 가서 상담을 받았으나 아무런 진척이 없었다. 사람들이 교회에 모여 그녀를 위해서 기도하던 중 그 부인은 발작을 일으켰고, 갑자기 그녀의 입에서 "나는 너를 증오한다"는 다른 목소리가 나왔다. 그 모임의 리더는 이런 현상을 잘 알고 있었다. 그는 곧 귀신에게 "하나님의 딸로부터 떠나가라"고 명했고, 그녀는 불안 증세로부터 해방되었다.[218]

9. 질병의 원인이 된다

근대 시대까지만 해도 병의 원인 중 하나로 귀신을 주목했었다. 원시 사회부터 영적 존재인 귀신을 질병의 원인으로 해석해 질병을 치료하기 위해 종교적 제의를 가졌다. 고대 사회나 유대 사회에서는 질병의 대부분이 귀신에 의해 발생했다는 이해를 가지고 있었다. 누군가가 병에 걸리면 악귀를 쫓아내야 한다며 사람을 때리기도 하고, 심지어는 귀신이 나가야 한다며 뇌에 구멍을 뚫기도 했다. 기독교가 한국에 전파되던 19세기 말, 한국인들은 질병의 원인을 귀신으로 생각해 무당을 찾아가 귀신을 달래거나 쫓아내었다.

현대 의학의 발전으로 인해 그동안 불치의 병으로 인식되었던 많은 병들의 원인과 증상, 그리고 치료에 대한 부분이 밝혀진 상태다. 그러나 여전히 현대 의학으로도 고치지 못하는 병들이 많이 있다.

---

217) 김신조, 「나의 슬픈 역사를 말한다」 (동아출판사, 1994), 302-5.
218) 존 윔버, 「능력치유」, 173-5.

외형적 이상이 없이 갑자기 충격을 받고 쓰러진 경우, 아무리 조사를 해도 그 병의 원인을 알 수 없는 경우가 있다. 간질의 경우, 뇌와 관련이 있는 듯해 우뇌와 좌뇌의 교량 역할을 하는 뇌량을 절단해 보기도 했으나 오히려 그 후유증이 더 컸다. 신경과학적 입장에서 간질의 원인을 찾고 있으나 여전히 정확한 병명을 알지 못하고 치료도 불가능해서 발작을 일으킬 때마다 신경 안정제를 투여할 뿐이다. 현대 의학이나 심리학에서는 병의 원인을 주로 육체와 마음에 기초를 두고 있기 때문에, 영적 존재인 귀신이란 존재가 병의 원인 중 하나가 될 수 있다는 사실을 절대로 인정하지 않는다. 귀신이란 존재 자체를 인정하지 않으며, 귀신을 병의 원인으로 인정하면 미신이거나 학문의 세계를 떠난 이단 학문으로 취급한다.

   성경은 병의 근원이 죄로 말미암는다고 말한다.[219] 마귀가 아담과 하와를 유혹하여 선악과를 따 먹고 범죄하게 만든 후, 죄를 지은 인간에게 사망과 질병이 다가왔다. 성경은 질병의 원인 중 하나로 귀신을 언급하고 있으며, 귀신의 활동 때문에 육체적·정신적 질병이 생긴다고 말한다. 병의 원인으로 귀신을 지목하신 분은 다름 아닌 예수님이시다. 그는 귀신의 존재를 인정하셨고, 병의 원인이 되는 귀신을 내어 쫓으심으로 병든 자들을 고치셨다: "그들이 나갈 때에 귀신 들려 말 못하는 사람을 예수께 데려오니 귀신이 쫓겨나고 말 못하는 사람이 말하거늘 무리가 놀랍게 여겨 이르되 이스라엘 가운데서 이런 일을 본 적이 없다 하되"(마 9:32~33). 귀신이 쫓겨 가자 질

---

219) Morton Kelsey, *Healing and Christianity*, 27-8.

병은 치료되었다. 예수님의 축사는 당시 유대인들도 질병은 귀신과 관련이 있다는 일반적 의식을 대표하는 것이었다. 현대 의학은 벙어리가 된 이유를 여러 가지로 나열하고 있지만 단 한 명의 의사도 귀신 들림이 원인이라고 말하지 않는다. 그러나 예수님은 '벙어리의 원인이 귀신이다' 는 상식을 완전히 뒤엎는 이야기를 하고 계신다.[220] 귀신은 사람 속에 들어가 몸을 아프게 하고, 마음에 고통을 안겨 주며, 정신상의 문제를 일으킨다.[221]

성경에는 유난히 '귀신 들려 병에 걸렸다' 라는 표현이 많이 나온다: "그 때에 귀신 들려 눈 멀고 말 못하는 사람을 데리고 왔거늘 예수께서 고쳐 주시매 그 말 못하는 사람이 말하며 보게 된지라"(마 12:22). 귀신 들려 벙어리가 되었고(막 9:17), 귀신 들려 귀먹고 벙어리가 되었고(막 9:25), 귀신 들려 경련을 일으켰고(눅 9:39), 귀신 들려 앉은뱅이(행 8:7)가 되었다. 의사였던 누가는 대부분의 병명이나 아픈 것을 설명하는 앞에 귀신이 들려서 아프게 되었다고 밝힌다: "열여덟 해 동안이나 귀신 들려 앓으며 꼬부라져 조금도 펴지 못하는 한 여자가 있더라"(눅 13:11). 이처럼 마귀가 있는 곳에는 죄가 있고, 질병의 배후에는 귀신이 있다. 병균을 비롯한 질병의 조건들은 근원적으로 마귀로부터 공급받는다. 따라서 악령이 병의 근원 중 하나가 되며, 귀신이 사람 속에 들어오면 병이 생긴다.[222]

여기서 한 가지 주목할 만한 중요한 사실은 귀신 자체가 병들었

---

220) William Barclay, *And He had Compassion*, 24-7.
221) 국제신학연구원, 「여의도순복음교회의 신앙과 신학 I」, 75. 김명혁, "성령과 악령", 96. 손기철, 「고맙습니다 성령님」, 165. William Barclay, *And He had Compassion*, 24.

다는 점이다. 벙어리 귀신 들린 아들을 고치신 장면에서 예수님은 그 질병의 원인인 귀신을 꾸짖으셨는데, '말 못하고 못 듣는 아이' 라고 표현하지 않고 "말 못하고 못 듣는 귀신아"(You deaf and mute spirit, 막 9:25)라고 말씀하셨다. 이는 귀신 자체가 말하지 못하고 듣지 못하는 것을 의미한다. '말 못하고 못 듣는 귀신' 이 사람 속에 들어가자 그 사람은 벙어리이자 귀먹은 자가 되었다. 결국 벙어리가 말을 하지 못했던 이유는 그의 발성기관에 어떤 육체적 결함이 있었던 것이 아니라, 벙어리 귀신이 그의 말하는 기관을 장악하고 있었기 때문이었다. 병든 귀신이 사람 속에 들어오니 귀신의 병과 똑같은 병이 그 사람 몸에 나타났던 것이다.[223] 이 벙어리 되고 귀먹은 귀신이 떠나자 그 사람은 말을 하게 되고 듣게 되었다.

마틴 루터는 자신이 각종 질병에 시달리고 정신적으로 불안한 원인으로 마귀를 지적한다: "사탄은 한 가지 병으로 나를 괴롭히지 않고, 많은 복잡한 병을 가지고 괴롭힙니다. 사탄은 특히 나로 하여금 원한을 가지게 합니다."[224]

축사 전문가들도 공통적으로 귀신이 병의 원인 중 하나라고 주장한다. 맥스웰 목사는 그의 저서에서 생애 처음으로 귀신 쫓은 일을 기록하고 있다. 태어날 때부터 고질적 천식으로 고통 받던 한 남성

---

[222] 조용기, 「병을 짊어지신 예수님」 (영산출판사, 1976), 65. 국제신학연구원, 「여의도순복음교회의 신앙과 신학 I」, 75. 국제신학연구원, 「여의도순복음교회의 신앙과 신학 II」, 202-3.
[223] Millard J. Erickson, *Christian Theology*, 449.
[224] 이오갑, "루터와 칼뱅의 마귀 이해", 「한국교회 신학자들이 본 마귀론 이해」, 137. 재인용.

이 있었는데, 병원에 가서 약물치료를 받고 교회에 나와 기도를 해도 좀처럼 낫지 않았다. 이를 오랫동안 지켜본 한 여 성도가 "혹시 '귀신의 소행'이지 않을까?" 하는 사견을 내놓았다. 맥스웰 목사는 '천식은 신경성 질환이지, 어떻게 귀신이 병을 일으킬 수 있을까?' 의심했다. 그는 신학교 시절이나 목회 활동에서 귀신이 존재한다거나 귀신이 병의 원인이 될 수 있다는 것은 한 번도 배우거나 들은 적이 없었다. 그러나 다른 치료의 방도가 없어서 기도하는 가운데 '예수의 이름'으로 천식이 떠날 것을 명했다. 그러자 갑자기 그 남성 속에 있던 귀신이 정체를 드러내면서 재채기와 구토를 일으키며 반항했다. 깜짝 놀란 맥스웰 목사가 그를 붙들고 기도하고 명하면서 귀신을 쫓던 중, 마침내 귀신이 나가게 되었다. 그 귀신이 나간 후 얼마 되지 않아 평생 동안 지속된 천식이 없어지는 치유함을 경험하게 되었다. 한번은 한 소녀가 심한 간질로 고통 받고 있었다. 그녀의 부모는 그 원인이 뇌에 있다고 생각해서 뇌수술을 할 생각이었다. 그러나 맥스웰 목사가 그의 이전 축사 경험에 의해 그 병의 원인으로 귀신을 주목했고 귀신을 쫓았다. 간질을 일으키던 귀신이 쫓겨 가자 그녀는 치유함을 받았다.[225] 이 사건들을 통해 맥스웰 목사는 귀신이 존재하며, 그것이 병의 원인 중 하나라는 사실을 알게 되었다.

　레오 해리오 목사의 경우도 그의 사역 경험을 통해 질병의 배후에 귀신이 있다고 결론짓는다. 그에 의하면 치료가 잘되지 않는 암, 관절염, 습진, 악성종양, 폐결핵 등의 원인이 귀신이며, 이런 병들을

---

225) 맥스웰 휘트, 「귀신아 내가 네게 명하노라」, 39-45.

가진 병자들에게서 귀신을 쫓아냄으로 그들을 치료했다고 한다. 머리에서 발끝까지 습진으로 뒤덮인 한 젊은이에게서 귀신을 쫓았더니 치료가 불가능해 보이던 습진이 치료되었다.[226]

---

226) 레오 해리오, 「사탄을 이기자」, 37-40.

정신질환

1. 정신의학

현대 사회에 정신질환이 부쩍 급증하고 있다. 우울증에 걸린 엄마가 아이를 살해했다는 사건이 심심치 않게 신문에 보도되고 있다. 어떤 의미로 보아 암보다 더 무서운 것이 정신질환이다. 암의 경우 정확한 원인을 알 수 있고 치료의 불가를 결정할 수 있으나, 정신질환의 경우 정밀 검사를 하더라도 기질적 원인을 밝히지 못할 때가 많다.

정신의학자 민성길 교수에 의하면 정신질환의 원인을 크게 세 가지로 나눌 수 있다고 한다. 첫째는 유전에 의한 정신질환이다. 둘째는 기질적인 손상, 즉 뇌나 신경계통에 이상이 있는 경우다. 이 둘의 경우는 정신병의 원인을 뇌나 신경계통의 문제에 두고 주로 수술이나 약물 치료 등을 통해 기질적 손상을 치료하는 데 중점을 둔다. 그러나 뇌나 신경계통은 신체 중에서도 가장 다루기 힘들고 복잡한 체계를 가지고 있어서 섣불리 수술을 감행하기가 힘들다. 셋째는 심리적 충격이나 상처다. 평소 금실이 좋은 부부 중 하나가 갑자기 사고로 인해 사망하게 되면 남은 한쪽은 큰 충격을 받게 되고, 마음이 여린 경우 급기야 정신병으로 전이된다고 한다. 주로 상담, 심리치료,

정신분석, 학습 이론 등으로 정신치료를 한다.[227] 그러나 정신적 충격 및 정서적 불안 이외에도 그 원인이 알려지지 않은 정신질환이 많이 있다.

정신의학자들은 정신병을 분류하고 그 원인을 밝히고 있으나 아직까지도 정신분열증의 정확한 원인을 모르고 있다. 원인을 알 수 없기 때문에 치료 방법도 없다.[228] 한 사람 안에 여럿의 인격들이 존재하는 다중인격에 대해서도 그 원인이나 치료 방법에 대해 설명하지 못하고 있다.[229] 이처럼 정신적 문제로 심리학자나 정신의학자를 찾아가더라도 치료가 불가능한 경우가 많다. 정신질환자에게 심리치료나 약물치료를 시도하고 있으나, 완치되어 정상적인 생활로 돌아가는 예는 그리 많지 않다. 정신병원에서 인턴 과정에 있는 수련의에게 직접 물어보았더니, 정신병 환자의 경우 약물치료 외에는 다른 시도를 하기 힘들며, 몇 년 동안 완치가 된 경우를 본 적이 없다고 말했다. 그나마 더 나빠지지 않고 현상유지라도 하면 다행이라고 한다. 정신병자를 사회로부터 격리시켜 정신병원에 수용해서 치료에 전념하고 있으나 거의 치료가 일어나지 않는다.[230]

2. 정신병과 귀신 들림

정신의학이나 신경병리학은 눈에 보이는 증거에만 집착하여 눈

---

227) 민성길, 「증보판 최신정신의학」, 81-5.
228) 민성길, 「증보판 최신정신의학」, 81-5, 154.
229) 이정균, 「삼정신판 정신의학」 (일조각, 1994), 334.
230) Morton Kelsey, *Healing and Christianity*, 49.

에 보이지 않는 초자연적 세계에 대해서 부정하고 있다. 정신질환을 무의식, 자아, 초자아의 불균형으로만 해석하는 데에는 한계가 있다고 생각한다. 국한된 범위 내에서는 심리학적 이론이 맞을지 모르나, 영적 현상에 대해 인본주의적·유물론적 접근을 하는 것은 부적당하다. 정신과 치료로는 근본적인 치료법을 제시할 수 없다. 정신병의 원인 중 하나인 영적 존재를 전혀 인정하지 않는 것은 문제가 있다고 생각한다. 나는 성경과 기타 자료를 통해 정신병의 원인 중 하나가 귀신이라고 생각한다. 물론 모든 정신병의 원인이 다 귀신은 아니다. 귀신 하나만으로 모든 정신질환을 설명할 수는 없다. 그러나 어떤 정신병의 경우에는 귀신과 밀접한 관련이 있다. 만약 정신질환이 기질적 원인이나 심리적 원인이 아닌 귀신과 같은 영적 문제일 경우 의학적·심리적 치료로는 치료할 수 없다. 정신병의 원인이 귀신과 같은 영적 존재일 경우에는 치료도 영적이어야 한다.[231] 사람은 육체, 정신, 영혼으로 이루어진 존재이며, 이들은 서로 깊이 연결되어 있고 서로에게 영향을 미친다. 그러므로 육체에는 생물학적 접근이, 정신에는 심리학적 방법이, 영혼에는 영적 접근이 필요하다.[232]

〈엑소시즘 오브 에밀리 로즈〉(Exorcism of Emily Rose)는 서독에서 있던 실화를 바탕으로 만든 영화다. 에밀리 로즈는 괴성을 지르고 격렬한 발작으로 인해 정신과 의사로부터 '정신질환성 간질'이란

---

231) 존 윔버, 「능력치유」, 175-8, 230-1. Morton Kelsey, *Healing and Christianity*, 50.
232) 박형렬, 「통전적 치유 목회학」(치유, 1994), 9-30. 김신호, 「어떻게 해야 신유를 경험할 수 있나요?」(서로사랑, 2011).

판정을 받고 4년간 약물 및 정신치료를 받았으나 오히려 상태가 더 악화되었다. 그녀는 자신의 목소리가 아닌 굵은 남자의 목소리로 한 번도 배운 적이 없는 고대 히브리어와 라틴어로 말했다. 결국 가톨릭교회는 그녀의 현상을 정신병이 아닌 귀신 들림으로 판정하고 몇 개월에 걸쳐 축사를 행했으나 결국 죽고 말았다.

정신질환을 앓고 있는 여자 환자를 놓고 정신의학자와 신학자들이 토론을 벌였다. 그 여자 환자는 '보이지 않는 그 무엇인가'가 자신을 때린다고 말했는데, 실제로 그녀를 때리는 사람이 없었음에도 불구하고 그녀의 온몸에는 타박상이 생겼다. 정신의학자들은 이를 '심인성 피부병'으로 해석했다. 즉 불안한 심적 상태에 의해서 피부에 그런 현상이 나타날 수 있다는 것이었다. 그런데 믿기지 않는 일이 발생했다. 발작을 일으킨 그 여 환자를 진정시키기 위해 당직 간호사가 그녀를 잡는 순간 '보이지 않는 그 무엇'인가가 간호사를 후려쳐 간호사는 쓰러지고 말았다. 정신의학자는 이 현상을 '심리적 감응'이라고 해석했다. 이번에는 그 여 환자를 불러놓고 대화를 하던 중 그녀의 입에서 '남자 목소리'가 나왔다. 정신의학자는 이를 '무의식이 분리되어 나와 독립부분체로 분열한 것'이라는 해석을 내렸다.

심리학자는 이 현상을 자아의 기능이 약해지면서 무의식이 표출된 것으로 해석했다. 그동안 억눌려 있던 무의식이 한순간에 폭발적으로 터져 나오면 경련을 일으키거나 목소리가 달라질 수 있다는 것이다. 이런 해석은 정신질환의 원인을 귀신이란 미신적 존재로 설명하는 것보다 훨씬 이성적이고 세련되게 들린다. 이처럼 정신의학이나 심리학에서는 정신병이나 정서적 문제들을 의학적·심리학적 용어로 설명하기 원한다. 정신의학계에서는 영혼을 자아 내지는 의식이라는 용어로 대체하고, 귀신이란 개념을 종교적 망상 내지는 환각으로 표현한다.[233] 이에 반해 신학자들은 위의 현상을 귀신 들림 현상으로 해석한다. 결국 귀신이란 존재를 절대로 인정하지 않던 정신의학자들도 그 여 환자의 사례는 귀신 들림에 의해서 일어날 수밖에 없는 현상이라고 인정하게 되었다.[234]

귀신에 의한 정신병은 귀신에 의해서 완전히 자아의 인격이 억압당한 상태를 반영하며, 자신의 의지보다는 귀신의 의지가 우위를 점하고 있는 상태다. 귀신 들려 정신병에 걸린 경우, 자신의 생각이나 의지는 없어지고 오직 귀신의 생각과 의지대로 움직이게 된다.

신약성경에 기록된 정신병은 심리치료나 약물치료에 의한 것이 아닌, 귀신을 축출함으로 귀신 들림에서 벗어나는 순간에 치료가 이루어졌다: "배에서 나오시매 곧 더러운 귀신 들린 사람이 무덤 사이에서 나와 예수를 만나니라 그 사람은 무덤 사이에 거처하는데 이제는 아무도 그를 쇠사슬로도 맬 수 없게 되었으니 이는 여러 번 고랑과 쇠사슬에 매였어도 쇠사슬을 끊고 고랑을 깨뜨렸음이러라 그리하여 아무도 그를 제어할 힘이 없는지라 밤낮 무덤 사이에서나 산에서나 늘 소리 지르며 돌로 자기의 몸을 해치고 있었더라"(막 5:2~5). 거라사 광인의 경우 더러운 귀신이 들림으로 정신상에 심각한 문제

---

233) 김성화, 「하늘나라와 귀신나라의 이야기들」(성광문화사, 1991), 182.
234) 쿠르트 코흐, 「사탄의 전술전략」(예루살렘, 1991), 94-101. 오스왈드 샌더스, 「사탄의 정체」(보이스사, 1987), 107-111.

가 생겼음을 말해 준다. 예수께서는 그 사람의 정신병의 원인으로 귀신을 지목하셨고, 예수께서 귀신을 내어 쫓으시자 그 사람의 정신이 온전해졌다. 현대 정신의학과는 달리 예수님은 정신병의 원인이 귀신임을 밝히셨다. 결국 악귀를 쫓으심으로 정신적 치료에 성공하셨다.

한국 교회 초기의 역사를 살펴보면 정신병의 원인을 귀신으로 보았으며, 수많은 질병들을 축사를 통해 고쳤다는 사례들이 많이 나온다. 인천교회의 백금례라는 부인이 27년 동안 흉악한 귀신이 들렸으며, 그의 장남까지도 정신병에 걸려 난폭한 행동을 했다. 쇠사슬로 결박하고 의약이나 다른 방법으로 고쳐 보고자 했으나 효험이 없었다. 교역자들이 그 집에 가서 기도한 후, 다시 그 모자를 교회로 데리고 와서 온 교인들이 힘을 합쳐 10여 일 동안 기도하던 중 그 부인에게서 귀신이 떠나가고 아들도 치료함을 받았다. 이로 인해 종갓집이었던 그 가족은 조상 숭배를 중지하고 교회에 출석했다.[235]

전문적인 축사 사역자들은 정신질환의 최종 원인인 귀신을 지목하여 귀신을 쫓음으로 정신질환을 치료했다는 사례를 발표한다. 대학을 졸업한 한 청년이 심한 정서적 고통으로 몇 년 동안 정신치료를 받아도 효과가 없자 마크 부벡 박사를 찾아왔다. 상담 끝에 귀신이 그 원인이라고 결론 내리고 귀신을 쫓았다. 귀신이 발작을 일으키면서 나가자 그 청년의 심리적 문제가 해결되었다.[236] 한 여 간호

---

[235] 백금례, "인천교회의 신유의 영광", 〈활천〉 제5권 제 61호 (1927. 12), 56. 재인용, 이용규, 「한국 교회와 신유운동」 (쿰란출판사, 2006), 141-2.
[236] 마크 부벡, 「사단을 대적하라」, 12.

사는 여러 해 동안 정신과 의사에게 치료를 받으러 다녔다. 의사들이 쇼크 요법이나 약물치료를 했으나 별다른 효과가 없었다. 그녀는 자신의 질환이 귀신이라는 영적 요소에 있지 않나 하는 생각을 하게 되어 디카슨 목사를 찾아가게 되었다. 그제야 그녀 몸 안에 귀신이 거한다는 사실을 확인할 수 있었고, 귀신을 내어 쫓게 되었다. 그 순간 그녀는 모든 불안과 억압으로부터 자유하게 되었다.[237]

3. 정신병 사례

하루는 늦은 밤에 성경공부 모임에 있던 한 여대생으로부터 전화가 왔다. 자신의 이웃집에 큰 일이 생겼다면서 와서 도와달라고 요청했다. 도착했더니 한 아파트로 안내를 했다. 가면서 이야기를 들은 즉 한 중학생 아이에게 정신이상이 왔다고 했다. 공부를 잘하던 학생이었는데 시험에서 1등을 놓치고 2등을 하면서 스스로도 충격이 커 부모님에게 말도 못하고 가슴만 앓고 있었다. 성적표가 도착하던 날 성적표를 숨기려 했는데 엄마가 먼저 우편물을 보게 되어 성적이 들통이 났다. 엄마는 심하게 야단을 쳤고, 아이는 시무룩해졌다. 아이는 저녁 식사를 하던 중 숨을 제대로 쉬지 못하고 갑자기 토하기 시작했다. 소화제를 먹고 누워 있는데 갑자기 누가 밖에서 부른다면서 아파트 베란다로 갔다. 엄마가 따라가 보니 밖에는 아무도 없었다. 잠시 후, 아이는 친구가 복도에서 부른다며 문을 열고 나갔다. 엄마가 따라가 보았으나 복도에는 아무도 없었다. 잘못 들은

---

[237] C. 프레드 디카슨, 「그리스도인도 귀신 들릴 수 있는가?」, 368.

것이라며 안정을 시켰으나 아이는 밤새 잠을 자지 않았다. 아이에게 이상이 생겼음을 감지한 엄마는 병원에 데리고 갔으나 의사는 애가 충격을 받아서 그렇다며 신경안정제 주사 한 대를 놓아 주었다. 밤새 잠을 자지 않던 아이는 갑자기 7층에 위치한 자신의 아파트 베란다에서 뛰어 내리려 했다. 며칠 동안 밥을 먹지 않아 야위어 있었고 체구도 작아서 힘도 없던 아이가 장정 네 명이 달려들어도 감당하지 못할 정도로 힘이 세어졌고, 급기야 소리를 지르기 시작했다.

내가 그 집으로 들어갔을 때 거실에 있던 그 아이는 나의 얼굴을 보자마자 방 안으로 들어가 문을 잠가 버렸다. 대번에 귀신 들렸음을 감지하여 강제로 끌어내어 기도를 하고 축사를 했다. 아이는 몸부림을 쳤다. 그 이후 몇 번을 시도했으나 아무런 차도가 없었다. 나중에 그 아이가 "엄마, 저 사람 쫓아내. 저 사람 무서워"라고 했다. 신기한 것은 내가 거실에 앉아 있으면 방에 들어가 얌전히 앉아 있다가도 내가 집에서 나오면 다시 난폭해진다는 것이었다.

아이의 정신이상이 외적이거나 정신적인 충격보다는 영적인 것에 있다고 그 부모에게 설명을 해 주었으나, 교회를 전혀 다니지 않던 그들은 이 사실을 받아들이지 않았다. 차도가 없자 결국 서울대 병원으로 데리고 가서 입원시키면서 며칠 동안 검사를 했는데 정신분열증 초기라는 진단이 내려졌다. 며칠 후 병원에서 아이를 데리고 가라는 연락이 왔다. 아이가 너무 폭력적이고 힘이 세서 다른 사람들이 감당을 할 수 없다는 것이었다. 정신병원에서 아이를 데리고 나올 때 담당 의사는 "현대 의학으로 할 수 있는 것은 아무것도 없으니 종교의 힘을 빌려 보라"는 말을 했다고 한다. 병원에서 나온 후 그 부모는 많은 돈을 들여서 무당을 불러 굿판을 벌렸다. 그러나 아무런 효험을 보지 못했다.

그 부모는 그제야 교회를 나가야겠다고 생각하고 아이를 데리고 교회에 나왔다. 교회에 나오는 첫날, 승용차에 아이를 태우고 오른쪽에는 아버지가, 왼쪽에는 내가 앉았다. 교회에 약 5분 정도면 도착할 때쯤, 아이는 갑자기 "엄마, 나 교회 안 갈래. 가면 나 죽어" 하면서 몸부림을 치기 시작했다. 교회를 한 번도 가 본 적이 없었고 교회가 어디에 있는지도 전혀 모르던 아이가 교회에 가까이 오자 갑자기 격렬한 반응을 보인 것이었다. 간신히 붙들어 교회 예배당에 들어가면서 예배 도중 갑자기 고함을 지르거나 몸부림을 치면 어떻게 할까 걱정을 했는데, 놀랍게도 그 아이는 예배 내내 몸을 부들부들 떨면서 아무 말도 하지 못하고 잠잠히 앉아 있었다.

그 이후 다른 사역자가 그 가정을 방문해 예배를 드리고 기도하기 시작했다. 몇 주가 지나자 결국 그 아이에게서 귀신이 나갔고, 그 후 아이는 정상으로 돌아왔다. 귀신 들린 상태에서 벽에 얼굴을 부딪쳐 자해를 하는 가운데 이가 반으로 부러졌는데, 기억이 나냐고 물었더니 아무것도 기억하지 못하고 있었다.

"정신병의 원인은 귀신이다"라고 주장하는 것 자체가 얼마나 시대에 뒤떨어진 이야기인지 나도 잘 알고 있다. 현대 과학이나 정신의학, 심리학 그 어디에서도 병명을 귀신으로 보는 이론은 없다. 그러나 위의 중학생의 경우, 현대 의학과 정신치료를 다 동원했으나 치료가 되지 않았다.

4. 정신병의 치료

정신병이 오래된 경우나 정신병자 자신의 믿음이 없이 주위의 강요로 왔을 경우, 귀신을 쫓더라도 귀신이 나가지 않는 경우가 허다하다. 자신의 인격과 귀신의 인격이 혼합되어 분리되지 않는 상태에서는 귀신을 쫓더라도 귀신이 잘 드러나거나 쫓겨나지 않는다. 그러므로 정신병자를 앞에 두고 귀신 쫓는 것에만 집중해서는 안 된다. 정신이상자라 하더라도 어느 정도 대화가 가능하며 말귀를 알아듣는다. 그러므로 정신이상이 생겼다고 하더라도 정신병자로 취급하지 말고 계속적으로 정상인처럼 대해 줘야 한다. 정신병자를 정신병자로 취급하면 그 사람의 인격이 점점 황폐화되어 가고, 그 사람을 마음의 감옥으로 몰고 갈 뿐이다. 마치 정상인인 것처럼 여기면서 자아의 생각과 의지를 강화시켜 줘야 한다. 질문과 상관없는 동문서답이 나오더라도 정상인으로 알고 지속적 대화를 통해 귀신으로부터 억압되어 있는 자신의 생각을 찾을 수 있도록 도와주고 격려하는 말을 계속하면, 서서히 귀신의 생각과 자신의 생각이 분리되기 시작한다. 그 사람의 생각과 귀신의 생각이 깨끗이 분리될 때 귀신이 나가기 때문이다.

지속적으로 의학의 도움을 받고, 상담을 통해 정신병자 스스로 자신의 생각을 찾고 정리할 수 있도록 도와줘야 한다. 더불어 환자를 방에만 가둬 둘 것이 아니라 정기적인 운동을 시킴으로 자신의 육체와 의지를 강화시키는 것도 한 가지 방법이다. "건강한 신체에 건강한 정신이 깃든다"는 격언처럼, 육체를 강화시켜 주면 그의 의지도 강해지기 때문이다.[238] 약물을 점차 줄이면서, 예수님을 영접하고 자신의 의지로 치유를 받고자 하는 강한 소원이 생길 때까지 기다려야 한다.[239] 어두운 음악보다는 밝은 복음성가를 지속적으로 들려주는 음악치료도 병행하면 좋다. 그런 후 귀신이란 존재에 대해 설명하고 지속적으로 축사를 행해야 한다.

끝으로 뇌 손상과 같은 기질적 손상으로 인한 정신질환과 귀신 들림으로 인한 정신질환의 차이를 구별해 보고자 한다. 모든 정신질환의 원인이 귀신인 것은 아니기 때문이다. 귀신 들린 정신질환자의 경우 예수 그리스도의 이름을 거부하거나 두려워하는 경향이 심하다. 귀신 들린 사람은 귀신 쫓는 자의 눈을 보는 것을 매우 두려워한다. 갑작스런 목소리나 성격의 변화는 귀신 들림인 데 반해, 기질적 문제로 정신질환을 앓는 경우에는 이런 현상이 나타나지 않는다. 기질적 정신질환자의 경우, 예수의 이름에 대해 아무런 거부반응을 나타내지 않는다. 귀신 들린 자는 다른 사람을 살인하려 하거나 자살을 시도하는 등 자기 파괴를 시도하는 데 반해, 기질적 정신질환자는 이런 시도를 하지 않는다.[240]

---

238) 찰스 크래프트, 「사악한 영을 대적하라」, 266.
239) 전용복, 「기도와 치유사역」 (서로사랑, 2002), 44-45.
240) Michael Green, *I Believe in Satan's Downfall*, 134-35. 박형렬, 「통전적 치유 목회학」, 333-342. 손기철, 「고맙습니다 성령님」, 164.

오늘날에도 **귀신**이 있나요?

귀신을 쫓아야 한다

앞에서 귀신이 사람의 삶에 어떤 영향들을 미치는가에 대해 알아보았다. 예수님은 결단코 귀신과 귀신의 활동에 대해 칭찬하거나 격려하신 적이 없으시다. 단 한 번도 귀신을 위로하거나 그의 능력을 인정하신 적이 없다. 오직 꾸짖고 쫓아내기만 하셨다. 이는 귀신이 하나님을 대적한 자요, 불법자며 속이는 자이기 때문이다. 귀신은 우리를 도와주는 유익한 존재가 절대로 아니다. 귀신은 악하고 더러운 존재로, 도둑질하고 멸망시키기 위해서 다가오는 원수다. 귀신은 자신의 집이 아닌 사람 속에 들어와 무단거주하며 주인 행세를 한다. 귀신은 사람 속에 들어와 질병, 가난, 저주, 고통을 가져다주며, 하나님 아는 것을 방해한다. 그의 최종 목적은 그가 들어간 사람의 삶을 파괴하고 죽이는 것이다.[241] "도둑이 오는 것은 도둑질하고 죽이고 멸망시키려는 것뿐이요 내가 온 것은 양으로 생명을 얻게 하고 더 풍성히 얻게 하려는 것이라"(요 10:10).

하루는 간질병 걸린 아들을 둔 한 아비가 예수님을 찾아왔다. 귀신은 예수님을 보자 그 아이를 통해 입에 거품을 물게 하고 온몸에 경련을 일으키게 했다. 아비는 "그가 간질로 심히 고생하여 자주 불

---

241) 하용조, 「세상을 바꾼 사람들」, 68.

에도 넘어지며 물에도 넘어지는지라"라고 고백했다(마 17:15). 실제로 귀신을 쫓다 보면 "죽이려고 들어왔다"는 말을 많이 듣게 된다. 중국 선교사인 존 네비우스는 현지에서 8년 동안 귀신 들려 고통 받고 있던 한 여인을 만났다. '렝'(Leng)이라는 중국 사역자는 귀신을 쫓아 본 경험이 있었는데, 그가 귀신을 꾸짖고 명하자 귀신은 "나는 가지 않겠다. 나는 여기 머물면서 이 여자를 죽일 것이다" 하고 저항을 했다. 그러나 예수의 이름으로 명했더니 결국 쫓겨 갔다.[242]

    마귀는 자신에게 다가올 종말과 심판에 대해 잘 알고 있다. 그는 혼자 가려 하지 않고 그의 부하인 귀신들과 종노릇하고 있는 인간들을 함께 데리고 가려 한다. 마귀의 최종 목적은 사람이 하나님을 알지 못하게 하고, 멀어진 존재가 되게 하며, 사람 사이의 관계를 이간질시키며, 육체적 질병과 정신병을 가져와 결국 죽음으로 이끄는 것이다. 귀신은 악한 존재로, 인간의 삶에 저주를 가져다주며 육체와 마음, 영혼을 파괴시킨다.[243] 이처럼 귀신은 사람을 돕는 존재라기보다 해악을 끼치는 존재다. 만약 귀신이 사람에게 유익한 존재라면 귀신을 달래거나 쫓아낼 필요가 없다. 우리는 자신의 몸속에 귀신이 존재한다는 사실을 알게 되면 지체하지 말고 무조건 귀신을 내어 쫓아야 한다.

---

242) 프레드릭 리히, 「사단의 세력을 이렇게 추방하라」 (나침반사, 1993), 140-1.
243) Morton Kesley, *Healing and Christianity*, 115-6. Millard J. Erickson, *Christian Theology*, 449. Nicky Gumbel, *Questions of Life*, 161.

나/성령/귀신

프로이드는 그의 정신분석학에서 인간의 마음은 id(원자아), ego(자아), superego(초자아)로 구성되어 있다고 해석한다. 무의식으로 이루어진 원자아는 육체의 본능과 쾌락의 법칙에 충실해 육체가 원하는 것을 그대로 실행에 옮기려 한다. 맛있는 음식을 보면 그 자리에서 먹어야 하고, 가지고 싶은 물건은 무슨 수를 써서라도 가지려 한다. 만약 무의식의 세계가 원하는 대로 인간이 행동한다면 사회는 극도의 혼란에 빠지게 될 것이다. 프로이드는 꿈의 해석을 통해 무의식의 세계를 탐구했다. 반면 초자아의 경우 자아실현 및 진리의 추구 등 고차원적인 삶을 추구한다. 자신에게 실질적 이익이 없음에도 불구하고 종교적 깨달음을 얻기 위해 구도의 길을 걷기도 하고, 타인을 위해 목숨을 바쳐 봉사한다. 자아는 현실 세계의 법과 질서의 테두리 안에서 원자아의 욕구를 합리적이고 논리적인 방법으로 충족시키려 한다. 자아는 무의식과 초자아 사이의 균형을 유지시키고 조화를 이룬다.

사람은 이성, 감정, 의지를 가진 인격적 존재로, 각자는 자신의 인격이 형성되어 있다. 예수님을 구주로 영접하면 우리의 영혼에 성령님이 들어오신다. 그때부터 육체의 정욕과 성령의 인도하심 사이에 갈등이 일어난다. 성령의 충만함을 받은 신자의 경우, 육체의 소욕보다는 성령의 인도하심을 따른다. 그런데 또 다른 인격체인 귀신이 들어올 경우, 한 육체 안에 세 인격체가 존재하게 된다. 나의 인격, 성령의 인격, 귀신의 인격이다.[244] 이 세 인격체는 한 몸에서 치열하게 경쟁하게 된다. 어떤 경우에는 자신의 생각과 의지를 주장할 때가 있고, 어떤 경우에는 기도에 전념하고 하나님의 일에 열심을 내다가도, 어떤 경우에는 분노하고 불평하면서 교회를 비판하기도 한다.

  이들 중 가장 오랫동안 형성되고 유지된 것은 그 사람의 인격이다. 자신의 생각과 의지가 굳을수록 성령의 인격이나 귀신의 인격으로부터 큰 영향을 받지 않게 된다. 비록 기독교 신자라 할지라도 자아가 지나치게 강하거나 이성적인 경우, 성령님의 역사를 받아들이기 힘들고 자신의 생각대로 살아가게 된다. 강한 의지나 신념을 가진 튼튼한 육체를 가진 사람의 경우, 성령의 인도하심에 순종하지 않을 뿐 아니라 귀신의 영향도 거의 받지 않는다. 설사 귀신이 들어왔다 하더라도 자신의 생각과 의지가 귀신의 영향보다 강하다면 일상생활에서 정상적으로 생각하고 행동할 수 있다. 이는 동네 깡패(귀신)들이 힘없는 학생들(자아가 약한 사람)은 괴롭히지만 경찰(자아가 강한 사람)에게는 전혀 해를 줄 수 없는 이치와 비슷하다. 무속에서도 기가 센 사람 속에는 귀신이 들어가지 못한다고 해석한다.

  대부분의 경우 자기 안에 귀신이 들어오더라도 전혀 그 사실을

---

244) 손기철, 「고맙습니다 성령님」, 90.

모르고 지내는 경우가 많다. 귀신이 들어오더라도 눈에 띌 만한 육체적·감정적·영적 변화가 일어나지 않을 수 있다. 그러나 귀신은 기회를 엿보면서 서서히 영향력을 강화시킨다. 특히 사람이 신체적으로나 정신적으로 충격을 받아 약해지는 순간을 기다려 본격적으로 활동을 하게 된다. 그동안 잠재되어 있던 귀신의 인격은 사람이 건강을 잃을 때, 큰 충격을 받을 때, 자신감을 잃을 때를 노려서 서서히 그 사람의 인격을 압도해 나가기 시작한다. 그래서 열정적으로 사업을 하다가도 부도가 나면 순식간에 자살을 하기도 하고, 건강했던 사람이 암에 걸리면 이전과는 전혀 다른 인격의 사람이 되기도 한다.

　귀신은 대체적으로 원기가 왕성하고 긍정적이며 건강한 사람보다는 내성적이고 우울하며 허약한 사람에게 잘 들어온다. 자아가 약한 사람의 경우 귀신이 들어가자마자 귀신의 인격이 곧장 나타날 수 있으며, 갑작스럽게 정신이상 증세가 나타날 수 있다. 귀신 들린 사람의 성격을 분석해 보면 대체적으로 소심하고, 내성적이고, 우울하며, 부정적인 사고의 사람들이 많다. 내성적인 사람들의 경우 한 번 상처를 받으면 부정적 생각을 가지게 되는데, 귀신은 그 부정적 생각에 기생해서 더 내성적이고 우울한 사람으로 만들어 버린다. 그렇게 순했던 사람이 귀신의 성격이 나타나면 사람이 돌변하여 다른 사람에게 위협적인 말을 하고 폭력적으로 변하기도 한다. 그러므로 귀신의 영향을 받지 않기 위해서 평소에 자신의 가치관과 의지를 기르고, 낙천적이고 긍정적인 성격이 되도록 노력하며, 운동 등으로 건강한 육체를 유지해야 한다.

그러나 그리스도인의 경우, 자신의 인격을 성령의 인격에 순종시켜 거룩한 성령의 인격이 나타나게 해야 한다. 성령으로 충만하여 자신의 의지를 쳐서 성령의 인격에 복종시키면, 그 사람 속에 잠재되어 있던 귀신이 견디지 못하고 스스로 나가 버린다. 기도를 충만히 하고, 말씀을 깊이 묵상하며, 성경 말씀대로 살고자 몸부림칠 때, 점차 이기적인 자신의 모습은 사라지고 하나님의 성결한 사람으로 변모해 가는 모습을 보게 된다.

나는 프로이드의 개념을 바꾸어 id를 육체 속에 들어온 귀신의 인격대로 사는 사람으로, ego는 자신의 가치관과 인격대로 사는 사람으로, superego는 성령의 인도하심으로 사는 사람으로 해석하고 싶다. 그리스도인이라면 superego, 즉 자신의 의지와 생각을 내려놓고 성령님의 지배를 받는 사람이 되어야 할 것이다.

언제 귀신이 들어오는가?

　미국에 있을 때 호수에 가서 낚시를 한 적이 있었다. 물고기를 잡아 그물로 된 네트에 넣어 두었는데, 아들이 갑자기 "아빠, 뱀이야" 하기에 쳐다보았더니 엄청나게 큰 뱀이 네트 안에 있는 물고기를 물고 있었다. 작대기를 들어 내리쳤더니 급히 뒤로 물러났다. 그런데 그 뱀은 도망가지 않고 계속 우리를 주시하고 있었다. 돌멩이를 집어 던질 때에는 뒤로 물러났으나 그 자리를 떠나지 않고 계속 우리를 지켜보고 있었다. 섬뜩한 느낌이 들어 할 수 없이 다른 장소로 옮겼는데, 놀랍게도 그 뱀은 물 위로 헤엄을 쳐서 다시 우리에게로 다가왔다. 가까이 오지 않고 물속에서 머리를 든 채 우리를 계속 지켜보고 있었다. 작지도 않은 뱀이 계속 우리를 따라오자 겁이 덜컥 났다.

　"언제 귀신이 사람에게 들어올까?"라는 질문은 마치 "언제 적이 쳐들어올까?" 혹은 "도둑이 언제 들어올까?"라는 질문과 비슷하다. 어느 집단이 힘이 세고 체계적인 조직을 가지고 있을 때에는 다른 집단들이 넘보지 못할 것이다. 스스로를 보호하기 위해 정신을 바짝 차리고 준비하면 다른 집단들이 기회를 엿볼 수는 있겠지만 섣불리 공격해 올 수는 없을 것이다. 그러나 집단 내에 내분이 생기거나 위기 상태가 오면 기회를 노리고 있던 타 집단들이 공격을 해 올 것이다.

악령도 이와 마찬가지라고 생각한다. 성경은 "마귀가 우는 사자같이 두루 다니며 삼킬 자를 찾나니"(벧전 5:8)라고 말하고 있다. 귀신은 쉬지 않고 우리를 지켜보며 들어올 기회를 엿보고 있다. 그리고 우리가 기도를 멈추는 순간, 영적으로 침체되는 순간, 시험에 드는 순간을 기다리고 있다. 귀신에게 틈을 보여 주는 순간, 귀신은 우리의 삶 속에 들어와 우리를 공격한다. 그러므로 우리는 항상 깨어 있어서 우리 자신을 지킴으로 귀신이 공격할 틈을 주지 말아야 한다: "마귀에게 틈을 주지 말라"(엡 4:27).

비록 귀신이 사람 속에 들어올 수 있다고는 하나, 자신이 마음먹은 대로 언제든지 사람 속에 들어왔다 나갔다 할 수는 없다. 우리가 틈을 열어 주지 않으면 귀신은 들어올 수 없다. 그러나 사람이 어떤 계기를 통해 귀신이 들어올 수 있는 통로를 열어 주면 사람 속에 들어온다. 이는 대문이나 창문 등이 철통같이 잠겨 있는 집에는 도둑이 들어올 수 없으나, 열린 문으로는 누구나 들어올 수 있는 것과 같은 이치다.

귀신이 사람 속에 들어오는 경우를 크게 네 가지로 분류해 보고자 한다. 첫째, 우리가 죄를 지을 때 귀신이 들어온다. 똥파리가 똥을 떠날 수 없듯이, 귀신은 죄가 있는 곳에 거한다. 살인, 강도, 강간 등의 범죄를 저지르거나 지나치게 욕심을 부리거나 유혹에 넘어갈 때, 귀신은 그 틈을 노리고 들어온다. 거짓말을 하거나 성적 타락에 빠졌을 때, 돈에 지나치게 집착할 때, 습관적으로 짓는 죄를 통해 악한 영이 들어온다.

그리스도인들을 대상으로 언제 귀신이 들어왔는지를 조사해 보왔더니, 뜻밖에도 주일 성수를 하지 않을 경우 귀신이 들어온다고 한다. 주일에 교회에 가는 대신 다른 모임에 간 한 학생이 갑자기 쓰러지면서 간질 증상을 보였다. 목사님께 가서 상담을 받고 귀신을 쫓았더니, 귀신은 주일 예배에 참석하지 않고 다른 곳에 갔을 때 들어갔다고 실토했다.[245] 신자라 할지라도 말씀이 마음에 들어오지 않을 때, 기도를 하지 않을 때, 믿음이 약해질 때, 다른 사람을 비판할 때 귀신이 들어온다.

둘째로 정서적 충격이나 갈등이 심할 때, 격한 감정을 억누르지 못하고 화를 버럭 낼 때 귀신이 들어온다. 이혼이나 사별 등으로 심한 정신적 충격을 받을 때, 불평이나 원망하는 삶을 살거나 자신을 불쌍한 사람이라고 여길 때, 분을 풀지 못할 때, 귀신은 이럴 때 사람 속에 들어온다. 간혹 가족이나 친척, 친구 등 가까운 사람이 죽어 장례식에 참석해서 심할 정도로 슬피 우는 사람이 있다. 슬픈 감정은 귀신을 환영하는 조건이 되며, 이때 귀신이 쉽게 들어간다. 한 사람이 그의 형님 장례식에 가서 이별의 슬픔을 가누지 못하고 심히 통곡했는데, 그 이후로 사람이 달라졌다. 문제가 심각해져 목사님을 찾아가서 상담을 하던 중 갑자기 그 안에서 귀신이 드러났고, 귀신을 쫓았더니 이전으로 돌아왔다.[246]

어린아이의 경우 부모가 심하게 야단을 치거나 때릴 때 받은 정신적 충격에 의해 귀신이 들어온다. 귀신을 쫓을 때, "너 언제 들어

---

245) 조현, 「성경이 말하는 귀신 쫓는 방법」, 102.
246) 조현, 「성경이 말하는 귀신 쫓는 방법」, 100-1.

왔냐?"고 물으면, 아이의 엄마가 "나가 죽어라!" 하자 아이가 "알았어. 그렇게 할게!"라고 대답할 때 들어갔다는 것이다.[247] 무서운 이야기를 듣거나 놀라거나 무서워할 때, 주변 사람들의 부정으로 인해 충격을 받을 때, 통제하지 못할 정도로 심하게 흥분하고 혈기를 부릴 때, 심하게 싸우거나 극도의 슬픔에 빠져 있을 때, 귀신은 이때를 자신이 들어가는 좋은 기회로 삼는다. 교만과 탐욕이 마음을 지배할 때, 자기를 다른 사람과 비교하여 높이려 할 때에도 귀신은 그 속에 들어간다: "사람의 마음의 교만은 멸망의 선봉이요 겸손은 존귀의 길잡이니라"(잠 18:12).

맥스웰 휘트 목사는 아무런 원인도 없이 오랜 기간 동안 목이 굳어서 잘 움직이지 못하는 한 여성을 만나게 되었다. 귀신의 짓이라는 생각이 들어서 귀신을 쫓게 되었는데, 놀랍게도 그 귀신은 그 여인이 다섯 살 때 들어왔다고 했다. 그녀의 아버지는 잠자리에 들기 전 이야기를 해 주곤 했는데, 하루는 매우 무서운 이야기를 해 주었다고 한다. 어린아이였던 그녀는 그 이야기를 듣고 너무 무서워서 비명을 질렀다. 그 이후로 목이 경직되는 증상이 나타나 여러 병원을 찾아갔으나 병명을 알 방법이 없었다. 어린 그녀가 정신적 충격을 받았던 바로 그때 귀신이 그 소녀에게 들어갔으며, 그 이후로 무려 15년 동안 머물면서 극도의 공포심과 함께 목을 굳게 만들었던 것이다. 귀신이 나가자 목이 평안한 상태로 돌아왔다.[248]

바늘로 손가락을 찌르면 상처가 생기듯이, 남으로부터 말이나 행

---

247) 토마스 화이트, 「능력전투」(나단, 1994), 167.

동으로 공격을 받으면 마음에 상처가 생긴다. 빨리 용서하면 상처가 쉽게 아무는 반면, 원망하고 미워하고 용서하지 않으면 마음속 깊은 곳에 쓴 뿌리가 내린다. 상처를 받는 것은 잘못이 아니지만, 방치해 두면 쓴 뿌리가 되어 귀신이 쓴 뿌리를 통해 들어온다.

셋째로 전이 현상에 의해 귀신이 들어간다. 귀신 들림의 많은 부분은 마술과 우상 숭배와 깊은 연관이 있다고 한다. 무당을 찾아가거나, 제사를 지내거나 신비주의와 접촉할 때, 카드나 부적 등으로 점을 치는 행위를 하던 중 귀신이 기회를 노려서 들어온다.[249] 제사를 지내는 사람 스스로가 귀신의 역사를 인정하고 있기 때문에 귀신이 들어오는 통로를 스스로 열어 놓는 꼴이 되고 만다. 서울대를 졸업한 한 사람이 미국으로 유학을 갔다가 한국에 연구차 들러 김금화 무당이 굿하는 과정을 지켜보던 중 갑자기 온몸에 경련을 일으켰다. 그는 결국 내림굿을 받고 무당이 되었다. 점을 치는 행위, 간절하게 귀신에게 도움을 요청하는 것, 지나치게 죽은 사람에게 집착하는 행위는 귀신이 그 사람 속에 들어올 수 있는 길을 스스로 열어 놓는 경우이다.[250] 앞에서 심령과학이나 무속, 점, 제사 등을 피할 것을 경고한 이유는 이것들이 악한 귀신과 접촉하는 수단이 되기 때문이다. 아예 쳐나보시도 말고 널리 피하는 것이 상책이다.

태아나 어린아이일 때 귀신이 들리는 원인으로는 조상 혹은 부모

---

248) 맥스웰 휘트, 「귀신아 내가 네게 명하노라」, 39-40.
249) 데이비드 폴리슨, 「성경이 말하는 영적 전쟁」 (생명의말씀사, 1996), 126-31.
250) 박용운, 「귀신잡는 남자」 (자유문학사, 1996), 256-63. 김해경, 「주여, 사탄의 왕관을 벗었나이다」, 18, 128.

의 행위와 밀접한 관계가 있는 것으로 추정된다. 만약 할아버지가 대머리면 손자도 대머리가 될 확률이 높고, 임신부가 과다하게 술을 마시거나 담배를 피우고 진한 커피를 마시게 되면 그 영향이 직접 태아에게로 가게 되는 것과 같은 이치다. 조상이나 부모 중 무당이 있으면, 그 자손들 중 무당이 될 확률이 매우 높다. 이를 영적 전염이라 부른다.[251] 유럽에서 자주 발견되는 귀신 들림의 원인도 조상 중에서 마술, 점, 우상 숭배, 심령술, 사탄 숭배에 도취되거나 귀신과 접촉한 경우, 아들이나 손자들도 귀신의 깊은 영향을 받게 되고 귀신 들림의 증세가 나타난다. 유럽의 한 축사 전문가는 귀신 들림의 주된 원인이 조상이 마술적 활동에 참여했기 때문이라고 말한다.[252] 심지어 할아버지에게 들어갔던 귀신이 손자에게 들어간 사례도 보고되고 있다. 조상으로부터 물려받은 귀신을 '핏줄을 타고 내려오는 영'으로 표현하기도 한다.[253]

넷째로 도구를 통해 귀신이 들어온다. 귀신은 연기를 매우 좋아하는데, 제사를 지낼 때 향을 피우면 이 냄새를 맡고 귀신들이 몰려든다고 한다. 본드나 마약 등도 귀신에게 자신을 무방비 상태로 노출시키는 도구들이다. 알코올중독자의 경우, 자신을 통제할 수 없을 만큼 취할 때 쉽게 귀신이 들어온다.[254]

세상의 예술 혹은 영적으로 좋지 않은 음악에 빠져 있을 경우, 이를 통해 귀신이 들어오는 경우도 있다. 한번은 내가 인도하던 성경

---

251) C. F. 디카슨, 「천사: 사탄과 귀신론」, 254.
252) 데이비드 폴리슨, 「성경이 말하는 영적 전쟁」, 163-4.
253) 찰스 크래프트, 「사악한 영을 대적하라」, 97.

공부 팀에 한 여대생이 합류했다. 몇 마디를 나누면서 정상이 아니라는 생각이 들었다. 질문을 해도 대답하지 않은 채 히죽히죽 웃기만 하고, 어쩌다 한마디 하더라도 상식에서 벗어난 말만 했다. 그녀의 어머니와 통화를 하게 되었는데, 그 여대생은 뛰어난 타악기 연주자였다고 한다. 하루는 베토벤의 "마왕"을 맹렬히 연습하던 중 갑자기 쓰러졌는데, 그 다음부터 정신이상이 되었다고 했다. 밤마다 시커먼 무언가가 자신을 누른다고 했다. 병원에 가도 소용이 없고, 의사들도 전혀 손을 쓰지 못하고 있다고 했다. 집에만 가두어 두었더니 증세가 더 심해져 교회에 보내면 나아질까 해서 보냈다고 한다. 성경공부 시간에 무슨 말을 하더라도 정상적으로 받아 주었다. 그렇게 약 6개월 정도를 같이 보내다가 성경공부 팀이 갈리는 바람에 헤어지게 되었다. 몇 개월 후 우연히 그녀를 보게 되었는데, 놀랍게도 회복이 되어 있었다. 그러면서 자신에게 신경 써 주고 전화도 해 주고, 무엇보다도 자신을 이상하게 보지 않고 다른 사람들과 똑같이 대해 주어서 고마웠다는 이야기를 했다. 그녀의 부모는 현명하게도 집에서도 딸을 정상적으로 대해 주었고, 목사님을 집으로 초대해 예배를 드리면서 지속적으로 귀신을 쫓았다고 한다. 러시아에서 피아노를 전공한 한 형제에게서 직접 들은 이야기다. 영적으로 좋지 않은 곡을 연습하고 있었는데 갑자기 옆에 누군가가 서 있는 것이 느껴졌다고 한다. 고개를 조금 돌려 내려다보니 발이 보여서, 서서

---

254) 박형렬, 「통전적 치유 목회학」, 333-342. C. F. Kraft, "Spiritual Warfare: A Neocharismatic perspective", in *The New International Dictionary of Pentecostal and Charismatic Movements*, 1095.

히 고개를 올리면서 위로 쳐다보았는데, 허리 부분까지만 있고 그 위는 없었다고 한다. 그 순간 정신을 잃고 말았다고 한다. 그래서인지 유난히 예술가나 연예인들 중 귀신을 보았다는 사람들이 많다.

어떻게 귀신을 쫓을 수 있나?

겨울 수련회에서 귀신이란 영적 존재를 인식하고 예수님을 영접한 지 3개월가량이 지난 어느 날이었다. 교회 지하 기도실에서 기도를 하고 있는데, 갑자기 학교 후배가 어디선가 나타나 머리가 심하게 아픈데 아무래도 귀신 때문에 그런 것 같다며 귀신을 쫓아 달라고 요청해 왔다. 귀신 쫓는 것을 본 적은 있지만 직접 쫓아 본 경험은 없었다. 그때까지도 막연히 '귀신이 있겠지?' 라고만 생각하고 있었지, 100퍼센트 그 존재가 실존하는지에 대해서는 확신하지 못하고 있었다. 혹시 귀신이 있다 하더라도 아무나 쫓을 수 있는 것이 아니라, 성경을 잘 알고 기도도 많이 한 영력 있는 사람만이 쫓을 수 있다고 생각했다. 그래서 나 같은 신출내기 그리스도인이 귀신을 쫓는다는 것은 어림도 없는 일이라 생각했다. 겁이 덜컥 나기도 하고 자신도 없었던 터라, 못하겠으니 다른 사람에게 부탁하라고 말했다.

그런데 그 후배가 잠시 후 다시 오더니, 둘러봐도 부탁할 만한 사람이 없고, 너무 아파서 그러니 정 안되면 기도라도 해 달라고 요청해 왔다. 이제는 밑져 봐야 본전이라는 생각이 들었다. 할 수 없이 후배의 손을 잡고 기도를 했다: "하나님, 저는 예수님을 잘 믿지 못합니다. 열심 있는 그리스도인도 아닙니다. 그러나 믿어 보려고 열심히 노력하고 있습니다. 분명히 성경에 믿는 자는 귀신을 쫓는다고 했습니다. 그 말씀에 순종해서 귀신을 쫓습니다. 함께해 주십시오." 이렇게 기도한 후 후배를 세우고 그 눈을 쳐다보았다. 그리고 "더러운 귀신아, 내가 나사렛 예수의 이름으로 명하노니, 나가가"고 외쳤다. 그랬더니 그 후배가 갑자기 온몸을 벌벌 떨면서 발작을 일으켰다. 얼굴이 일그러지고 눈동자가 돌아가면서 손이 뒤틀렸다. 아무런 기대도 하지 않고 있었는데 막상 귀신이 실제로 드러나자 눈앞이 캄캄해졌다. 그래서 "예수 이름으로 명하노니, 나가라"고 외쳤다. 그러자 그 후배는 뒤로 날아서 발랑 넘어져 버렸다. 마치 무협 영화에서 장풍에 맞아서 나가떨어지는 모습과 너무도 흡사했다. 딱딱한 바닥에 머리를 심하게 부딪쳤기 때문에 뇌진탕에 걸린 것은 아닌지 너무 놀라 후배를 안아 일으켰다. 잠시 후 후배가 눈을 뜨더니 머리가 너무도 상쾌하다고 했다. 분명 머리를 심하게 바닥에 부딪쳤는데도 아무런 이상이 없는 것도 이해가 되지 않았다.

이것이 내가 해 본 최초의 축사였다. 나에게는 너무도 놀라운 경험이었다. 축사를 해 보기 전까지는 '귀신이 정말 있을까?', '나 같은 사람이 어떻게 귀신을 쫓을 수 있어?' 라고 생각했다. 그런데 내가 수련회에서 보았던 것, 성경에서 읽었던 것, 그리고 직접 귀신을 쫓았을 때에 일어나는 현상들은 동일했다. 이 사건을 계기로 귀신의 존재에 대한 의심은 완전히 사라졌다. 귀신은 100퍼센트 존재하는 실존이며, 사람 속에 들어와 괴롭히는 존재라는 사실을 인정하게 되었다. 그 뒤로도 수차례 축사를 할 기회가 생겼다. 축사를 해 달라고 부탁하는 사람들로부터 귀신을 쫓아 주었는데, 대부분의 경우 귀신이 드러났고 쫓겨 갔다.

성경은 이 세상에서 교회가 하나님 나라를 대표해서 보이지 않는 사탄의 왕국과 끊임없는 영적 전쟁 중에 있음을 말하고 있다. 이 세상은 하나님의 나라와 마귀의 왕국, 교회와 귀신들의 투쟁 장소다.[255] 하나님의 왕국과 사탄의 왕국 사이에는 중간 지대가 없다. 그 둘은 서로 끊임없이 투쟁한다:[256] "용이 여자에게 분노하여 돌아가서 그 여자의 남은 자손 곧 하나님의 계명을 지키며 예수의 증거를 가진 자들과 더불어 싸우려고 바다 모래 위에 서 있더라"(계 12:17).

교회의 싸움은 혈과 육, 즉 사람들과의 보이는 전쟁이 아니라 보이지 않는 적들과 싸우는 영적인 것이다. 교회는 하나님의 계획을 방해하고 하나님의 몸 된 교회를 공격하는 보이지 않는 원수와 전쟁하도록 부르심을 받았다. 그리스도인은 보이지 않는 세계를 볼 수 있어야 하고, 영적 전쟁의 대상인 사탄과 귀신들과 대적해야 한다.[257] 만약 귀신이 우리의 친구이자 유익한 존재였다면 예수께서도 굳이 귀신을 꾸짖고 내어 쫓지 않으셨을 것이다. 귀신은 암적 존재로 하루라도 빨리 제거해야 하는 대상이기에, 예수님도 귀신과 조우하시면 지체하지 않고 명령하여 꾸짖고 내어 쫓으셨던 것이다. 귀신들은 하나님과 원수이며, 그리스도인의 적이다. 그리스도인이라면 귀신과 대면하며 그들을 쫓는 사역을 담당해야 한다.

---

255) C. F. Kraft, "Spiritual Warfare: A Neocharismatic perspective", in *The New International Dictionary of Pentecostal and Charismatic Movements*, 1091.
256) 이오갑, "루터와 깔뱅의 마귀 이해", 「한국교회 신학자들이 본 마귀론 이해」, 151, 재인용.
257) 홍성건, 「하나님이 찾으시는 사람」, 204-5.

그러면 어떻게 해야 귀신을 쫓을 수 있을까? 귀신은 사람의 경험, 힘, 지식으로는 절대로 쫓을 수 없다. 귀신을 쫓는다며 주문을 외고 제의를 지내고 고함을 질러도 나가지 않는다: "우리의 싸우는 무기는 육신에 속한 것이 아니요 오직 어떤 견고한 진도 무너뜨리는 하나님의 능력이라"(고후 10:4). 귀신을 쫓기 위해서는 귀신의 존재를 인정하고, 하나님의 말씀으로 무장하고, 기도를 많이 해 영력을 쌓고, 성령으로 충만해야 한다. 전쟁터에 나가는 군인은 총 쏘는 법만 배우지 않는다. 엄청난 훈련을 받은 후에야 실전에 투입된다. 마찬가지로 예수님은 우리를 귀신과의 전투에 파병하실 때, 그냥 보내지 않으시고 다음과 같은 무기들로 중무장하라고 말씀하신다.

"마귀의 간계를 능히 대적하기 위하여 하나님의 전신 갑주를 입으라 우리의 씨름은 혈과 육을 상대하는 것이 아니요 통치자들과 권세들과 이 어둠의 세상 주관자들과 하늘에 있는 악의 영들을 상대함이라 그러므로 하나님의 전신 갑주를 취하라 이는 악한 날에 너희가 능히 대적하고 모든 일을 행한 후에 서기 위함이라 그런즉 서서 진리로 너희 허리띠를 띠고 의의 호심경을 붙이고 평안의 복음이 준비한 것으로 신을 신고 모든 것 위에 믿음의 방패를 가지고 이로써 능히 악한 자의 모든 불화살을 소멸하고 구원의 투구와 성령의 검 곧 하나님의 말씀을 가지라 모든 기도와 간구를 하되 항상 성령 안에서 기도하고 이를 위하여 깨어 구하기를 항상 힘쓰며 여러 성도를 위하여 구하라"(엡 6:11~18).

이 말씀은 사탄과 귀신과의 영적 전쟁에서 하나님의 전신갑주가 필요함을 강조하고 있다. 감옥에 갇혀 있던 바울은 당시 세계 최강의 군대인 로마 군인의 완전 무장을 보면서 하나님의 군대가 어둠의 왕국과 싸우는 데 필요한 무장이 무엇인가를 유추해 낼 수 있었다. 바울이 제시한 전신갑주를 중심으로 어떻게 해야 귀신을 쫓을 수 있는지를 살펴보도록 하겠다.

1. 영적 존재를 인정해야 한다

대부분의 사람들은 귀신의 존재를 인정하지 않으며, 귀신이 자신의 몸속에 들어와 있는지도 알지 못한다. 그러나 성경을 자세히 읽어 보면, 귀신을 쫓아내는 첫 단계는 귀신의 존재와 귀신 들림 자체를 순순히 인정하는 것에서 출발함을 알 수 있다. 예수님은 누구보다도 먼저 영적 존재인 귀신을 인정하셨다. 간질병 걸린 아들을 둔 아비의 경우, 아들의 병이 귀신 들림으로부터 왔다는 사실을 잘 인지하고 있었다. 그 아비가 아들의 귀신 들림을 솔직히 시인하자 예수님은 귀신을 쫓아 주셨고, 그 아들은 간질병으로부터 놓임을 받았다. 귀신 들린 딸을 가진 수로보니게 여인도 자신의 딸이 흉악한 귀신이 들렸음을 인정하자 예수께서 귀신을 쫓아 주셨다. 영적 존재를 인정하는 것 자체가 귀신에게는 큰 두려움이 되며, 이것이 축사의 첫 단추가 된다.

예수님은 직접 귀신 들린 자들을 찾아가서 귀신을 내어 쫓지 않으셨다. 오히려 사람들이 귀신 들림을 인정하고 귀신 들린 사람들을 직접 예수께로 데리고 오자 예수님은 귀신을 쫓아 주셨다. 즉 예수님은 지나가던 귀신 들린 자를 강제로 붙들어 놓고 축사를 행하신 것이 아니라, 자신이 귀신 들렸음을 인정하고 예수께서 귀신 쫓아 주실 것을 믿고 그 앞에 나온 자들에게만 축사를 행하셨다. 예수 앞에 나온 자들은 '예수께서 귀신을 쫓으실 수 있다' 는 믿음을 가지고 나왔고, 예수님은 단 한 번의 실수도 없이 귀신을 쫓아내셨다. 내가 귀신을 쉽게 쫓아 낼 수 있었던 것은 후배가 귀신 들림을 인정했기 때문이라고 생각한다.

귀신은 스파이와 같은 존재다. 스파이는 그 정체가 드러나면 두려워서 도망을 간다. 귀신을 쫓는 첫 단추는 귀신이 존재하며 사람 속에 들어올 수 있다는 사실을 인정하는 것이다. 영혼이나 귀신 등의 영적 실체가 존재한다는 사실을 인정하지 않는다면, 그 믿음이 귀신을 숨겨 주는 보호막이 되어, 아무리 기도하면서 귀신을 쫓아도 드러나지도 않고 나가지도 않는다. 귀신이 가장 무섭고 두려워하는 것은 자신의 존재와 정체가 발각되는 것이다. 귀신을 쫓는 자와 귀신 들린 자가 귀신이 있다는 사실을 정확하게 알고 있기만 해도 귀신은 지레 겁을 먹고 쉽게 나가게 된다. 귀신 들린 사람이 귀신의 존재를 인정하고 자신이 귀신 들렸다는 사실을 자각하고 있다면 반은 성공한 셈이다. 귀신 들린 사람이 이를 인정하고 직접 목사나 축사자를 찾아와서 도움을 요청할 때, 귀신은 쉽게 나간다. 귀신을 내어 쫓기 위해서는 귀신 들린 사람의 협조 및 자발성이 중요하다. 신자라 할지라도 귀신의 실존과 귀신 들림 현상을 인정하지 않으면 귀신을 내어 쫓을 수 없다. 귀신 들린 사람이 주변 사람에 의해 억지로 끌려 나온 경우, 마음의 문을 열지 않기 때문에 축사는 거의 불가능하다. 자발적 참여는 귀신을 완벽하게 쫓기 위한 필수조건이다.

　귀신 들린 사람이 귀신 들림을 인정하고 자신에게 불행과 고통을 가져다준 귀신을 진심으로 저주하며 귀신이 나가기를 원할 때 귀신은 즉시로 나간다. 이런 상태에서 축사가 진행되면 마치 기름과 물이 층을 이루며 구분되듯이, 귀신의 생각과 귀신 들린 사람의 생각이 뚜렷하게 구별되면서 귀신이 나간다. 귀신이 드러날 때 자신의 입으로 귀신을 저주하면 그 효과는 배가 된다.

2. 믿음이 있어야 한다

　벙어리 귀신 들린 아들을 둔 한 아버지가 제자들을 찾아와 귀신 쫓아 줄 것을 요구했으나 제자들은 쫓아내지 못했다. 이를 보신 예수님 "믿음이 없고 패역한 세대여 내가 얼마나 너희와 함께 있으며 얼마나 너희에게 참으리요" (마 17:17, 막 9:19, 눅 9:40)라고 질책하셨다. 제자들처럼 믿음 없이 허둥거리는 아비가 예수님께 "무엇을 하실 수 있거든 우리를 불쌍히 여기사 도와 주옵소서"라고 도움을 요청하자 예수님 "할 수 있거든이 무슨 말이냐 믿는 자에게는 능히 하지 못할 일이 없느니라"라고 대답하셨다. 이에 그 아비가 "내가 믿나이다 나의 믿음 없는 것을 도와 주소서" (막 9:24)라고 외쳤다. 이에 예수님은 "말 못하고 못 듣는 귀신아 내가 네게 명하노니 그 아이에게서 나오고 다시 들어가지 말라" (막 9:25)고 꾸짖으셨고, 귀신은 즉각 쫓겨 갔다. 무안을 당한 제자들은 자신들이 왜 귀신을 쫓아내지 못했는지를 예수님께 물었다. 예수님은 "너희 믿음이 작은 까닭이니라" (마 17:20)고 대답하셨다. 이 사건은 축사에서 믿음이 얼마나 중요한지를 말해 준다. 우리가 그리스도께서 하나님의 아들이시며 그분이 구세주라는 믿음을 가질 때, 귀신은 쫓겨 간다.

귀신 들린 딸을 둔 수로보니게 여인이 찾아왔을 때, 예수님은 "이스라엘 집의 잃어버린 양 외에는 다른 데로 보내심을 받지 아니하였노라"고 하시면서 거절하셨다. 심지어는 "자녀의 떡을 취하여 개들에게 던짐이 마땅하지 아니하니라"는 말씀까지 하셨다. 그러나 그 여인은 반발하기보다 "개들도 제 주인의 상에서 떨어지는 부스러기를 먹나이다" 하며 응수했다. 이에 예수님은 "여자여 네 믿음이 크도다"라고 그녀의 믿음을 칭찬하신 후, 딸의 귀신 들림을 고쳐 주셨다(마 15:22~28). 이처럼 예수님은 축사를 행하시기 전에 그들의 믿음을 확인하신 후에야 귀신을 쫓아내셨다. 귀신 들린 자 혹은 그를 인도하는 자가 예수님은 귀신을 내어 쫓으시는 권세자요, 능력자라는 단순한 믿음을 가지고 나아왔을 때, 예수님은 언제든지 귀신을 쫓아 주셨다.

그렇다면 믿음이란 과연 무엇인가?: "이르시되 너희는 나를 누구라 하느냐 시몬 베드로가 대답하여 이르되 주는 그리스도시요 살아 계신 하나님의 아들이시니이다 예수께서 대답하여 이르시되 바요나 시몬아 네가 복이 있도다 이를 네게 알게 한 이는 혈육이 아니요 하늘에 계신 내 아버지시니라"(마 16:13~17). 예수님은 자신이 누구인지를 잘 알고 있는 베드로의 신앙 고백을 기쁘게 받으셨다. 예수님의 신분, 예수님이 누구이신지를 아는 것이 가장 중요하다. 그리스도는 메시아 혹은 기름부음을 받은 자를 의미하는데, 구약에서 기름부음을 받은 사람은 제사장, 왕, 선지자였다. 그러나 예수님은 기름부음을 받은 자를 뛰어넘어 하나님의 아들이시요, 곧 하나님 자신이시다: "무릇 하나님께로부터 난 자마다 세상을 이기느니라 세상을 이기는 승리는 이것이니 우리의 믿음이니라 예수께서 하나님의 아들이심을 믿는 자가 아니면 세상을 이기는 자가 누구냐"(요일 5:4~5). 귀신은 예수 그리스도를 믿는 믿음에 의해 쫓겨난다: "네가 하나님은 한 분이신 줄을 믿느냐 잘하는도다 귀신들도 믿고 떠느니라"(약 2:19). 하나님은 살아 계시며 유일하신 분이시라는 한 가지 사실이라도 정확하게 알고 있다면 귀신을 떨게 만들 수 있다.

간혹 예수님을 구주로 믿지 않거나, 마음속에 의심이 있음에도 불구하고 시험 삼아서 '귀신 한번 쫓아 보라'고 요청하는 사람이 있다. 이 경우에는 대부분 귀신이 나가지 않는다. 예수께서 자신의 고향인 나사렛에 가셨을 때, 그를 어릴 적부터 잘 알고 있던 동네 사람들은 그를 하나님의 아들로 믿지 않았다. 그러자 예수님은 극히 소수의 병자들만 고쳐 주셨다(막 6:5). 믿음이 없는 곳에서는 예수님도 일하지 않으신다.

나는 초창기에 상대방의 믿음을 확인하지 않은 상태에서 귀신만 쫓다가 실패한 경험이 있다. 상대방이 예수님을 구주로 영접하지 않은 사실을 알고 있었음에도 급한 나머지 귀신만 쫓았더니 나가지 않았다. 이를 통해 알게 된 것은, 먼저 예수 그리스도를 구주로 영접한 믿음이 축사보다 선행되어야 한다는 사실이었다. 예수 그리스도를 믿지 않는 사람에게서 귀신을 쫓는 것은 매우 힘들다. 그러므로 귀신 들린 자가 믿음 없이 찾아와서 도움을 요청할 때, 먼저 예수 그리스도를 구주로 영접하게 해야 한다: "네가 만일 네 입으로 예수를 주로 시인하며 또 하나님께서 그를 죽은 자 가운데서 살리신 것을 네 마음에 믿으면 구원을 받으리라 사람이 마음으로 믿어 의에 이르고 입으로 시인하여 구원에 이르느니라" (롬 10:9~10). 귀신을 쫓는 자나 귀신 들린 자가 한마음으로 예수 그리스도를 구주로 믿는 믿음이 있을 때, 지금 죽어도 천국에 간다는 구원의 확신이 있을 때, 귀신은 그곳에 거할 수 없다. 귀신은 승리하신 주님과 연합된 자를 두려워한다. 적의 공격으로부터 우리를 보호할 수 있는 것도 믿음의 방패다.

3. 회개하고 용서해야 한다

한국의 대표적 신유 사역자였던 김익두 목사나 이성봉 목사는 질병과 귀신 들림의 근본 원인으로 죄를 지목했다. 인간은 죄를 지음으로 말미암아 귀신이 사람 속에 들어올 수 있는 통로를 열어 주었다. 귀신은 죄가 있는 곳을 떠나지 못하고 머무르며 끊임없이 사람을 유혹해 더 큰 죄를 짓도록 유도한다.[258] 그러므로 질병에 대한 치유 및 축사는 죄의 회개로부터 시작한다. 죄가 있는 곳에는 귀신이 잘 드러나지도 않고, 드러난다 하더라도 귀신이 잘 나가지 않는다.

우리는 귀신을 쫓기 전에 먼저 자신의 죄를 회개해야 한다. 우리는 자신의 죄를 처리할 수 있는 방법이 없는 죄인들이다. 오직 그리스도의 보혈만이 우리의 죄를 사하신다. 우리가 회개할 때 그리스도 보혈의 능력이 우리의 죄를 사하며 그리스도의 의가 우리에게로 전가된다. 마틴 루터는 이 원리를 다음과 같이 설명한다.

---

258) 손기철, 「고맙습니다 성령님」, 204-5.

"만일 여러분이 다음과 같이 말하면 마귀는 달아납니다: '여기에 죄인들을 위하여 십자가에 달려 죽으신 분이 계시다. 너희는 그분을 아느냐? 내 의가 아니고 그의 의 가운데 나는 산다. 만일 내가 죄를 범했다면 그분이 이 죄에 응하실 것이다.' 이것이 말씀 안에서 그리고 말씀을 통하여 사탄을 이기는 가장 좋은 방법입니다." [259]

죄를 회개하지 않고 잘못으로부터 돌이키지 않는 것은 악한 영에게 동의하고 있다는 것을 의미한다. 귀신은 죄의 냄새를 맡고 오는 똥파리와 같은 존재다. 아무리 쫓아도 똥이 있는 한 똥파리는 다시 온다. 근본적으로 똥파리를 쫓기 위해서는 오물을 제거해야 한다. 우리는 말이나 행동으로 서로에게 상처를 주고받는데, 이를 원망하고 화를 내면 죄의 쓴 뿌리가 마음속 깊이까지 뿌리를 내리게 된다. 다른 사람에 대한 미움이 있고 다툼이 있다면 이는 귀신이 원하는 바다. 미움, 분노, 불안, 공포 등의 마음의 상처는 귀신에게 좋은 은신처를 제공하게 되고, 귀신은 이런 사람의 삶을 조종한다. 마음의 죄는 귀신을 불러들이는 역할을 하기에 우리는 죄를 회개하고 멀리해야 한다.[260] 허물과 죄가 크더라도 감추지 말고 회개하여 마음속에 있는 분노나 원한을 용서할 때 귀신은 나가게 된다.[261] 그리고 점, 마

---

259) 이오갑, "루터와 깔뱅의 마귀 이해", 「한국교회 신학자들이 본 마귀론 이해」, 175. 재인용.
260) 하용조, 「변화받은 사람들」, 260.
261) 찰스 크래프트, 「사악한 영을 대적하라」, 185-7, 294-6.

술, 미신적 행위는 완전히 버리고, 섬기던 신이나 귀신이 있다면 의식을 중단하고 기물은 없애 버려야 한다: "마술을 행하던 많은 사람이 그 책을 모아 가지고 와서 모든 사람 앞에서 불사르니 그 책 값을 계산한즉 은 오만이나 되더라"(행 19:19).

4. 예수님의 권세와 권능을 힘입어야 한다

예수께서 회당에서 말씀을 선포하시자 권세 있는 말씀에 더러운 귀신이 드러났고 쫓겨 갔다. 사람들은 놀라면서 "이는 어찜이냐 권위 있는 새 교훈이로다 더러운 귀신들에게 명한즉 순종하는도다"(막 1:27) 하고 말했다. 예수님은 자신이 하나님의 아들이심을 그의 권세를 보여 주심으로 증명하셨다. 그는 하나님의 권세를 가지신 분으로, 일방적으로 귀신에게 "나가라"고 명하셨고, 귀신은 꼼짝도 하지 못하고 쫓겨 나갔다. 예수께서 이 세상에 오시기 전에는 그 누구도 귀신을 쫓지 못했다. 세상 권세는 이 세상 임금인 사탄이 가지고 있었고, 그 권세에 대항할 수 있는 더 큰 권세를 가진 사람은 아무도 없었다. 진 자는 이긴 자의 종이기 때문이다. 구약의 선지자들은 능력은 있었지만 그들의 권능으로 사탄의 권세를 누르지는 못했다.

강한 자가 약한 자를 결박할 수 있는 것은 동물의 세계뿐 아니라 영적 세계에도 적용되는 법칙이다. 한번은 기도원에서 귀신을 쫓는 것을 본 적이 있다. 귀신 쫓던 자가 "나사렛 예수의 이름으로 명하노니, 귀신아, 나가라"고 명하자 귀신이 심하게 드러났다. 귀신 들린 여자의 목소리가 갑자기 남자 목소리로 변하더니, "쫓아 봐. 쫓으면 네 속에 들어갈 거다"라고 협박을 했다. 귀신을 쫓던 사람은 주눅이 들었고, 결국엔 귀신을 쫓지 못했다. 이는 그가 예수께서 주신 권세가 얼마나 큰 것인지 알지 못했기 때문이다.

그러나 예수님은 그 누구도 소유하지 못했던 사탄의 권세를 누르는 더 큰 권세를 가지고 이 땅에 오심으로 귀신을 쫓아내셨다. 바리새인들이 예수님의 귀신 쫓음을 비난하자 예수님은 "강한 자를 결박하지 않고서야 어떻게 그 강한 자의 집에 들어가 그 세간을 강탈하겠느냐"고 물으시며, 예수님이야말로 강한 자를 그의 더 큰 권세로 결박하는 분임을 밝히셨다. 귀신은 강한 자에게 굴복하게 되어 있다. 예수님은 사탄을 물리치고 귀신을 내어 쫓음으로 그가 마귀나 귀신보다도 강한 하나님의 아들임을 증거하셨다. 귀신이란 존재는 하나님 나라의 권세 앞에서는 비참하리만큼 무기력한 존재였다. 왕의 행차가 지나가면 모든 백성이 그 자리에서 무릎을 꿇듯이, 귀신들도 우주 만물의 왕이신 예수님 앞에 엎드릴 뿐 그 어떤 저항도 할 수 없었다. 우리는 예수님 앞에 나아온 백부장의 고백에서 권세가 무엇인지를 분명히 알 수 있다: "나도 남의 수하에 든 사람이요 내 아래에도 병사가 있으니 이더러 가라 하면 가고 저더러 오라 하면 오고 내 종더러 이것을 하라 하면 하나이다"(눅 7:8).

예수님은 열두 제자를 부르시어 더러운 귀신을 쫓아내는 권세를 주셨다: "열두 제자를 부르사 둘씩 둘씩 보내시며 더러운 귀신을 제어하는 권능을 주시고"(막 6:7). 사도 바울의 경우, 손수건이나 앞치마를 얹어도 귀신이 나갈 정도의 능력이 있었다(행 19:12). 예수님은 이 권세를 그의 제자들에게만 주신 것이 아니라 교회에도 부여하셨다: "내가 이 반석 위에 내 교회를 세우리니 음부의 권세가 이기지 못하리라"(마 16:18). 교회는 음부의 권세를 꺾을 수 있는 더 큰 권세를 가진 곳이다. 우리는 예수님의 권세가 사탄의 권세를 꺾었다는 사실을 인정하고 사탄의 사망 권세를 더 이상 인정할 필요가 없다는 사실을 알아야 한다. "귀신아, 나가라" 명할 때, 귀신이 "네가 무슨 권세로 나가라 하느냐?" 하고 묻는다면, 우리는 "만왕의 왕인 예수님의 권세"라고 대답해야 한다.

최자실 목사는 오산리 묘지에 기도원을 세울 생각으로 기도하고 있었는데, 갑자기 하늘을 찌를 듯한 수십 척도 넘을 것 같은 귀신이 나타났다. 그러나 "예수의 피, 예수의 피 공로로 물러갈지어다"라고 외쳤더니 그 큰 귀신이 물러가 버렸다.[262] 그리스도의 피는 마귀의 일을 멸하고 우리에게 승리를 가져다주는 무기이기에, 우리는 예수님의 보혈의 공로를 의지해야 한다: "우리 형제들이 어린 양의 피와 자기들이 증언하는 말씀으로써 그를 이겼으니"(계 12:11).

하나님께서는 예수를 믿는 자에게 하나님의 자녀가 되는 권세를 허락하셨다. 우리는 하나님을 "아빠 아버지"로 부를 수 있는 하나님의 자녀들이다. 그러므로 그리스도인이라면 하나님의 자녀 된 권세를 사용할 수 있어야 한다. 회장님 아들이 이제 갓 대학을 마치고 회사 말단 사원으로 들어왔을 때, 상급자들은 그를 함부로 대하지 못하고 굽실거릴 수밖에 없었다고 한다. 그 이유는 회장님 아들이 회장님처럼 보였기 때문이었다. 그러나 현대 그리스도인들은 기도하고 성경은 암송하고 있으나 귀신을 명하여 추방하는 경우는 찾아보

---

262) 최자실, 「나는 할렐루야 아줌마였다」, 366.

기 힘들다. 이는 그리스도인들이 예수 그리스도께서 주신 권세와 권능을 알지 못하기 때문이다. 신자들은 하나님의 자녀라는 신분을 가지고 있으므로 그리스도의 승리는 곧 우리의 승리다.[263] 우리는 그리스도 안에 있는 자신의 위치를 자각하고 하나님의 대적을 다스리는 권세를 내 권세처럼 사용할 수 있어야 한다: "내가 너희에게 뱀과 전갈을 밟으며 원수의 모든 능력을 제어할 권능을 주었으니"(눅 10:19). 영적 전쟁에서 승리할 수 있는 것은 그리스도의 주되심과 그의 권세, 그리고 그리스도인으로서의 정체성을 알 때에야 가능하다. 믿는 자라면 예수님의 피 흘림에 의해 양자가 된 자들로, 하나님의 자녀 된 권세로 귀신을 쫓아야 한다.

5. 기도해야 한다

벙어리 귀신 들린 아들을 둔 아버지가 예수님의 제자들에게 찾아와서 귀신을 내어 쫓아 달라고 요청했으나 제자들은 성공하지 못했다. 제자들은 이후 "우리는 어찌하여 능히 그 귀신을 쫓아내지 못하였나이까" 물었고, 예수님은 "기도 외에 다른 것으로는 이런 종류가 나갈 수 없느니라"(막 9:29)고 대답하셨다. 예수님은 귀신을 쫓기 전에 많은 기도를 하셨는데, 그는 새벽 미명에 일어나 기도하셨고, 밤이 맞도록 기도하셨으며, 기도의 능력으로 귀신을 쫓으셨다. 제자들도 처음에는 예수께서 주신 권세와 권능으로 귀신을 잘 쫓았다. 그러나 나중 그들이 귀신을 쫓지 못했던 것은 기도에 열심을 내지 못

---

263) 프랭크 틸만, 「신약신학」, 745.

했기 때문이었다. 주님께서 주신 권세와 권능을 인정한다 할지라도 기도를 하지 않으면 귀신이 나가지 않는다. 하나님의 권능을 지속할 수 있는 방법은 기도밖에 없다. 기도는 삶 속에서 마귀를 이기는 중요한 무기다.

조용기 목사는 영안이 열려서 귀신이 자신을 공격하고 있다는 사실을 안 이후, 그들을 몰아내기 위해 열심히 기도한다고 한다. 기도하면 할수록 사탄과 악령들이 끈질기게 그를 괴롭힌다고 한다. 그러면 그럴수록 그는 더 열심히 기도하고, 예수 그리스도의 보혈의 능력을 의지해서 그들과 맞서 싸운다고 한다. 처음 기도할 때에는 힘없는 조무래기들이 도망을 가고, 마지막으로는 가장 힘센 귀신이 도망을 간다고 한다.[264] 악령과의 영적 싸움은 기도하는 것 외에 다른 방법이 없다. 악령이 물러가고 평화와 기쁨, 사랑이 넘칠 때까지 기도해야 한다. 조용기 목사는 평신도는 하루에 한 시간, 목회자는 세 시간 이상을 기도해야 한다고 권면한다. 귀신은 기도를 많이 한 사람을 무서워하며 그 앞에서 벌벌 떨게 되어 있다.[265] 축사 전문가들도 기도를 통한 영력을 얻기 위해 축사만을 위해서 하루에 한 시간 정도 기도해야 한다고 권면한다. 영적으로 약한 자는 귀신을 쫓을 수 없다. 기도를 열심히 할 때 영적 능력이 생기며, 이때 감히 귀신이 넘보지 못하게 된다.

평소 주일예배를 드리거나 성경공부를 할 때에는 아무런 영적 현

---

264) 조용기, 「나의 교회성장 이야기」, 174.
265) 하용조, 「세상을 바꾼 사람들」, 45-6.

상이 일어나지 않다가, 부흥회나 수련회에 가서 열정적으로 기도할 때 갑자기 귀신이 드러나는 경우가 있다. 부흥회와 수련회 등에서 뜨겁게 찬양하고 기도하는 가운데 갑자기 몇몇 사람들이 몸을 심하게 뒤틀면서 발작을 일으키는 경우가 있다. 이는 귀신이 기도나 찬송에 견디지 못하고 스스로 정체를 드러내는 경우다. 이처럼 귀신은 기도가 뜨거운 곳에 거할 수 없다.

교회나 주변 사람들을 위한 중보기도에는 흑암과 원수의 세력을 결박할 수 있는 힘이 있다. 예수님도 베드로를 위해서 기도하셨다: "시몬아, 시몬아, 보라 사탄이 너희를 밀 까부르듯 하려고 요구하였으나 그러나 내가 너를 위하여 네 믿음이 떨어지지 않기를 기도하였노니"(눅 22:31~32). 조용기 목사는 성도들을 위해서 다음과 같이 기도한다고 한다: "더럽고 추악한 사탄아! 우리 집사님들에게서 떠나가라. 너는 우리 교회의 집사님들을 건드릴 수 없다."[266] 적극적이고 구체적인 기도를 통해서만 사탄의 세력을 묶고 귀신으로부터 해방시킬 수 있다. 그러므로 교회에서 기도 팀을 운영해 귀신 들린 자를 위해 함께 기도하고 사역하는 것도 좋은 방법이다. 우리가 함께 모여 기도할 때, 개인과 가정, 도시, 나라에서 활동하는 정사와 권세, 이 세상 주관자들, 하늘에 있는 악의 영들이 결박되며, 그들에게 매였던 것이 풀려난다.[267]

그러나 솔직히 기도하는 것은 쉽지 않다. 나도 기도하는 것이 가

---

266) 조용기, 「나의 교회성장 이야기」, 194.
267) 홍성건, 「하나님이 찾으시는 사람」, 265-6.

장 힘들다. 평소에 충만한 기도 생활을 하지 못한 경우, 귀신을 쫓을 때 귀신이 이를 알아챈다. 피아노 연주자는 하루를 연습하지 않으면 본인이 안다고 한다. 이틀을 연습하지 않으면 스승이 이를 알아챈다고 한다. 3일을 연습하지 않으면 관중들이 안다고 한다. 기도도 마찬가지다. 기도를 하지 않으면 이를 자신의 영혼이 느끼게 되고, 지속적으로 기도하지 않을 경우 성령께서도 아시고, 결국엔 귀신조차도 알게 된다. 귀신은 기도하지 않는 그리스도인을 만만하게 본다. 귀신을 쫓는 자는 귀신을 두려워하지 말고, 자신이 기도하지 않는 것을 두려워해야 한다.

6. 하나님의 말씀을 의지해야 한다

예수께서 광야에서 금식하시는 동안 마귀가 예수님을 찾아와 시험했다. 이때 예수님은 기록된 하나님의 말씀으로 마귀를 대항하셨다. 예수님은 마귀의 세 차례 도전을 "기록되었으되"라는 하나님의 말씀을 사용해 원수를 물리치셨다. 예수님은 하나님께서 보증하신 말씀의 권위를 가지고 귀신을 쫓으셨다: "저물매 사람들이 귀신 들린 자를 많이 데리고 예수께 오거늘 예수께서 말씀으로 귀신들을 쫓아 내시고 병든 자들을 다 고치시니"(마 8:16).

최선의 방어는 공격이다. 그리스도인은 영적 원수들에 대하여 방어만 해야 할 것이 아니라 공격 무기를 가져야 하는데, 그것은 "성령의 검 곧 하나님의 말씀" 이다(엡 6:17). 성경에 대한 바른 이해와 순종만이 사탄의 미혹과 공격으로부터 자신을 지킬 수 있는 무기가 된다. 영원히 변치 않는 말씀의 능력은 마귀의 모든 계획과 능력을 파괴시키는 강력한 검이다. 하나님의 말씀은 하나님이 우리에게 주신 승리의 무기인 동시에 방어 무기이기도 하다. 예수께서 구원자임이 강력하게 선포되는 곳에서 귀신은 견디지 못한다. 하나님의 말씀이 강력하게 선포되는 곳에서 귀신이 드러나고 쫓겨 간다.[268] 예수님도 회당에서 말씀을 선포하실 때 귀신이 드러났다. 권세 있는 말씀 앞에 귀신은 드러나고 쫓겨 간다. 한번은 케냐에 단기 선교를 가서 현지인들 앞에서 말씀을 전했다. 마지막 주일 예배를 앞두고 새벽에 일어나 3시간 이상을 기도한 후 강력하게 말씀을 선포하는 가운데 말씀을 듣던 한 현지인에게서 귀신이 드러났다. 예배가 끝난 후 축사를 행하자 귀신은 몸부림을 치다가 떠나갔다. 이처럼 예배 도중 말씀이 강하게 선포되는 가운데 원수가 결박되어 고래고래 고함을 지르면서 쫓겨나가는 모습을 보기도 한다.

조용기 목사가 일본에서 복음을 전하던 중, 하루는 호텔방에 귀신이 나타나 그를 공격했다. 그는 2시간 동안 몸부림을 치면서 기도했지만 귀신은 꿈쩍도 하지 않았다. 그때 성령께서 '성경 말씀을 의지해서 기도하라' 고 가르쳐 주셨다. 그래서 그는 성경 말씀을 인용하면서 귀신을 쫓기 시작했다: "하나님 말씀에 '그들이 내 이름으로 귀신을 쫓아내며' 라고 기록되어 있다." "마귀를 대적하라 그리하면 너희를 피하리라." "하나님의 말씀은 양날이 선 검과 같다." 이렇게 기록된 하나님의 말씀을 외치며 마귀를 대적하자 갑자기 마음속에서 평강과 용기가 솟아났다. 그러자 사탄은 고개를 돌리면서 떠나갔

---

268) 하용조, 「변화받은 사람들」, 306-7.

다.²⁶⁹⁾ 이처럼 사탄이 두려워하는 것은 하나님의 말씀이다. 하나님의 말씀을 사용하고 명할 때 역사가 일어난다. 귀신이 무서워하는 자는 하나님의 말씀에 능통한 자다. 성경 말씀이 그리스도인의 입술을 통해 믿음으로 고백될 때, 이는 귀신을 공격하는 강력한 검이 된다.

믿는 자들은 예수님의 권위 있는 말씀을 그대로 믿음으로 그 말씀의 권위를 사용할 수 있어야 한다: "하나님의 말씀은 살아 있고 활력이 있어 좌우에 날선 어떤 검보다도 예리하여 혼과 영과 및 관절과 골수를 찔러 쪼개기까지 하며 또 마음의 생각과 뜻을 판단하나니"(히 4:12). 우리가 말씀의 중심에 서 있을 때, 그 말씀이 우리의 생각과 마음을 지키며, 마귀를 대적하고 영적 싸움에서 승리할 수 있는 무기가 된다. 훌륭한 군사가 되기 위해 검을 들고 연습해야 하듯, 하나님의 말씀을 신뢰하고 무장하여 귀신을 대적하는 연습을 계속해야 한다: "믿음은 들음에서 나며 들음은 그리스도의 말씀으로 말미암았느니라"(롬 10:17). 믿음은 하나님의 말씀에 기초를 두어야 한다. 그러므로 성경을 읽고, 설교를 들으며, 성경공부에 참석함으로 믿음을 키워 나가야 한다.²⁷⁰⁾

말씀이 선포되고 찬송하는 가운데 원수의 모든 능력을 깨뜨리시는 하나님의 권능이 임한다. 바울과 실라가 감옥에 갇혔을 때 그들은 찬양했고, 이때 감옥 문이 열리는 이적이 나타났다. 우리가 찬양을 시작할 때 하나님의 능력이 임하면서 원수의 능력과 활동은 결박

---

269) 조용기, 「나의 교회성장 이야기」, 188-9. 조용기 목사 설교 전집, 9권, 122-138.
270) Nicky Gumbel, *Questions of Life*, 167-8.

되고 파괴된다. 우리는 찬양을 통해 하나님의 임재 안에 들어가며, 영적 전쟁에서 승리하게 된다. 그러므로 귀신 들린 자를 말씀이 강력하게 선포되고, 찬양이 뜨거우며, 기도를 열정적으로 하는 모임에 자주 데려가는 것이 좋다.

7. 성령 충만해야 한다

예수님의 생애는 크게 성령 받기 전과 그 이후로 나눌 수 있다. 예수님은 세례를 받기 전 30년을 사셨으나, 능력을 행하거나 귀신을 쫓는 사역은 전혀 행하지 않으셨다. 그러나 요단강에서 세례를 받고 물에서 올라오실 때, 하늘에서 성령이 비둘기같이 임한 후 본격적인 공생애를 시작하셨다.[271] 성령세례를 받으신 이후의 예수님은 이전의 모습이 아니셨다. 예수께서 성령세례로 인한 권세와 권능을 소유하신 것을 가장 먼저 알아차린 것은 귀신들이었고, 그들은 예수님 앞에 굴복하기 시작했다.

바리새인들은 예수님이 귀신의 힘을 빌려서 귀신을 쫓아낸다는 비판을 가했다. 그러자 예수님은 하나님의 성령을 힘입어 귀신을 쫓는다고 대답하셨다: "그러나 내가 하나님의 성령을 힘입어 귀신을 쫓아내는 것이면 하나님의 나라가 이미 너희에게 임하였느니라"(마 12:28). '성령을 힘입어 귀신을 쫓는다'는 말은 예수님도 성령의 도우심에 의해 귀신을 쫓으셨다는 뜻이다. 이런 의미에서 볼 때, 예수님의 귀신 쫓는 능력의 근원은 성령님으로 해석할 수 있다.[272]

---

271) Morton Kelsey, *Healing and Christianity*, 51.

성령님은 삼위일체의 하나님으로, 예수께서 부활 승천하셔서 하나님 우편에 앉으신 후 아버지께서 보내시는 하나님의 영이시다. 예수님은 우리에게도 성령을 보내셔서 우리가 예수님의 권세와 권능을 영원히 소유하게 하셨다: "내가 아버지께 구하겠으니 그가 또 다른 보혜사를 너희에게 주사 영원토록 너희와 함께 있게 하리니 그는 진리의 영이라"(요 14:16~17). 오순절 날 마가의 다락방에서 기도하던 제자들은 성령세례를 체험한 후 그들의 삶이 달라졌다. 그들에게 성령의 권능이 임하자 그들은 성령의 능력으로 귀신을 쫓기 시작함으로 하나님 나라는 말에 있는 것이 아니라 능력에 있음을 증거했다.

성령은 진리를 증거하고 우리가 하나님의 자녀임을 증거하신다. 성령은 우리에게 임재하셔서 우리의 죄를 드러내어 정화시키시며 예수께로 인도하신다. 성령의 임재가 나타나는 곳에 하나님의 평강이 있고, 구원과 치유의 역사가 나타난다. 우리가 성령께 붙들린 삶을 살 때, 성령님의 충만함이 나타나 죄악을 물리치며, 병을 고치며, 원수를 대적할 수 있는 능력이 생긴다: "우리가 육신으로 행하나 육신에 따라 싸우지 아니하노니 우리의 싸우는 무기는 육신에 속한 것이 아니요 오직 어떤 견고한 진도 무너뜨리는 하나님의 능력이라"(고후 10:3~4). "견고한 진"은 악한 영적 세계의 힘을 뜻하며, "능력"은 성령의 능력을 말한다.[273] 우리는 성령세례를 사모해야 하고, 성령세

---

272) C. F. Kraft, "Spiritual Warfare: A Neocharismatic perspective", in *The New International Dictionary of Pentecostal and Charismatic Movements*, 1092. Kilian McDonnell and George T. Montague, *Christian Initaition and Baptism in the Holy Spirit*, 9.

례를 받은 자라면 누구든지 귀신을 쫓을 수 있다. 축사자는 자신이 귀신을 쫓는 것이 아니라 성령께서 귀신을 쫓아내신다는 사실을 알고 성령님께 순종하고 그분을 높여드려야 한다. 축사를 한답시고 물질을 요구하는 행위는 바람직하지 않다: "병든 자를 고치며 죽은 자를 살리며 나병환자를 깨끗하게 하며 귀신을 쫓아내되 너희가 거저 받았으니 거저 주라"(마 10:8).

성령세례를 받게 되면 성령께서 우리의 영혼에 내주하시고, 내주하신 증거 중 하나로 방언의 은사를 받게 된다.[274] 방언 기도는 성령께서 직접 하시는 기도이자 우리의 영혼이 직접 하나님께 아뢰는 기도다. 귀신은 방언 기도를 매우 무서워한다. 한번은 캄보디아로 단기 선교를 갔다. 선교사님이 동네에서 급한 연락을 받았는데, 다른 장로님 한 분과 같이 가 봐 달라는 부탁을 받았다. 차를 타고 어떤 집에 도착을 해 보니 한 아가씨가 누워서 발악을 하고 있었고, 많은 동네 사람들이 나와서 이를 지켜보고 있었다. 그 장로님과 나는 그 여자를 붙들었는데, 40킬로그램 정도밖에 나가지 않을 듯한 아가씨의 팔과 발을 둘이서 붙들기도 어려울 정도로 힘이 세었다. 할 수 없이 다른 남자 둘에게 다리를 잡으라고 한 후 머리에 손을 얹고 방언으로 기도하기 시작했다. 그러자 그 아가씨는 격렬하게 고함을 질러대며 온몸에 발작을 일으켰다. 마침내 그 아가씨는 완전히 녹초가 되어 팔다리를 축 늘어뜨린 채로 기절을 했다. 나중에 통역자에게

---

273) 홍성건, 「하나님이 찾으시는 사람」, 204. 하용조, 「변화받은 사람들」, 260.
274) 방언에 대해 궁금한 분은 필자의 저서를 보기 바란다. 김신호, 「성령 세례 받으면 방언 하나요?」 (서로사랑, 2011).

그 아가씨가 어떤 비명을 질렀는지 물어보았더니, 그 아가씨가 "저 두 사람 내보내. 기도 못하게 해"라고 계속적으로 외쳤다고 한다. 귀신은 방언 기도를 못 견뎌하며, 몸부림을 치다가 나간다. 신자가 방언의 은사를 받고 열렬히 기도하면 자신에게 붙어 있던 더러운 영들이 다 떨어져 나간다.

8. 예수님의 이름으로 쫓아야 한다

우리는 귀신을 쫓을 때 주의 이름을 의지해서 쫓아야 한다. 예수의 이름은 모든 이름보다 뛰어난 하나님의 이름으로, 모든 어둠의 영들을 결박하는 능력이 있기 때문이다: "이러므로 하나님이 그를 지극히 높여 모든 이름 위에 뛰어난 이름을 주사 하늘에 있는 자들과 땅에 있는 자들과 땅 아래에 있는 자들로 모든 무릎을 예수의 이름에 꿇게 하시고 모든 입으로 예수 그리스도를 주라 시인하여 하나님 아버지께 영광을 돌리게 하셨느니라"(빌 2:9~11). 천사보다 높으신 이름, 천지만물의 주재이신 주의 이름으로 명할 때 세상 신들은 떨면서 떠날 수밖에 없다. 이름이란 개인을 부르는 명칭일 뿐 아니라 인격과 명예를 대표한다. 예수란 이름은 눈에 보이는 세계와 보이지 않는 모든 세계를 지배하는 유일한 이름이다. 예수의 이름은 사탄이나 귀신이 도저히 대적할 꿈조차 꿀 수 없는 위대한 하나님의 이름이다. 구약에서 귀신을 쫓을 수 없었던 것은 귀신을 굴복시킬 만한 이름이 없었기 때문이다.

예수께서 이 세상에 오셔서 숨겨진 하나님의 이름을 드러내시자 그 이름에 따르는 권세와 권능이 나타났다. 귀신들은 예수의 이름 앞에 무력하게 무릎을 꿇고 쫓겨나기 시작했다. 예수님은 제자들에게 예수님의 이름을 사용해 귀신을 쫓으라는 명령을 내리셨다. 제자들은 귀신 들린 자들을 만날 때마다 예수의 이름을 사용했고, 예수의 이름 앞에 귀신들이 복종하는 것을 보고 예수님 이름의 권세를 체험했다: "칠십 인이 기뻐하며 돌아와 이르되 주여 주의 이름이면 귀신들도 우리에게 항복하더이다"(눅 10:17). 베드로는 태어나면서부터 앉은뱅이인 거지에게 다음과 같이 명했다: "은과 금은 내게 없거니와 내게 있는 이것을 네게 주노니 나사렛 예수 그리스도의 이름으로 일어나 걸으라"(행 3:6). 사도행전을 통해 알 수 있는 것은 제자들이 늘 그 이름의 권세를 이용해 귀신을 쫓았다는 사실이다: "그 귀신에게 이르되 예수 그리스도의 이름으로 내가 네게 명하노니 그에게서 나오라 하니 귀신이 즉시 나오니라"(행 16:18).

> 저스틴은 그의 저서 「변증」(Apology)에서 초대 교회 그리스도인들이 예수의 이름으로 귀신을 쫓았음을 밝혔다.
> 악령의 세력들은 예수의 이름 앞에서 멸망당해 왔다. 왜냐하면 우리 그리스도인들 중의 대부분은 세상의 이곳저곳에서 병 고치는 사역을 감당해 왔고, 또 현재도 지속하고 있기 때문이다. 로마인들 중에 악한 귀신 들린 자들이 무당에게서 고치지 못한 병을 본디오 빌라도 치하에서 십자가에 못박힌 예수 그리스도의 이름으로 꾸짖어 치유하는 일이 많았다.[275]

그러나 다른 이름으로는 귀신이 나가지 않는다. 석가나 공자의 이름으로 귀신에게 명해 보라. 귀신이 나가는지. 교실에서 학생들이 떠들고 있는데, 한 학생이 참다못해 "조용히 좀 하자"라고 말한다고 조용해지겠는가? 오히려 힘센 학생에게 제압만 당할 뿐이다. 그런데 한 하급생이 교실에 들어와서 "교장선생님이 시끄럽다고 조용히 하라고 하시네요"라고 말하는 순간 학생들은 조용해질 수밖에 없다. 비록 말을 한 사람은 하급생지만, 명령을 내린 분인 학교에서 제일 높은 교장선생님의 이름을 가지고 나타났기 때문이다. 〈춘향전〉을 보면 이 도령이 암행어사가 되어 변학도에게 잡혀 있던 춘향이를 구하려 나타난다. 이때 변학도를 누르는 방법은 의외로 간단했다. "암행어사 출도요"라는 말 한마디와 마패를 보여 줌으로 모든 저항을 수습했다. 암행어사라는 직책과 이름에는 임금을 대표하는 능력이 있다. 그 이름 앞에 일개 사또는 무기력하게 항복할 수밖에 없었다. 사막 수도승인 안토니 앞에 하루는 매우 키가 큰 악령이 나타났다. 그러나 안토니가 두려움 없이 예수 그리스도의 이름으로 꾸짖자 그 거인 악령은 그가 데리고 왔던 다른 귀신들과 순식간에 사라졌다.[276]

심지어는 예수님을 직접 따르지 않던 자들도 예수의 이름으로 귀신을 쫓았다. 예수님의 제자들은 그들이 예수님을 직접 따르지 않았기 때문에 그들이 귀신 쫓는 것을 못하게 했다. 그러자 예수님은 "금하지 말라 내 이름을 의탁하여 능한 일을 행하고 즉시로 나를 비방

---

275) Sidlow Baxter, *The Divine Healing of the Body*, 31.
276) Athanasius, *The Life of Saint Antony*, 61.

할 자가 없느니라 우리를 반대하지 않는 자는 우리를 위하는 자니라"(막 9:39~40, 눅 9:49~50)고 대답하셨다. 이 사건은 당시 유대인들 중 예수님을 믿고 그 이름을 사용해 귀신 쫓던 자들이 있었음을 증명한다. 비록 제자들처럼 직접 예수님을 따라다니지는 않았다 할지라도, 주의 이름에 있는 권능을 의지하여 귀신을 쫓을 수 있었다. 만약 예수의 이름을 의지해서 귀신을 쫓는 것이 불법이었다면 예수님은 "금하라. 다시는 내 이름을 도용하여 귀신 쫓는 일이 없도록 하라"고 경고하셨을 것이다. 예수님은 예수의 이름을 의지하여 귀신을 쫓는 자들은 예수님을 위하는 자들이라고 설명하셨다. 이처럼 예수님은 그의 이름으로 귀신 쫓는 것을 격려하시고 추천하셨다.

하루는 내가 담당하고 있던 한 여고생이 상담을 요청해 왔다. 이야기를 들어 보니 언제부터인가 밤에 누워서 자려고 하면 누군가 자신의 이름을 부르는 소리가 들린다는 것이었다. 방문을 열고 나가 보면 아무도 없다고 한다. 그런데 정체를 알 수 없는 목소리가 계속해서 그 여학생을 불렀다. 너무 무서워서 이불을 뒤집어쓰고 부들부들 떨기만 했다는 것이었다. 문제는 그 다음 날도 계속해서 그 소리가 들린다는 것이었다. 특별한 이유 없이 환청이 들린다니 심각한 문제였다. 그래서 예수님을 믿고 영접했는지를 물어본 후, 그 소리가 들리면 "나사렛 예수 그리스도의 이름으로 명하노니, 귀신아, 떠나가라"고 외치라고 충고했다. 그 다음 주, 그 학생은 얼굴이 확 펴져서 나타났다. 나와 상담을 한 후 집에 돌아간 그날 밤, 아니나 다를까 그 목소리가 또 들렸다고 한다. 그래서 다짜고짜 "나사렛 예수님의 이름으로 명한다. 귀신아, 떠나가라"고 외쳤더니 갑자기 불안했던 마음이 평안해지는 것이 느껴졌다는 것이었다. 그리고 그 뒤로는 그 목소리가 다시는 들리지 않는다고 했다.

그리스도인은 예수의 이름을 믿는 자다: "영접하는 자 곧 그 이름을 믿는 자들에게는 하나님의 자녀가 되는 권세를 주셨으니"(요 1:12), "믿는 자들에게는 이런 표적이 따르리니 곧 그들이 내 이름으로 귀신을 쫓아내며"(막 16:17). 우리가 예수를 믿는 순간, 하늘과 땅에 있는 모든 것들을 굴복시킬 수 있는 예수 그리스도의 이름을 사용할 수 있는 모든 권리를 부여받는다. 우리는 그의 이름으로 기도하고, 그의 이름으로 원수를 대적한다. 하나님은 어제나 오늘이나 동일하신 분이므로 그 이름의 권세도 어제나 오늘이나 동일하다. 예수 그리스도의 이름에만 하나님의 권세와 권위가 있으며, 이로써 귀신을 쫓아낸다. 우리가 해야 할 일은 그 이름의 권세로 귀신을 명하고 쫓는 것이다.

쿠르트 코흐 박사가 예수 그리스도의 이름으로 귀신에게 떠나갈 것을 명하자, 귀신은 "그 이름은 제발 꺼내지도 말게. 우리는 그 이름을 들으면 견딜 수가 없단 말이야"라고 대답하며 쫓겨 나갔다. 현재에도 "예수께서 너를 나가라 명하신다" 혹은 "예수의 이름으로 명하노니, 더러운 귀신아, 나가라"는 말 한마디가 귀신을 굴복시키는 능력이 된다. 다른 이름으로는 귀신을 쫓을 수 없고, 오직 예수 이름 앞에서만 귀신은 굴복한다. 우리는 귀신도 굴복하는 그리스도의 이름을 망령되이 일컫지 말고 존귀하게 여겨야 한다.[277]

9. 귀신을 꾸짖고 대적해야 한다

예수님은 더러운 귀신을 쫓아내실 때 부드럽게 타이르거나 설득하신 것이 아니라, 그의 권세로 꾸짖고 명하심으로 내어 쫓으셨다: "예수께서 더러운 귀신을 꾸짖으시고 아이를 낫게 하사 그 아버지에게 도로 주시니"(눅 9:42). 축사와 연관된 동사들은 '내쫓다', '꾸짖다', '물리치다', '명령하다' 등이 있다. '꾸짖다' 라는 말에는 '면박을 주다' 라는 뜻이 있다. 예수님은 광야에서 마귀에게 시험을 받으시면서 마귀에게 물러갈 것을 명하셨다(마 4:10). 소년에게 들어간 간질병 귀신에게도 떠나라고 명령하셨다(막 10:25). 거라사 지방의 광인으로부터 군대 귀신을 쫓아내실 때에도 명령의 말씀을 하셨다(막 5:8). 누가 꾸짖고 명령을 내리는가? 세상에서도 부모가 자식을 꾸짖고, 직장 상사가 부하 직원을 꾸짖는다. 명령과 꾸짖음은 수직관계를 반영하며 강제성을 수반한다. 상관의 명령을 들은 부하는 자신의 판단대로 움직이는 것이 아니라, 아무리 하기 싫다 하더라도 무조건 해야 한다. 예수께서 악령을 대면하실 때 언제나 그들보다 우위에 계셨기 때문에 꾸짖고 명령하심으로 물리치셨던 것이다.

가끔 귀신을 쫓다 보면 귀신이 기세등등하고 위협적으로 나오는 경우가 있다. 이때 무섭다고 당황해서는 안 된다. 하나님은 마귀를 대적하라고 명하신다: "너희는 하나님께 복종할지어다 마귀를 대적하라 그리하면 너희를 피하리라"(약 4:7).

---

277) Kilian McDonnell and George T. Montague, *Christian Initaition and Baptism in the Holy Spirit*, 9.

고구마 전도 왕 김기동 목사의 간증을 들은 적이 있다. 적은 돈을 가지고 전세를 얻기 위해 부동산에 갔더니 다른 아파트보다 훨씬 싼 아파트가 매물로 나와 있었다. 부동산 중개인은 그 집이 '귀신이 들린 집'이며 그 아파트에 들어간 가족은 꼭 한 명이 죽어서 나갔다고 했다. 아파트를 계약하고 이사 가던 날, 온 가족이 함께 악한 영을 묶는 기도를 했다고 한다. 그 이후로도 매일 귀신을 꾸짖고 가족을 보호해 달라고 통성으로 기도했는데, 결국 몇 년 동안 살면서 아무런 일도 일어나지 않았다고 한다. 이 일을 계기로 그 아파트에 사는 사람들이 예수님을 영접하고 교회에 나오게 되었다고 한다.

하용조 목사는 하루에 한 번씩 악한 영을 묶는 명하는 기도를 할 것을 제안한다. 가정 예배를 드릴 때에도 집안에 영향을 주는 귀신을 명하고 묶어야 한다. 그 집안에 있는 귀신을 꾸짖고 묶지 않을 때, 가족끼리 싸우고 집안에 이상한 일들이 생긴다. 심방을 갈 때에도 그 집안에 숨어서 자리 잡고 있는 더러운 귀신을 꾸짖고 예수의 이름으로 묶어야 한다고 충고한다.[278] 우리가 간혹 새로운 집으로 이사를 가거나 새 직장을 얻었을 때, 그곳에 도착해 가장 먼저 해야 할 일은 예배를 드리고 하나님의 이름을 선포함으로 악한 영을 명하여 묶는 기도를 하는 것이다. 사탄의 세력이 활동하는 선교지에 가서도 그 지역에서 활동하고 있는 사탄의 세력을 결박하고 그곳을 떠나라고 명해야 한다. 사탄을 대적하기 위해 믿음으로 명령하는 기도는 엄청난 효과를 가져다준다.[279]

---

278) 하용조, 「변화받은 사람들」, 263.

하나님의 자녀인 우리는 예수님과 함께 천국에서 왕 노릇할 자들로, 예수님과 함께 모든 악령의 권세를 발아래 복종시킬 수 있는 위치에 서 있다. 그러므로 우리는 권세자의 권위를 가지고 귀신에게 명령하고 꾸짖는 기도를 해야 한다. 귀신을 쫓을 때에도 "예수 이름으로 명하노니, 더러운 귀신아, 떠나라" 이렇게 영적 권위를 가지고 명령을 내려야 한다.[280]

10. 믿는 사람의 도움을 받으라

자신이나 가족 혹은 친구 중에 귀신 들림 현상이 나타날 때 어떻게 해야 할지 모른다면 주변에 있는 그리스도인의 도움을 받는 것도 한 가지 방법이다. 귀신 들린 딸을 둔 가나안 여인의 경우, 딸은 집에 둔 채로 예수님께 와서 도움을 간청하였다. 귀신 들린 것은 딸이지만 예수님 앞에 나온 사람은 딸의 어머니였다. 예수님은 귀신 들린 딸의 믿음이 아닌 어머니의 간구와 믿음을 보고 "여자여 네 믿음이 크도다 네 소원대로 되리라"고 선포하시면서 집에 있던 딸에게서 귀신을 쫓아 주셨다(마 15:28). 자신의 병든 종을 대신해 예수님을 찾아온 백부장의 경우에도 예수님은 백부장의 믿음을 보시고 그 종의 병을 고쳐 주셨다. 이는 귀신 들린 당사자의 믿음도 중요하나, 귀신 들린 자의 사정이 여의치 않을 경우 가족이나 친척, 친구 등의 주변 사람들이 믿음으로 간구할 때 귀신이 나가는 역사가 일어난다는 것

---

279) 하용조, 「변화받은 사람들」, 261-3. 홍영기, 「조용기 목사의 영성과 리더십」, 23.
280) 하용조, 「세상을 바꾼 사람들」, 46.

을 알 수 있다.

심하게 귀신 들려 정상적인 대화가 불가능한 경우이거나 자신의 의사를 뚜렷하게 밝힐 수 없는 어린아이의 경우, 부모나 보호자를 대동시키는 것이 좋다. 어린아이의 경우, 마음이 깨끗하고 귀신이 들어간 지 오래되지 않았기에 의외로 쉽게 귀신이 나갈 수 있다. 아주 어린 유아의 경우, 아기를 전담해서 키우는 엄마에게 아이의 의지가 많이 의존되어 있다. 이 경우는 부모의 믿음을 통해 어린아이 속에 있는 귀신이 나가기도 한다. 어린 아기가 병이 들거나 귀신 들렸을 때, 그 아기 대신 엄마 속에 들어가 있는 귀신을 쫓으면 귀신이 쫓겨남과 동시에 그 아이의 병이 낫게 되는 경우도 있다. 특히 자주 아픈 아기로 인해 어떻게 해야 할지 몰라 당황하는 엄마에게서 귀신을 쫓으면 신기하게도 그 아이의 병이 낫는다. 이는 부모의 믿음이 자녀에게 영향을 미치며, 그 부모가 어떤 믿음을 가지고 있느냐에 따라서 자녀의 귀신 추방이 결정되기 때문이다.

그러나 축사 사역은 그리 쉽거나 만만치가 않다고 생각한다. 그래서 혼자서 축사 문제를 해결하는 것은 매우 힘든 일이라 생각한다. 이를 혼자서 혹은 가족이 해결하려고 하지 말고 교회 전체의 문제로 인식하고 집단적으로 도와주는 제도가 필요하다고 생각한다. 한국 기독교 초창기에 동네에 귀신 들린 자가 있을 경우, 교회로 데려와 며칠 동안 교회에 거처하면서 예배를 드리고 찬양과 기도로 귀신을 내쫓았다. 한 예로, 평안도에 사는 명대섭의 부인이 귀신을 섬기다 신이 내려 7년 동안 실성한 사람이 되어 죽을 지경이 되었다. 연안읍 교회 신자 정봉운이 그녀를 교회로 데려와 일주일 동안 지내면서 예배를 드리고 찬양하고 기도하던 중 귀신이 떠나갔다. 이를 통해 온 가족이 구원을 받았다.[281] 축사 사역은 많은 시간과 에너지가 필요한 육적·영적 싸움이므로 팀 사역이 가장 바람직하다고 생각한다. 교회에서 신유 및 축사 팀을 운영해 팀원들이 시간을 정하여 교대로 돌아가면서 귀신 들린 자를 위해 찬양하고 기도하고 돌본다면 더 큰 효과를 얻을 수 있을 것이다.[282] 귀신 들린 자를 교회로 데려와 합심하여 예배하고 기도하고 찬송하는 가운데 하나님의 임재를 경험하면 귀신은 떠나게 되어 있다. 수련회나 부흥회는 말씀이 강력하게 선포되고, 뜨겁게 찬양하고 기도하는 장소이므로, 이곳에 데려가는 것도 한 가지 방법이라 생각한다.

우리는 축사를 행함에 있어서 철저히 하나님을 의지해야 한다. 사람의 능력으로는 절대로 귀신을 쫓을 수 없음을 인정해야 한다. 귀신의 실체와 귀신 들림을 인정하고 귀신을 쫓아내야 한다는 사실을 알고 있다 하더라도, 귀신을 제압할 수 있는 방법을 모른다면 귀신에게 조롱거리가 될 뿐이다. 우리는 모든 축사의 능력이 예수님으로부터 나온다는 사실을 알아야 한다. 귀신이 가장 두려워하며 내어쫓김을 당할 수밖에 없는 가장 중요한 권세는 예수님께 있다. 예수님이 누구이신지를 아는 믿음이 있을 때 그분의 권세와 권능 그리고 예수 이름으로 귀신을 쫓을 수 있다.

축사는 특정한 몇몇 사람만이 행할 수 있는 것일까? 그리스도인

---

281) 〈신학월보〉 제3권 10호 (1903. 10), 440-1. 재인용. 이용규, 「한국 교회와 신유운동」, 89-90.
282) 허명섭, "초기 한국 교회 신유 이해", 165.

은 예수님의 공적 대표로 그리스도의 권위 안에 있는 자다. 하나님께서 성경을 몇몇 사람들만 독점하라고 주신 것이 아닌 것처럼, 축사는 예수님을 영접한 모든 믿는 자들, 하나님의 자녀들에게 주어진 보편적 능력이다. 그러므로 귀신을 쫓아내는 것은 소수의 성령 충만한 신자들만이 행할 수 있는 영적 은사가 아니다. 믿는 자는 누구나 하나님의 자녀 된 권세가 있고, 예수의 이름을 소유하고 있기에 귀신을 제어할 수 있다: "자녀들아 너희는 하나님께 속하였고 또 그들을 이기었나니 이는 너희 안에 계신 이가 세상에 있는 자보다 크심이라"(요일 4:4). 비록 마귀가 사망의 권세를 가지고 인간을 위협하고 있으나, 그리스도인에게는 이보다 더 큰 부활의 권세가 있다. 그러기에 예수를 믿는 자라면 누구나 축사를 행할 수 있고, 더러운 귀신을 추방할 수 있다. 이제 우리가 해야 할 일은 예수님의 분부하심에 따라 그 권세와 권능, 이름을 사용해 귀신을 쫓는 것이다. 그리고 말씀을 의지하고 성령의 충만함을 위해서 기도해야 한다.

귀신 쫓는 절차

성경에 나오는 예수님의 축사 방법은 너무도 간단했다. 예수께서 회당에서 말씀을 전하시자 귀신이 정체를 드러냈고, 예수께서 "나가라"는 말씀만 하시면 귀신이 그 사람에게서 나갔다. 간혹 사람 속에 들어 있던 귀신이 큰 소리로 울부짖기도 하고, 몸에 경련을 일으키기도 하고, 쓰러뜨리기도 했다: "예수께서 꾸짖어 이르시되 잠잠하고 그 사람에게서 나오라 하시니 더러운 귀신이 그 사람에게 경련을 일으키고 큰 소리를 지르며 나오는지라"(막 1:25~26).

귀신 들린 사람이 찾아오면 무조건 귀신을 쫓을 것이 아니라, 몇 가지를 확인해 보면서 상담을 하면 좋다. '교회를 다닌 적은 있는지?' '예수 그리스도를 구주로 영접했는지?' '구원에 대한 확신이 있는지?' '귀신의 존재를 인정하는지?' '마음속에 회개하지 않은 죄는 있는지?' '누구를 미워하지는 않는지?' '어떤 증상이 있는지?' '언제부터 그런 증상이 나타났는지?' 등등의 질문으로 귀신 들린 자의 상태를 확인해야 한다.

귀신 들린 자가 신자가 아닌 경우, 처음부터 귀신을 쫓는 것은 무리다. 믿음이 없는 불신자의 경우 대부분 귀신이 나가지 않는다. 예수님도 항상 관심 있게 보신 것은 그 사람에게 '믿음이 있느냐?'는 것이었다. 그러므로 불신자가 나오면 복음을 먼저 전해야 한다. 신자라 할지라도 귀신의 존재를 인정하지 않거나 자신의 죄를 회개하지 않을 경우, 많은 시간을 들일지라도 귀신을 쫓아내는 것이 힘들다. 그러므로 아직 믿음이 견고하지 못하다면, 예배를 드리고 성경 공부에 참석하고 기도 모임에 참석해서 믿음을 소유할 때까지 기다려야 한다.

귀신 들린 사람이 앞의 사실을 숙지하고 인정한다면 이제 귀신을 쫓아야 한다. 기도를 한 후 귀신 들린 사람을 똑바로 세우고, "두려워하지 말고, 모든 생각을 주님 앞에 내려놓고 평안하라"고 말한 후 눈을 똑바로 쳐다보게 한다. 서게 하는 이유는 귀신이 나가면서 그 사람을 넘어뜨리고 나가기 때문에 귀신이 나갔는지를 쉽게 알 수 있기 때문이다. 노약자의 경우, 의자에 앉혀도 된다. 귀신이 들린 경우 가장 먼저 증상이 드러나는 곳은 눈이다. 간혹 귀신 들린 사람의 눈을 보는 순간 귀신이 드러나기도 한다. 귀신은 축사자의 눈을 똑바로 쳐다보지 못한 채 얼굴에 심한 경련을 일으키고, 고개를 돌리거나 눈동자가 뒤틀리면서 흰자위를 드러내기도 한다. 귀신은 성령의 빛이 임하는 것을 보지 않으려고 눈동자를 돌리기 때문이다.[283] 이때 고개를 똑바로 잡고 눈을 똑바로 뜨게 한 후, "나사렛 예수의 이름으로 명하노니, 더러운 귀신아, 나가라"고 꾸짖는다. 처음엔 아무런 반응이 없더라도 계속해서 귀신을 꾸짖으면 도저히 견디지 못하고 자신의 정체를 드러낸다.

---

283) 손기철, 「고맙습니다 성령님」, 165.

귀신이 드러나면 귀신 들린 사람은 거친 숨을 내쉬고, 마치 중풍에 걸린 사람처럼 온몸을 뒤틀면서 경련을 일으키기도 한다. 입에 심한 거품을 물기도 하고, 이를 갈고 소리를 지르기도 한다. 이는 귀신이 그 사람의 신경계통을 붙잡아 온몸에 경련을 일으키게 하기 때문이다. 보통 귀신이 드러나면 그 사람의 인격이 없어지고 귀신의 성격이 나타난다. 귀신은 귀신 들린 사람의 입과 몸을 통해서 자신의 생각과 의지, 감정을 드러낸다. 귀신 들린 사람의 인격과 목소리가 아닌 그 사람 속에 숨어 있던 귀신의 목소리와 인격이 나타나면서 얼굴 표정과 목소리가 달라진다. 귀신은 사람 속에 들어와 그 사람의 성대를 사용해서 말할 수 있는 능력이 있기 때문이다(마 8:29, 막 1:24, 눅 4:41). 아리따운 여대생의 입에서 굵직한 남자 목소리가 나오고, 남자 같은 행동을 하기도 하고, 어린아이의 떼를 쓰는 목소리가 나오기도 한다.

정체가 드러나면 화를 내기도 하고, 자신의 신세를 한탄하고 원통하다며 울기도 한다. 간혹 귀신 쫓는 사람에게 매달리면서 "한 번만 봐주세요"라고 빌기도 하며, 초조하고 무섭고 놀란 감정을 표현한다. 어떤 귀신은 자신이 누구이며 이름이 무엇인지, 언제 들어왔는지, 들어와서 어떤 일을 했는지 등등에 대해서 자세히 말하기도 한다. 간혹 드러난 귀신에 의해 귀신 들린 사람의 비밀이 드러나고 사생활 보호가 되지 않는 경우가 있다. 그래서 '대중들 앞에서 귀신을 쫓을 것인지?' 아니면 '개인적으로 귀신을 쫓을 것인지?'에 대해 잘 고려해야 한다.[284]

되도록이면 귀신이 말하는 것을 허락하지 않는 것이 좋다. 간혹 귀신을 쫓는 도중 영적 세계에 대한 정보를 캐낸답시고 귀신에게 많은 것을 물어보면서 대화를 시도하는 경우가 있다. 심지어 자신의 영적 상태를 귀신에게 물어보기도 한다. 이는 매우 위험하고 잘못된 일이라 생각한다. 귀신은 거짓의 영으로 거짓된 정보를 줄 수 있고, 대화를 나누는 과정에서 귀신은 점점 자신감을 가지게 되며, 귀신 들린 사람은 심적·육체적으로 지치게 된다. 결국 귀신이 잘 나가지 않게 된다. 예수님은 귀신에게 아무 말도 하지 말고 나가라고 명하셨다. 이것이 성경적 방법이라 생각한다.

간혹 귀신 들린 사람이 전혀 배운 적이 없는 외국어를 구사하기도 한다. 한 필리핀 대학생이 갑자기 두통과 메스꺼움을 느껴 교수에게 기도해 줄 것을 요청했다. 기도를 시작하자 그 학생은 의식을 잃고 발작을 일으켰다. 힘이 너무 세어져 몇 사람이 달라붙었다. 귀신이 드러나자 귀신은 유창한 러시아어로 말하기 시작했다. 주변 사람들은 깜짝 놀랐다. 왜냐하면 그 대학생은 필리핀 토박이로 영어와 필리핀 지방어 외에는 다른 언어를 할 수 없었기 때문이었다.[285]

귀신이 드러나면 갑자기 사나워지면서 초인적인 힘이 나타나기도 한다(막 5:2~4). 정신병자들이 이전에 제정신이었을 때보다 훨씬 더 큰 힘을 가지는 것을 종종 보게 된다. 마귀가 바로 거기서 작용하고 있다는 것을 부정해서는 안 된다.[286] 며칠 동안 자지도 않고 먹지

---

284) 레오 해리오, 「사탄을 이기자」, 66.
285) 메릴 엉거, 「성도를 향한 귀신들의 도전」, 185-187.
286) 이오갑, "루터와 깔뱅의 마귀 이해", 「한국교회 신학자들이 본 마귀론 이해」, 162. 재인용.

도 않았는데도 불구하고 장정 몇 사람이 달려들더라도 감당해 낼 수 없는 힘을 보이기도 한다. 성경에 나오는 거라사 광인은 난폭하여 쇠사슬로 묶어 두었는데도 이를 끊어 버릴 정도였다. 힘이 세진 것은 강한 귀신이나 많은 귀신들이 들어왔기 때문이다. 쿠르트 코흐는 필리핀에서 한 귀신 들린 청년을 보았는데, 그는 허약한 체질이었음에도 불구하고 그를 억제하는 데 9명의 어른들이 필요했다.[287] 귀신 들린 사람이 발작을 하면 여러 사람이 달려들어도 감당하지 못할 때가 있다. 이를 통해 알 수 있는 것은, 귀신은 사람의 완력으로 누를 수 있는 존재가 아니라는 점이다.[288]

쉽게 귀신이 나가는 경우도 있으나, 많은 경우 귀신은 사람에게서 나가지 않으려고 필사적인 반항을 한다. 나가라고 해도 고개를 흔들면서 이를 굳게 악물고 독기 어린 목소리로 심한 욕설을 하거나, "쫓아내면 죽여 버리겠어"라고 협박하기도 한다. 귀신은 내어쫓김을 당하지 않기 위해 반항을 하고 대항하나, 이는 허세이므로 당황하거나 겁먹지 말고 침착하게 귀신을 쫓아야 한다.

귀신이 쫓겨나면서 나타나는 현상은 사람에 따라 다르다. 이는 귀신을 쫓는 사람, 귀신 들린 사람, 그 속에 들어가 있는 귀신 사이의 역학적 관계에 따라 다양한 반응이 나올 수 있기 때문이다. 귀신 들린 사람의 경우만 보더라도 신앙의 깊이, 영적 세계에 대한 지식, 성격 등등에 따라서 귀신이 나가는 양상이 달라진다. 단 한 번만으

---

287) 메릴 엉거, 「성도를 향한 귀신들의 도전」, 178-180.
288) 전용복, 「기도와 치유사역」, 45.

로 귀신이 완벽히 쫓겨 가기도 하고, 어떤 사람의 경우 여러 차례에 걸쳐서 축사를 해야 할 때도 있다. 귀신 들린 정도가 심하거나 오래된 경우일수록 시간이 많이 걸린다. 귀신을 쫓다 보면 남성보다는 여성에게서 귀신이 더 잘 드러난다. 이는 남성과 여성의 성격 차이와 관련이 있는 듯한데, 남성이 자기 생각과 고집이 세고 감정을 잘 드러내지 않는 반면, 여성의 경우 쉽게 감정 이입이 되기 때문이라고 생각된다. 귀신을 쫓는 동안 일어나는 현상은 매우 다양하고 급작스럽기에, 그런 현상들을 보더라도 놀라거나 당황하지 말고 계속 귀신에게 나가라고 명해야 한다. 잘 나가지 않을 경우 머리에 손을 얹고 안수 기도를 하거나 방언 기도를 한다.

대부분의 경우 귀신이 나가는 순간 귀신 들린 사람은 반작용으로 뒤로 꽈당 넘어가게 된다. 뒤로 넘어가는 모습을 관찰해 보면 거의 의식이 없는 상태로 넘어간다. 최소한의 의식이 있을 경우, 보통은 뒤로 넘어갈 때 손이나 엉덩이를 먼저 바닥에 대면서 머리를 보호하려는 동작을 취하게 된다. 그런데 귀신이 나가면서 뒤로 넘어갈 때는 손이나 엉덩이가 바닥에 닿기 전에 머리가 먼저 바닥에 닿으면서 '꽝' 하는 소리와 함께 넘어간다. 보통 사람이 이 정도로 넘어간다면 뇌진탕으로 사망할 수도 있겠다고 생각될 정도다. 그런데 신기하게도 대부분은 아무런 일이 없다는 듯이 일어난다. 그러나 만일을 대비해서 뒤에 담요를 깔거나 뒤에서 다른 사람이 받아 주는 안전조치를 취하면 좋다.

많은 사람들이 모여드는 대중 집회에서는 한 사람씩 축사를 해주기 어렵기 때문에 전체를 한꺼번에 세워 놓고 집단 축사를 행할 수도 있다. 베니 힌 목사님의 집회에 참석했더니 사람들을 다 세워 놓고 "터치"(touch)라고 외치자 한꺼번에 수십 명 내지는 수백 명의 사람들이 동시에 넘어갔다. 이는 강력한 축사자라야 가능하다.[289] 간혹 사람들을 한 줄로 세워 두고 축사자가 안수함으로 귀신을 쫓기도 한다.

귀신이 나가면서 쓰러진 이후의 반응도 가지각색이다. 쓰러졌다가 금세 일어나는 사람도 있고, 한동안 혼수상태에 빠졌다가 일어나기도 한다. 축사가 진행되는 동안에 일어났던 일을 생생하게 기억하는 사람도 있는데, 자신의 목소리가 변한 것, 자신의 입에서 한 말들을 다 기억한다. 반면에 자신이 무슨 말을 했고 어떤 행동을 했는지 전혀 기억하지 못할 뿐 아니라, 자신이 언제, 왜 바닥에 쓰러져 있는지 모르는 경우도 있다.

영적으로 민감한 사람의 경우, 자기 속에 귀신이 들어와 있는지를 스스로 느낄 수 있으며, 귀신을 혼자서 직접 쫓아낼 수 있다. 편안한 의자에 앉아 성령과의 깊은 교제 속에 들어가 자기 속에 들어와 있는 귀신을 증오하면서 꾸짖고 명령을 내리면 귀신이 정체를 드러내고 나간다. 나도 간혹 무엇인가를 느낄 때, 편안한 의자에 앉아 기도 및 방언 기도를 하면서 성령님과의 교제에 들어간다. 그리고 마음속으로 귀신을 심하게 꾸짖는다. 그러면 마음이 평안해지면서 귀신이 나가는 것을 느낄 수 있다.

귀신을 쫓는 행위는 영력과 체력을 많이 요하는 사역이다. 심하

---

289) 프랭크 해먼드, 「현대문명과 악령들」(아바벨, 1990), 89-92.

게 귀신 들린 사람으로부터 귀신을 쫓을 때, 드러난 귀신이 온몸에 경련을 일으킨 것을 온몸으로 누르면서 기도하고 꾸짖다 보면 얼마 후 기진맥진해서 아무것도 할 수 없을 때가 있다. 귀신을 쫓는 자나 귀신 들린 자는 쉽게 지칠 수 있기 때문에, 되도록이면 간단하고 빠른 시간 내에 귀신을 쫓는 것이 현명하다.

1. 영분별 은사

축사자가 귀신의 정체를 정확하게 알고 있으면 귀신은 맥을 추지 못한다. 귀신은 자신의 정체가 빛 아래 드러나는 순간 급격히 힘을 잃게 된다. 반면 배후에 있는 악한 영의 정체를 전혀 모를 경우 축사는 매우 힘들어진다. 아무리 기도하고 축사를 해도 귀신이 정체를 드러내지 않는 경우에는 축사를 중단하고 상담을 해 꿈이나 다른 영적 요인을 점검함으로 그 사람 속에 들어가 있는 귀신의 정체를 알아내야 한다. 악한 영의 이름을 부르는 순간 그렇게 정체를 드러내지 않던 귀신이 순식간에 자신의 정체를 드러내고 울부짖으며 나가게 된다.

나의 경우, 아무리 귀신을 쫓아도 드러나지 않으면 축사를 중단하고 상담을 통해 귀신의 정체를 파악한다. 한번은 한 여고생이 나를 찾아와 귀신을 쫓아 달라고 요청했다. 최근 마음이 불안하고 악몽을 자주 꾸는데, 아무래도 귀신이 들린 것 같다고 했다. 기도한 후 귀신을 쫓았는데, 아무리 쫓아도 울기만 할 뿐 정체가 드러나지도 않고 나가지도 않았다. 축사를 중단한 후, 다시 상담을 해서 요즘 어떤 악몽을 꾸는지를 물어보았다. 꿈속에서 검은 옷을 입은 첼로를 켜는 여자가 보인다고 말했다. 그 꿈을 꾸고 나면 왠지 공부를 그만 두고 음악을 전공해야 할 것 같은 느낌이 든다고 했다. 다시 일으켜 세운 후, "야, 첼로!"라고 했더니 조금 전까지만 해도 무반응이었던 귀신이 금세 정체를 드러냈다. 귀신은 어떤 아저씨와 할아버지의 모습을 한 귀신이 같이 있음을 말해 주었다. 첼로 귀신이 나가자마자 "둘 다 나와"라고 했더니 엉엉 울면서 곧 나갔다. 이처럼 귀신의 정체를 정확하게 알면 귀신 쫓는 것이 쉬워진다. 꿈속에 자주 나타나거나 무의식중 생각나는 사람이 있냐고 묻고 귀신을 쫓으면, 조금 전까지만 해도 가만히 있던 귀신이 정체를 드러내고 울부짖는다.[290]

유명한 축사자의 경우 영적 분별력에 의해서 영을 분별할 수 있다. 영분별의 은사를 가지고 있는 경우 어떤 귀신이 들어가 있는지와 귀신이 사람에게서 나가는 것을 두 눈으로 생생하게 보기도 한다.[291] 먼저 귀신 들린 사람의 증상을 들은 후, 귀신의 이름과 정체를 알아내서 그들을 무력화시킨다고 한다.[292] 성령의 은사 중 영분별의 은사가 있는데, 이는 사람 속에 있는 영을 분별할 수 있는 은사다. 영분별 은사가 있으면 효과적으로 귀신 들린 사람을 도와줄 수 있다. 손기철 장로의 경우, 성령께서 어떤 귀신이 들렸다는 것을 보여 주신다고 한다.[293]

나의 먼 친척 되시는 할머니는 매우 부유하게 사셨는데, 건축업

---

290) 찰스 크래프트, 「사악한 영을 대적하라」, 223-9.
291) 레오 해리오, 「사탄을 이기자」, 60.
292) 존 웜버, 「능력치유」, 378-385.
293) 손기철, 「고맙습니다 성령님」, 164.

을 하시던 할아버지가 알코올중독과 암으로 세상을 떠나시자 부도가 나면서 큰 절망에 빠지셨다. 삶의 희망이 전혀 보이지 않는 상태에서 마지막으로 신이나 한번 찾아보자는 생각에 교회를 찾아가게 되었다. 마침 방문한 교회의 목사님이 영적 세계를 볼 수 있는 능력을 가지고 계셨는데, 그 친척 되시는 분을 앞으로 불러내더니 귀신을 쫓았다. 그런데 할머니도 뒤로 발랑 넘어지면서 자신의 몸속에서 시커먼 것이 빠져나가는 게 두 눈에 똑똑히 보이더라는 것이었다. 바로 두 손에 술병을 들고 있던 남편을 가장한 귀신이었다. 이렇듯 영안이 열린 목사님이나 축사자를 통해 귀신을 쫓으면 쉽게 귀신이 나간다.

2. 귀신은 귀신 쫓는 자를 잘 알고 있다

귀신은 영적 존재로서, 지적 능력을 가지고 있다. 귀신도 하나님이 한 분이신 것과 창조주이심을 알고 떨 수밖에 없다. 예수님의 귀신 쫓는 장면에서 특이한 현상이 나타난다. 바로 귀신은 이전에 단 한 번도 보지 못했던 예수님을 한눈에 알아보는 것이었다. 귀신은 정체를 드러내면서 "나는 당신이 누구인 줄 아노니 하나님의 거룩한 자니이다"(막 1:24)라고 외쳤다: "더러운 귀신들도 어느 때든지 예수를 보면 그 앞에 엎드려 부르짖어 이르되 당신은 하나님의 아들이니이다 하니 예수께서 자기를 나타내지 말라고 많이 경고하시니라"(막 3:11~12). 당시 예수님을 따라다니던 많은 사람들이 있었다. 제자들도 예수님을 3년 동안 따라다녔다. 그러나 그들 중 예수님이 누구인지를 정확히 안 사람은 없었다. 많은 사람들이 예수님을 보았으나, 하나님의 아들로 알아본 자는 아무도 없었다. 그러나 영적 존재인 귀신들은 예수님이 하나님의 아들이자 메시아임을 단번에 알아보았다. 이는 영은 영끼리 알아보기 때문이다.[294]

귀신들은 예수님을 한 치의 오차도 없이 알아보았을 뿐만 아니라, 곧 자신들이 쫓겨날 것도 알았다. 예수님은 더러운 귀신이 자기를 인정해 주는 것과 귀신에 의해 자신의 정체가 드러나는 것을 원치 않으셨기 때문에 귀신이 말하는 것을 허락하지 않으셨다: "예수께서 각종 병이 든 많은 사람을 고치시며 많은 귀신을 내쫓으시되 귀신이 자기를 알므로 그 말하는 것을 허락하지 아니하시니라"(막 1:34). 초자연계에 속해 있는 귀신은 예수님이 악의 왕국을 멸하러 오신 것을 알아챘고, 자신들이 처해질 운명에 대해서도 잘 알고 있었다.

귀신은 귀신을 쫓아내는 자가 누구인지를 알며, 특히 유명한 축사자들을 알고 그 사역자들에 대해 대단한 공포를 느낀다. 귀신은 하나님의 사람을 단번에 알아보았다. 바울이 한 동네에 들어가자 그 누구도 바울의 정체를 알지 못했으나, 귀신 들려 점치는 여종은 바울을 향해 "이 사람들은 지극히 높은 하나님의 종으로서 구원의 길을 너희에게 전하는 자라"(행 16:17)고 외쳤다. 점치는 여종 속에 들어가 있던 귀신은 바울의 정체를 꿰뚫고 있었던 것이다. 이처럼 귀신은 자기를 내어 쫓는 자를 잘 알고 있다. 그들을 압도할 수 있는 영적 능력을 가진 축사자 앞에서는 맥을 추지 못하고 두려움에 떨다가 쫓겨난다. 이는 쥐가 고양이를 보는 순간 본능적으로 천적임을 아는

---

[294] 하용조, 「세상을 바꾼 사람들」, 44.

것처럼, 귀신도 본능적으로 자신을 쫓아낼 능력자를 알아보기 때문이다.

간혹 귀신은 귀신 쫓는 자가 상대할 만하다고 판단되면 오히려 자신을 쫓아내려는 사람에게 위협을 가하고 해를 끼치려 한다. 심지어 가짜 그리스도인도 알아보았다. 예수를 믿지 않던 제사장의 아들들이 귀신을 쫓자 "내가 예수도 알고 바울도 알거니와 너희는 누구냐" 하면서 그들을 공격했다.

어떤 목사님이 장모님이 편찮으셔서 심방을 가게 되었다. 그 목사님이 보기에 장모님의 증세가 귀신 들린 증세와 비슷해서 조심스럽게 설명을 하고 귀신을 쫓았는데, 금세 귀신이 드러났다. 귀신은 "네가 올까 봐 무척 무서워했는데, 결국은 왔구나. 이제 꼼짝없이 쫓겨날 수밖에 없게 되었다"고 말했다. 그 귀신은 오래전부터 그 목사님을 잘 알고 있었던 것이다. 그런데 그 귀신이 갑자기 장모님 옆에 앉아 있던 딸(목사님의 처제)에게 "야, 이것아, 예수 잘 믿어. 너 그따위로 믿으면 천국 못 간다"는 한마디를 남기고 쫓겨 갔다. 그 처제는 아직 믿음이 자라지 않아 신앙생활이 오락가락하던 상태였다. 귀신으로부터 자신의 믿음을 지적당한 처제는 너무 부끄러워서 옆방으로 가 버렸다. 그 처제는 그 이후로 신앙생활을 열심히 한다고 한다. 이처럼 귀신은 사람에게는 없는 영적 상태를 볼 수 있는 능력이 있어서, 성령 충만하지 않고 기도하지 않는 그리스도인을 알아보고 비웃는다.[295]

---

295) 하용조, 「변화받은 사람들」, 260.

조용기 목사가 일본에서 복음을 전할 때, 한밤중 귀신이 나타나 그의 목을 조르기 시작했다. 그는 너무도 무섭고 떨리는 마음으로 성령님을 의지하고 말씀을 의지해서 귀신을 쫓았다. 그랬더니 귀신이 그를 조롱했다: "너는 입술로는 담대하게 기도하지만, 실제로는 나를 두려워하고 있다." 조용기 목사는 너무도 놀랐다. 귀신이 이미 그의 두려워하는 마음까지 다 읽고 있었던 것이다.[296]

나도 비슷한 경험을 한 적이 있다. 하루는 한밤에 기도가 하고 싶어서 교회를 찾다가 기도원이 보이기에 들어갔다. 아무도 없는 곳에서 무릎을 꿇고 한참 기도하는데, 갑자기 〈전설의 고향〉에나 나옴직한 흰 소복에 머리를 늘어뜨린 귀신의 환상이 보였다. 온몸에 소름이 돋기에 기도를 그만두고 뒤를 돌아보았더니 한 여자가 나를 내려다보고 있었다. 너무 놀라 고함을 질렀다. 그런데 가만 보니 정상이 아니었다. 그래서 기도원 원장을 불러서 함께 그 여자를 놓고 기도하기 시작했다. 귀신이 드러났고 몸부림을 치기 시작했다. 귀신은 나갈 듯 말 듯 악을 쓰면서 버텼다. 한참 시간이 지나자 우리는 서서히 힘이 빠지기 시작했고, 너무 피곤해서 더 이상 기도하지 못하겠다는 생각이 들었다. 바로 그 순간 귀신 들린 그 여자는 비명을 멈추고 나를 쳐다보더니 씩 웃었다. 그때 신앙의 초보를 벗어나지 못했던 나의 영적 상태를 꿰뚫어 보는 듯한 눈치였다. 20년이 지난 지금도 가끔 나를 비웃는 듯한 그 섬뜩한 얼굴이 떠오른다.

---

[296] 조용기, 「나의 교회성장 이야기」, 188.

오늘날에도 귀신이 있나요?

잘 나가지 않는 경우

예수님은 100퍼센트 축사에 성공하셨다. 그러나 제자들의 경우 항상 축사에 성공한 것은 아니었다. 그들은 귀신을 쫓지 못해 많은 사람들 앞에서 창피를 당하기도 했다. 축사에 실패한 그들은 예수님께 그 이유를 물었고, 예수님으로부터 "기도 외에 다른 것으로는 이런 종류가 나갈 수 없느니라", "너희 믿음이 작은 까닭이니라" 등의 충고를 들었다.

개인적으로 축사가 쉽지만은 않다는 사실에 동의한다. 우리는 예수님이 아니기에 100퍼센트 성공하지 못한다. 귀신을 쫓아 달라는 요청을 받더라도 귀신이 전혀 드러나지 않는 경우도 있고, 설사 드러난다 하더라도 나가지 않는 경우도 많다. 귀신은 자신의 정체를 숨기며, 발각되더라도 최후의 발악을 하면서 쫓겨나지 않기 위해 버틴다. 귀신 들린 상태가 심할수록, 귀신이 들어간 지 오래될수록, 많은 귀신들이 들어갈수록 귀신을 쫓기가 매우 힘들어진다.

한 번 사람 속에 들어온 귀신은 그 사람의 몸을 집으로 삼아 평생 동안 자리 잡고 살게 된다. 귀신은 사람 몸 밖으로 쫓겨나면 오갈 데 없는 존재가 된다. 귀신을 쫓다 보면 절대로 그 사람 속에서 나갈 수 없다고 버티는 귀신들을 보게 된다. 마치 오갈 데 없는 세입자를 강제적으로 내쫓는 것과 같은 상황이다. 쫓겨날 때의 모습을 보면 마치 수영을 하지 못하는 사람이 물에 빠져 허우적거리며 괴로워하는 것과 같은 증세를 보이는데, 그만큼 사람의 몸 밖으로 나가면 괴롭다는 것이다. 오죽 갈 데가 없으면 돼지에게라도 들어가려고 빌겠는가? 귀신은 쫓겨나지 않기 위해 경련을 일으키고 거품을 흘리며 괴로워한다. 그만큼 귀신은 내어 쫓기는 것을 싫어한다.

    귀신이 들어간 지 오래된 경우, 그 사람 속에 오래 있었다는 이유로 "이는 내 집이다"며 나가지 않는 경우가 많다. 어린 시절에 들어와 무려 50년 동안 있었던 귀신을 매우 힘겹게 쫓아낸 사례도 있다.[297] 한번은 매일 밤 똑같은 악몽에 시달리던 한 남자 대학생에게서 귀신을 쫓은 경험이 있다. 그는 매일 같은 악몽을 꿔서 이제는 잠자는 것이 무섭다고 했다. 다행히 그는 그리스도인이었기에 영적 세계와 귀신이 그 원인일 수 있다는 설명을 했다. 그는 귀신의 존재를 믿지 않았으나 어떻게 하든지 악몽에서 벗어나고 싶어 귀신을 쫓아 달라고 부탁했다. 조용한 장소에 가서 귀신을 쫓았는데, 놀랍게도 곧장 귀신이 드러났다. 귀신은 이 대학생에게 들어와 술을 많이 마시게 해 위를 아프게 했다고 말했다. 그리고 이 남자 대학생 속에 들어온 지 거의 20년이 되었고, 그가 자신을 놓아 주지 않기 때문에 절대로 나갈 수 없다고 반항했다. 귀신은 거짓말쟁이기에 말하는 것을 멈추게 한 후 나가라고 쫓았으나 끝까지 나가지 않았다. 귀신은 연신 "얘는 내 것이야"라고 외쳤다. 아무리 쫓아도 나가지 않기에 중

---

297) 프랭크 해먼드, 「현대문명과 악령들」, 12-16.

단했다. 잠시 후 그는 정신을 차렸다. 그런데 놀랍게도 그동안 무슨 일이 일어났는지 전혀 기억하지 못하고 있었다. 혹시 술을 많이 마셔 이로 인해 위장에 문제가 있는지를 물었더니 눈을 동그랗게 뜨고는 어떻게 알았냐며 반문했다. "당신의 입으로 말한 것"이라고 했더니 자신은 아무 말도 하지 않았다고 우겼다. 이처럼 귀신이 들어간 지 오래될수록 그 사람의 생각과 귀신의 생각이 동질화되어 가면서, 심지어는 사람의 생각이 귀신이 나가는 것을 막기도 한다. 왜냐하면 귀신은 그 사람의 생각을 끝까지 잡고 늘어지기 때문이다.

한 사람 속에 하나의 귀신만 들어가는 것이 아니라 수많은 귀신들이 들어갈 수 있다: "이에 가서 저보다 더 악한 귀신 일곱을 데리고 들어가서 거하니 그 사람의 나중 형편이 전보다 더욱 심하게 되느니라"(마 12:45). 많은 귀신들이 들어갈수록 심하게 귀신에게 억압을 당하며, 형편이 더 나빠져 쫓아내기도 힘들다. 적군의 수가 많으면 많을수록 상대하기 어려운 것과 같은 이치다. 거라사의 귀신 들린 자의 경우, 힘이 세어져 쇠사슬을 끊을 정도였다. 예수께서 귀신의 이름을 물으시자 귀신은 "군대(legion)니 우리가 많음이니이다"(막 5:9)라고 대답했다. 보통 로마의 한 군대가 약 3,000~6,000명의 군인으로 이루어진 것으로 보아, 그 사람 속에 그 숫자만큼의 귀신이 들어갔음을 알 수 있다.[298] 실제로 스물 이상의 귀신이 한 사람에게 들어간 사례 보고도 있다.[299] 이처럼 한 사람 속에 수많은 귀신들이 들

---

298) William Barclay, And He had Compassion, 57.
299) 맥스웰 휘트, 「귀신아 내가 네게 명하노라」, 47.

어갈 수 있다. 귀신이 하나가 아닌 경우, 설사 한 귀신이 나갔다 하더라도 여전히 다른 귀신들이 남아 있다.

이처럼 많은 귀신들이 들어가 있는 경우에는 귀신들이 잘 나가지 않는다. 귀신이 여럿 있을 경우, 그 귀신들 중 대장 귀신이 있다. 졸개 귀신들을 모두 축출했다 하더라도 끝까지 남아 버티고 있는 것이 대장 귀신이다. 이럴 경우, 졸개 귀신들을 쫓아내는 것보다 대장 귀신을 불러내서 함께 떠날 것을 명할 때 부하 귀신들이 대장 귀신을 따라서 한꺼번에 나갈 수 있다.[300]

그리고 귀신은 무서운 존재가 아니라 더러운 존재라는 사실을 인정해야 한다. 지나치게 귀신을 무서워하거나 의식하면 귀신이 나가지 않을 빌미를 줄 수 있으니 주의해야 한다. 하루는 성경공부를 담당하고 있던 한 여고생이 상담을 요청해 왔다. 밤에 자다 보면 이상한 소리가 들리면서 누군가가 자신의 침대 모서리에 앉는 것이 느껴진다는 것이었다. 그리고 곧 시커먼 손이 자신의 목을 조른다는 것이었다. 너무 무섭다면서 도와달라고 요청했다. 여러 가지를 물었더니 꿈에 잘 알지 못하는 한 할머니가 자주 보인다고 했다. 일으켜 세우고 "귀신아, 나와라" 하고 명했더니 곧 귀신이 정체를 드러냈다. 그런데 이 여학생은 귀신에 대해 극도의 공포감을 가지고 있었다. 귀신은 격렬히 반항하면서 고래고래 고함을 질렀다. 할 수 없이 귀신 쫓기를 중단해야만 했다. 이처럼 귀신 들린 사람이 귀신에 대해 심한 두려움을 가지고 있을 경우, 귀신은 나가지 않는다.

---

300) 맥스웰 휘트, 「귀신아 내가 네게 명하노라」, 182.

귀신이 잘 나가지 않을 경우, 정신과 치료와 상담을 병행하면서 축사도 여러 차례에 걸쳐서 실시해야 한다. 심지어는 몇 개월이 걸릴 수도 있다.[301] 중요한 것은 믿음을 가지고 기도와 축사를 지속해야 한다는 점이다. 한번은 내가 담당하고 있던 한 대학생으로부터 전화가 왔다. 그 학생은 미용실에서 아르바이트를 하고 있었는데, 미용실 원장의 어머니에게 이상이 생겨 병원에 입원을 했다. 병원에서는 특별한 병명을 알 수 없다며 조금 두고 보자고 했단다. 그런데 식사를 하지 않고 이상한 말만 하는 것이 아무래도 귀신 들린 것 같다는 것이다. 나에게 병원으로 심방 와 줄 것을 요청했다. 그래서 미용실 원장과 그 대학생과 함께 병원으로 심방을 가게 되었다. 가는 도중 이야기를 들었더니, 최근 할머니는 이사를 갔고, 화장실에서 정체를 알 수 없는 무언가를 보았다는 이야기를 하더란다.

병원에 도착했더니 그 할머니는 두 눈을 꼭 감고 있었다. 그 할머니를 자세히 관찰해 보니 주먹을 꼭 쥐고 있는 것이 귀신 들림이 확실하다는 느낌이 왔다. 찬송가를 부르고 기도를 하기 시작했더니 온몸을 흔들면서 발작을 하기 시작했다. 손을 붙들었는데 그 야윈 팔에서 엄청난 힘이 나와서, 두 손으로 할머니의 한 손을 잡아도 흔들릴 정도였다. 눈을 꼭 감고 있기에 손가락으로 두 눈을 벌렸으나 눈이 떠지지 않았다. 축사를 할 때 환자의 눈을 봐야 하는데, 할머니가 온몸으로 거부하고 있는 상태였기에 어쩔 도리가 없었다. 시간이 좀 걸릴 것이라는 생각이 들었다.

---

301) 찰스 크래프트, 「사악한 영을 대적하라」, 51-4.

두 번째로 방문을 했을 때는 할머니가 눈을 조금 뜨고 있기에, 손으로 눈을 좀 더 벌린 후 방언으로 기도하기 시작했다. 또 다시 온몸을 부들부들 떨면서 발작을 일으키기 시작했다. "예수님의 이름으로 명하노니, 귀신아, 나가라"고 명령을 내렸고, 귀신은 아무 말도 못하고 벌벌 떨기만 했다. 상태가 조금씩 호전되어 가는 것이 눈에 보였다. 내가 살고 있는 지역과 병원이 워낙 거리가 멀어서 자주 갈 수가 없어, 할머니가 다니는 교회나 주변에 기도를 열심히 하는 교인들에게 도움을 요청해 매일 와 예배를 드리고 찬송을 부르고 기도하며 귀신을 쫓으라고 권면한 후 다시 돌아왔다.

그러나 할머니는 증세가 더욱 악화되어 일반병동에서 정신병동으로 옮겨졌다는 이야기를 듣고 다시 정신병동으로 찾아갔다. 그러나 내가 보기에 오히려 상태가 많이 호전되어 있었다. 이제는 눈을 완전히 뜨고 대화를 나누는 것도 가능해서 예배를 드리면서 예수 그리스도를 영접하는 기도와 귀신을 쫓는 기도를 따라하게 했다. 기도하면서 축사를 했더니 이제는 손에 힘이 조금 들어갈 뿐, 온몸의 발작을 일으키지는 않았다. 얼마 후 그 할머니는 정상으로 돌아왔고, 정신병원에서 나와 집으로 돌아갔다. 약 2개월 정도에 걸친 대장정이 끝났고, 결국 귀신이 나가면서 치료함을 받았다. 한 귀신 들린 사람으로부터 귀신을 내어 쫓기 위해서는 몇 사람들의 헌신적인 도움이 필요하다. 나도 그 먼 거리를 몇 차례에 걸쳐서 방문해야 했고, 예배드리고 찬양하고 기도하는 가운데 육체적으로나 정신적으로 큰 부담을 느껴야 했다. 또한 그 할머니뿐 아니라 그 가족들을 대하는 문제도 그리 쉽지만은 않았다.

축사에 대한 주의점

1. 귀신에 대한 지나친 관심

C. S. 루이스는 귀신에 대한 무관심만큼 조심해야 할 것은 귀신에 대한 지나친 불건전한 관심을 가지는 것이라 지적했다.[302] 영적 세계와 마귀에 대해 지나치게 강조를 하다 보니, 마치 마귀와 귀신을 제대로 이해해야만 구원받는 것으로 강조하기도 한다. 그리고 귀신이 존재한다는 사실에 지나칠 정도로 민감하게 반응하면서 귀신의 활동을 사실 이상으로 격상시키는 것도 큰 문제라고 생각한다.

특히 모든 질병과 사건, 사고를 다 귀신의 탓으로만 돌리는 것은 문제가 있다. 모든 질병과 불행을 귀신과 연관시켜 귀신의 탓으로 돌리는 극단성에 빠지는 경우가 있다. 간혹 감기만 걸려도 귀신, 길거리를 걸어가다가 넘어져도 귀신, 부부 싸움을 해도 귀신, 성이 나도 귀신 등등 모든 일어나는 사건 사고들의 원인을 귀신과 연결시켜 설명하는 경우를 볼 수 있다. 조금 몸이 좋지 않아 기침을 하거나 얼굴이 조금만 부어 있어도 금세 귀신 들렸다고 반응하는 것은 지나친 경우다.

모든 문제들을 귀신에게로만 돌리는 사람은 심각한 신앙적 문제

---

302) C. S. Lewis, *The Screwtape Letters*.

를 가진 사람이다. 귀신이 그 사람 속에 들어온 것은 그 사람의 신앙 및 신앙생활에 문제가 있기 때문이다. 예수 그리스도를 믿는 굳건한 믿음의 기반 위에 서서 죄를 멀리하는 생활을 하고 성령 충만하다면 감히 귀신이 접근할 수 없을 것이다. 간혹 죄를 지어 놓고도 이는 자신이 한 것이 아니라 귀신 때문이라고 책임을 회피하는 경우가 있다. 이는 마치 사람을 죽여 놓고도 술에 취해 자신은 아무것도 기억나지 않는다고 발뺌하는 것과 같다. 하나님은 우리에게 인격을 주셔서 자신이 판단하고 결정할 수 있도록 허락하셨다. 평소에 규칙적인 생활을 하며 식생활을 개선하고 운동을 한다면 병에 대해 강한 내성을 가질 수 있다. 그런데 병에 걸린 것을 자신의 탓이 아닌 귀신의 탓으로만 돌리는 것은 책임회피라 할 수 있다. 귀신에 대해 지나치게 민감하게 반응해 모든 형태의 악, 질병, 사고뿐 아니라 사소한 것까지도 귀신에게 책임을 돌리는 우를 범치 않기 바란다. 신앙생활에 문제가 있을 때 이를 귀신 탓으로 돌리는 우매한 자가 되지 말고 자신의 신앙 상태를 스스로 점검해야 할 것이다.

심지어 교회에서 예수님보다 귀신의 사역을 더 강조하는 경우를 볼 수 있다. 간혹 축사 현상 자체에만 관심을 가짐으로 축사에서 귀신이 핵심인 것으로 착각하는 사람들이 있다. 귀신 쫓는 것에만 너무 치중해서 교회의 전체 사역을 귀신 및 축사에만 관심을 가짐으로 예수님의 축사 사역의 핵심을 놓치는 경우가 있다. 교회 사역의 중심은 축사가 아니다. 교회는 하나님을 예배하고, 하나님의 말씀을 선포하며, 복음을 전하는 사명을 가지고 있다. 우리는 축사 사역을 통해 귀신을 보아서는 안 되고, 귀신을 쫓는 권세를 가지신 예수 그리스도를 보아야 한다. 결국 축사의 가장 큰 목적은 예수님을 발견하는 것이고, 그분이 드러나는 것이다. 그분만이 창조주이시며 세계의 주관자가 되신다. 귀신에 대해 아무리 연구하고 귀신 박사가 되더라도 귀신 자체는 절대로 진리가 될 수 없다. 우리는 예수님보다 귀신 자체에 더 큰 관심을 가지거나 축사 사역 자체에 함몰되어서는 안 된다. 귀신의 실존 및 축사 사역에 관심을 가져야 할 근본적 이유는 귀신의 세력을 제압하는 예수 그리스도에게 있다. 신유와 축사, 기적의 목적은 그 자체에 있는 것이 아니라, 그 사역을 통해 하나님을 발견하고 믿지 않는 자를 하나님께로 인도하는 데 있다.

귀신을 쫓는 것보다 더 중요한 것은 우리에게 구원에 대한 확신이 있고, 우리의 이름이 하늘나라의 생명책에 기록되었음을 아는 것이다. 칠십 인의 제자들이 주의 이름으로 귀신이 쫓겨나는 것을 보고 기뻐할 때 예수님은 다음과 같은 충고를 하셨다: "귀신들이 너희에게 항복하는 것으로 기뻐하지 말고 너희 이름이 하늘에 기록된 것으로 기뻐하라"(눅 10:20). 우리는 축사 사역을 통해 귀신이 항복하는 것으로 기뻐하기보다, 축사의 근원이 되신 예수님을 알게 된 것에 기쁨을 느껴야 한다. 귀신을 알고 쫓는 것보다 사탄과 귀신을 결박하시는 하나님의 위대하심과 권능, 권세에 더 많은 관심을 가져야 한다. 그러므로 귀신을 쫓은 사실 자체로 기뻐하기보다는 귀신을 쫓으셨던 예수님이 하나님의 주권을 가진 하나님의 아들이라는 사실과 그리스도인들도 하나님의 자녀 된 권세자라는 사실을 인정하는 것이 축사의 주목적이 되어야 한다.[303]

나는 악령과 접촉을 시도하는 것은 귀신 들림의 원인이 될 수 있다고 경고한 바 있다. 마귀와 귀신의 능력에 대해 지나치고 과도한 흥미를 가지게 될 때 위험에 빠질 수 있다.[304] 사탄과 귀신의 실체에 대해 너무 의식하고 지나친 관심을 가지게 될 때, 오히려 악령의 지배를 받게 된다. 간혹 마귀 또는 귀신을 따르면서 숭배하기도 하고, 그들의 힘을 이용하는 사람들이 있다: "성령이 밝히 말씀하시기를 후일에 어떤 사람들이 믿음에서 떠나 미혹하는 영과 귀신의 가르침을 따르리라 하셨으니 자기 양심이 화인을 맞아서 외식함으로 거짓말하는 자들이라"(딤전 4:1~2). 어떤 사람은 귀신이 미래를 볼 수 있는 초자연적 능력을 가지고 있다고 믿고 귀신에게 의지하기도 한다. 오늘날 수많은 심령주의자, 점쟁이, 점성술사, 죽은 사람과 대화를 추구하는 무당들이 활동하고 있고, 심리적으로 불안한 사람들은 그들을 찾아가고 있다. 심지어 많은 교인들도 점을 치러 다닌다고 한다. 그러나 귀신의 능력을 적극적으로 이용하는 행위는 우상 숭배에 해당된다: "그의 아들이나 딸을 불 가운데로 지나게 하는 자나 점쟁이나 길흉을 말하는 자나 요술하는 자나 무당이나 진언자나 신접자나 박수나 초혼자를 너희 가운데에 용납하지 말라"(신 18:10~11).

2. 귀신은 다시 들어온다

한번은 물고기를 잡아 햇빛에 말린다고 잠시 널어 둔 적이 있다. 잠시 후 돌아와 보니 어디서 몰려들었는지 더러운 똥파리 수십 마리

---

303) William Barclay, *And He had Compassion*, 5.
304) C. S. Lewis, *The Screwtape Letters*.

가 까맣게 물고기를 덮고 있었다. 놀라서 파리채로 똥파리를 잡고 쫓았다. 없어졌다고 생각하고 방 안으로 들어왔다가 잠시 후 나가보니 그 사이 수십 마리의 똥파리들이 또 모여 있었다. 결국 물고기 말리는 것을 포기했다. 냄새가 진동을 하는데 어떻게 안 오겠나 하는 생각이 들어서였다.

간혹 "쫓겨난 귀신이 그 사람 속에 다시 들어오는가?"라는 질문을 하는 사람이 있다. 이 질문은 마치 "한번 감기 걸렸던 사람은 다시 감기에 걸리지 않는가?"라는 질문과 유사하다. 귀신이 나갔다 하더라도 계속해서 우리 속에 은밀한 죄의 냄새를 풍긴다면 귀신은 똥파리와 같아서 그 냄새를 맡고 다시 달려든다.

> "더러운 귀신이 사람에게서 나갔을 때에 물 없는 곳으로 다니며 쉬기를 구하되 쉴 곳을 얻지 못하고 이에 이르되 내가 나온 내 집으로 돌아가리라 하고 와 보니 그 집이 비고 청소되고 수리되었거늘 이에 가서 저보다 더 악한 귀신 일곱을 데리고 들어가서 거하니 그 사람의 나중 형편이 전보다 더욱 심하게 되느니라 이 악한 세대가 또한 이렇게 되리라"
> (마 12:43~45).

이처럼 성경도 귀신이 쫓겨 나갔다 다시 들어온 사례를 설명한다. 한 사람에게서 귀신이 쫓겨나갔다. 귀신은 다른 거처(사람)를 찾아서 돌아다녔으나 들어갈 곳이 없었다. 귀신이 물 없는 곳으로 다녔다는데, 여기서 물이란 구원받은 표로서의 세례를 의미한다. 귀신

들은 예수 그리스도를 구주로 영접하고 주인으로 모신 세례 받은 그리스도인을 무서워한다. 귀신이 생각해 보니 이전 거처만큼 편한 장소가 없었다. 결국 이전에 자신이 살았던 옛 집, 즉 자신이 쫓겨났던 그 사람에게로 접근했다. 그런데 다행히도(?) 그 집은 주인이 없이 비어 있었다. 여기서 '비었다' 는 의미는 예수님이 그 영혼 속에 없었다는 말이다. 그 사람은 귀신이 나가자 모든 문제가 해결되었다고 생각해 신앙을 버리고 이전의 생활로 돌아가 버렸던 것이다. 귀신은 이전에 혼자 있다가 힘없이 쫓겨난 경험이 있었기 때문에 자신보다 악한 귀신 일곱을 데리고 그 사람에게로 들어갔다. 그러자 그 사람의 형편이 이전보다 더 심해졌다. 이 사례는 사람에게서 나갔던 귀신이 언제든지 그 사람에게 다시 들어오기 위해 틈을 엿보고, 기회가 되면 들어옴을 보여 준다. 결국 믿음이 없거나 신앙생활에 문제가 있는 사람에게는 귀신이 다시 들어간다.

그러므로 귀신 쫓는 것만이 능사가 아니다. 축사는 일시적인 방편일 뿐, 신앙생활의 만병통치약이 아니다. 귀신을 내어 쫓았다고 해서 인생과 신앙의 모든 문제들이 저절로 해결되는 것은 아니다. 귀신을 내어 쫓는 것도 중요하지만, 귀신이 다시 들어오지 않도록 하는 것이 더 중요하다. 당장 급한 마음에 짐짓 예수님을 영접하고 귀신을 쫓았으나, 우리의 마음과 삶 속에 불신앙이 남아 있고, 더러운 죄가 계속 남아 있거나 신앙생활을 소홀히 한다면, 귀신은 주변에서 기회를 엿보고 있다가 언제든지 다시 들어온다. 귀신은 본능적으로 죄의 냄새를 맡으므로 죄가 있는 곳을 떠나지 못하고 머무른다. 아무리 거룩하게 행동하고 말한다 할지라도 원수 마귀는 은밀한 죄를 알아보고 밥으로 삼는다. 그러므로 축사보다 중요한 것은 강한 믿음, 거룩한 삶을 사는 것이다.

우리의 영은 빈 그릇과 같은데, 성령으로 채워져 있지 않으면 귀신이 다시 들어와서 자리를 잡는다. 반면 우리의 영이 성령으로 충만할 때 더러운 귀신이 쫓겨나며, 다시는 들어오지 못한다. 예수 그리스도를 구원자로 영접할 때 우리의 영혼은 성령님이 거하시는 지성소가 되며, 더러운 귀신이 틈을 탈 수 없게 된다.[305] 그리고 다시 귀신 들리지 않기 위해 우리는 자신의 죄를 회개하고 정직한 삶, 진실한 삶, 거룩한 삶을 살도록 노력해야 한다.

우리는 귀신을 쫓아낸 후 다시는 귀신이 들어오지 못하도록 사후관리를 철저히 해야 한다. 귀신은 우리의 영적 상태를 누구보다도 잘 알기 때문에 우리의 영혼이 강건해야 한다. 깡패가 힘없는 사람을 괴롭히듯이, 귀신은 영적으로 연약한 자를 괴롭힌다. 매 주일마다 교회에 나가서 신령과 진정으로 예배드리고 규칙적으로 기도와 말씀 생활에 충실해야 한다. 평소 말씀과 기도에 충실한 사람 치고 귀신이 들어오는 경우는 거의 없다. 그리고 귀신으로부터 해방된 후 하나님이 행하신 것을 찬양하고 선포할 때, 하나님은 지속적으로 우리에게 승리를 주신다. 자신을 악령의 세력에서 해방시켜 주신 하나님의 능력을 찬양하고 증거하는 삶을 살아야 한다. 우리가 입을 열어 하나님의 위대하심을 전파할 때, 그것이 우리의 영적 능력이 된다.[306]

---

305) 조용기, 「나의 교회성장 이야기」, 267.

3. 축사에 대한 비판과 성령 훼방

예수님의 귀신 쫓는 모습을 지켜본 유대인들의 반응은 물과 기름처럼 크게 두 가지로 나누어졌다. 한 부류는 예수님의 귀신 쫓는 능력을 인정하면서 예수를 따랐던 호응파였다. 그들은 귀신이 쫓겨나고 벙어리가 말하는 모습을 보면서 "이는 어찜이냐 권위 있는 새 교훈이로다 더러운 귀신들에게 명한즉 순종하는도다"며 예수의 소문을 냈고(막 1:27), 수많은 귀신 들린 자들을 예수께로 데리고 왔다. 그들은 예수님의 신유와 축사를 하나님의 영광스러운 일로 해석했다. 그들은 바리새인들의 비난에 "이 말은 귀신 들린 자의 말이 아니라 귀신이 맹인의 눈을 뜨게 할 수 있느냐"며 예수님을 두둔했다(요 10:21). 그들은 예수님의 축사 능력이 귀신이 아닌 하나님으로부터 나오는 것이라는 것을 인정했다. 예수님은 그들이 예수님에 대해 칭송하고 인정하는 말에 대해 별다른 이의를 달지 않으심으로 암묵적으로 동의하셨다. 우리는 늘 위의 태도를 취해야 한다. 결국 귀신이 쫓겨나는 것은 예수님이 오심으로 가능했고, 그가 유일한 최초의 축사자였다. 우리는 예수님의 축사가 하나님으로부터 오는 것이라 인정해야 한다.

또 다른 그룹인 바리새인들과 서기관들도 귀신이 존재하며, 예수님이 귀신을 쫓았고, 그 결과로 벙어리, 소경, 앉은뱅이 등이 고침을 받았다는 사실은 인정했다. 그러나 그들은 죄를 사하시고 질병을 치유하고 귀신을 쫓으시는 예수님의 사역에 반대했다. 바리새인들은

---

306) Nicky Gumbel, *Questions of Life*, 167.

예수께서 귀신 쫓는 것이 성령의 힘에 의한 것이 아니라 귀신의 왕 바알세불을 빙자하여 귀신을 쫓아낸다고 비난했다. 그들은 예수님의 축사 능력을 귀신으로부터 오는 것으로 해석해 예수님의 축사를 사탄의 일로 규정해 버렸다(막 3:22).[307]

바리새인들이 예수님의 축사를 귀신의 사역으로 취급하자 예수님은 그들의 비난에 민감하게 반응하시면서 "만일 (사탄의) 나라가 스스로 분쟁하면 그 나라가 설 수 없고"라고 단정 지으셨다. 그리고 자신의 축사가 귀신의 왕 바알세불을 힘입은 것이 아니라고 반박하셨다: "내가 하나님의 성령을 힘입어 귀신을 쫓아내는 것이면 하나님의 나라가 이미 너희에게 임하였느니라 … 내가 너희에게 이르노니 사람에 대한 모든 죄와 모독은 사하심을 얻되 성령을 모독하는 것은 사하심을 얻지 못하겠고 또 누구든지 말로 인자를 거역하면 사하심을 얻되 누구든지 말로 성령을 거역하면 이 세상과 오는 세상에서도 사하심을 얻지 못하리라"(마 12:28~32). 즉 예수님은 성령의 능력으로 귀신을 쫓으셨는데, 이를 바알세불, 즉 사탄의 능력으로 해석하는 것은 예수님을 비난하는 것일 뿐 아니라, 귀신을 쫓는 근원이 되시는 성령님을 훼방하는 일이 된다.

예수님은 핍박 받고 죽으시기 위해서 이 땅에 오셨다. 그는 세상 모든 사람들의 죄와 고난을 짊어지고 가시면서 사람들의 비난과 핍박에 침묵하셨다. 예수님은 자신에 대한 비난에 대해 참고 인내하셨다. 오히려 누구든지 인자를 거역하더라도 뒤늦게 이를 깨닫고 회개

---

307) 프랭크 틸만, 「신약신학」, 333.

한다면 사함을 얻을 수 있는 기회를 주셨다. 바리새인들이 예수님에게 "지금 네가 귀신 들린 줄을 아노라"(눅 7:20, 요 8:52)고 몰아세우고 비난했을 때, 예수님은 굳이 자신을 변호하려고 시도하지 않으셨다.

그러나 예수님은 하나님이신 성령을 비난하는 것에 대해서는 침묵하지 않으셨다. 예수님은 성령세례를 받기 전까지 귀신을 쫓으신 적이 없으셨다. 요단강에서 물세례를 받고 성령세례를 받으신 이후부터 귀신을 쫓기 시작하셨다. 이는 예수님의 축사의 근원이 성령님이심을 보여 준다. 예수님은 성령 모독과 관련된 비난이 쏟아지자 가만히 계시지 않고 즉각 반론을 제기하셨다. 예수님의 거룩한 분노를 통해 알 수 있는 것은, 예수님은 자신이 비난당하고 욕먹는 것은 용납하시나 성령님이 모독을 당하는 것은 참지 못하신다는 사실이다. 누구든지 말로 성령님을 훼방하는 것은 이 세상과 오는 세상에서도 절대로 사함을 얻지 못한다고 강조하시면서, 성령을 비난해서는 안 된다는 것을 강조하셨다.

현재 한국 교회는 축사를 행하지도 않고, 오히려 바리새인들처럼 교회 내에서 행해지는 축사에 대해 비난만을 쏟아내고 있다. 최면술에 의해서 귀신이 쫓겨 간다느니, 무당도 귀신을 쫓는다느니 하면서 귀신을 쫓는 행위 자체를 이단시하고 있다. 특히 귀신 들림 현상이 무속에 나오는 개념과 똑같으며, 귀신이 질병을 일으킨다는 것은 무속 신앙이라고 주장한다.[308] 교회가 귀신을 쫓는 것은 잘못된 일이

---

308) 김광일, "기독교 치병 현상에 관한 정신의학적 조사 연구", 「한국교회 성령운동의 현상과 구조」, 244, 247.

며, 귀신은 무당이나 쫓는 것이라 비판한다. 축사에 대한 비판자들의 주장은 귀신이 귀신을 쫓아낼 수 있다는 바리새인들의 주장과 흡사하다. 이는 예수님의 축사를 귀신이나 최면술과 동급으로 취급하고, 예수님을 무당이나 심령술사와 비교함으로 예수님을 모독하는 것이 된다.

축사, 즉 귀신 쫓음을 통해 사탄의 왕국은 무너지며, 하나님 나라는 확장된다. 예수 그리스도의 이름으로 귀신이 쫓겨 가는 곳에 하나님의 나라가 세워진다. 축사를 비난하고 그 사역을 무시한다는 것은 축사에 담겨 있는 하나님 나라의 도래를 인정하지 않고 방해하는 것이다. 그리스도인이 축사를 비난하는 것은 예수님 편이 아닌, 결과적으로 사탄의 편을 들어 주는 결과가 된다. 축사 사역이 중단되는 것은 사탄이 원하는 바이며, 사탄의 나라를 보호하는 결과를 초래한다. 축사 사역을 반대하는 것은 하나님 나라의 확장을 막는, 하나님 나라 사역을 반대하는 일이 되고 만다. 결국 교회 내에서의 축사에 대한 비판은 사탄의 나라를 보호함으로 하나님의 일을 대적하게 하는 결과를 초래하고 만다. 이처럼 축사에 대한 비판은 축사 사역을 행한 예수님에 대한 비난이요, 예수님의 축사 근원인 성령님에 대한 비난과 직결된다. 성경에서 성령 훼방이라는 구절은 그리 흔치 않다. 예수님은 자신이 행한 축사에 대한 비난을 곧 성령 훼방으로 단정 지으셨다. 그러므로 우리는 축사 사역을 반대함으로 성령을 훼방하는 죄를 범하지 말아야 할 것이다.

오늘날에도 귀신이 있나요?

귀신에 관한 기타 질문들

1. 모든 질병의 원인이 귀신인가요?

모든 질병은 귀신으로부터 오는 것일까? 오순절 신학자 화이트는 "모든 사고, 불행, 싸움, 질병은 악령으로부터 온다"고 단정한다.[309] 신유 복음자인 오스본 목사는 "모든 질병의 원인이 귀신"이라고 단정한다.[310] 그러나 모든 질병의 원인이 다 귀신 때문이라는 주장은 너무 극단적이라 생각한다. 심지어 귀신이 모든 질병의 원인이고, 모든 사고의 원인이며, 모든 중독의 원인, 모든 범죄의 원인, 자살의 원인이라고 주장하는 사람도 있다.

성경이 '병든 자'와 '귀신 들린 자'를 따로 구별하는 것만 보아도 100퍼센트 모든 병의 원인이 다 귀신이라고 보기는 힘들다: "사람들이 모든 앓는 자 곧 각종 병에 걸려서 고통 당하는 자, 귀신 들린 자, 간질하는 자, 중풍병자들을 데려오니 그들을 고치시더라"(마 4:24). 예수님도 병을 낫게 하는 것과 귀신을 쫓아내는 것을 각각 따로 표현하셨다: "너희는 가서 저 여우에게 이르되 오늘과 내일은 내가 귀신을 쫓아내며 병을 고치다가 제삼일에는 완전하여지리라 하

---

309) H. A. Maxwell Whyte, *Dominion over Demons* (Banner Publication, 1973), 27.
310) 김성화, 「하늘나라와 귀신나라의 이야기들」, 157.

라"(눅 13:32). 귀신이 원인인 간질병은 귀신을 쫓으심으로 고치셨고 (마 17:15~18), 다른 경우는 그냥 간질병을 고쳐 주셨다(마 4:24). 이는 예수님도 귀신으로 인한 질병과 자연적 원인으로 인한 질병을 구분하셨음을 증명한다. 오히려 예수님의 신유 중 축사를 행하지 않은 경우들이 많음을 볼 수 있다. 백부장의 하인을 고치는 장면(마 8:5~13), 12년 동안 혈루병에 걸렸던 여인(마 9:19~22), 두 장님(마 9:27~30), 손이 마른 남자(마 12:9~14) 등등의 신유에서는 귀신 들림이 전혀 언급되지 않는다(요 11:3~4, 빌 2:25~27, 딤전 5:23, 딤후 4:20).[311] 마가복음 16장에서도 "그들이 내 이름으로 귀신을 쫓아내며"의 축사와 "병든 사람에게 손을 얹은즉 나으리라"는 신유가 따로 명시되어 있다. 어떤 사람은 다른 질병의 원인으로 아프기 때문에 신유가 필요하고, 어떤 사람은 귀신 들렸기 때문에 축사가 필요한 것이다.

병에 걸렸을 경우, 그 원인을 면밀하게 조사해야 한다. 나는 나의 책 「어떻게 해야 신유를 경험할 수 있나요?」에서 질병의 원인을 크게 죄, 귀신, 마음의 상처, 하나님의 섭리, 영적 유전, 환경 및 병균 등으로 나눈 바 있다.[312] 물론 질병의 원인에 귀신도 있지만, 다른 원인들에 의해서도 질병이 발생할 수 있다. 대부분의 신유 사역자들이 지적하는 질병의 원인은 죄다. 예수님 당시의 유대인들도 모든 질병은 죄 때문에 생긴다고 믿었다. 그래서 죄 사함을 받아야 질병에서

---

311) Millard J. Erickson, *Christian Theology*, 449. Charles W. Conn, *The Anatomy of Evil*, 105. L. G. McClung Jr., "Exorcism" in *The New International Dictionary of Pentecostal and Charismatic Movements*, 625.
312) 김신호, 「어떻게 해야 신유를 경험할 수 있나요?」, 87-115.

낫는다고 생각했다.[313] 어떤 육체적 질병은 자연법칙을 파괴했기 때문에 생긴다. 추운 겨울에 러닝셔츠 바람으로 밖에 나가서 한동안 돌아다니면 백이면 백 다 감기에 걸린다. 며칠 동안 자지도 먹지도 않으면 몸이 견디지 못하여 병이 생긴다. 최근 새벽에 방송되던 유로 축구를 며칠 동안 관전하다 사망한 사람도 있다. 상한 음식을 먹으면 몸에 두드러기가 나고 복통을 일으킨다. 이는 의학적으로 보았을 때 유전적 질병, 바이러스, 외상 등이 질병의 원인이다.

물론 병의 원인 중 귀신이 그 원인인 경우도 많다. 잘 낫지 않는 고질병이나 금세 재발하는 병, 병원에서도 병명을 전혀 알 수 없는 경우, 많은 원인이 귀신에게 있다. 귀신으로 발생한 병은 자신의 병이 아니고 귀신의 병이기 때문에 귀신을 쫓아야만 병을 치료할 수 있다. 잡초를 제거할 때 땅 위에 나와 있는 줄기만 제거할 경우, 뿌리가 있으므로 언젠가는 다시 잡초가 살아난다. 가장 근본적인 원인이 되는 뿌리를 제거해야 병을 완치할 수 있다. 귀신이 뿌리인 질병은 귀신을 쫓아야 하고, 동시에 병원에 가서 물리적 치료도 함께 병행해야 한다. 귀신을 쫓는다는 것은 그 병의 원인을 제거한 것이지, 병의 흔적까지도 제거된 것은 아니기 때문이다. 만약 암의 원인이 귀신이라면 귀신을 쫓아야 하고, 육체의 세포 조직이 회복되고 건강한 상태로 복귀하는 데 어느 정도 시간이 걸리기에 이 기간 동안에 약물치료 혹은 수술도 병행해야 한다. 예수님도 귀신을 쫓으시고 그

---

313) C. G. Montefiore, *The Synoptic Gospels*, vol. I (KTAV Publishing House, Inc., 1968), 43-44. William Barclay, *And He had Compassion*, 42-3.

상처에 기름을 발라 치료해 주셨다(막 6:13). 우선은 의학적·심리학적 방법에 의해서 질병의 원인을 알아보고, 다른 방법이 없을 경우 귀신 들림이라고 진단해도 늦지 않다. 병의 원인이 기질적인 문제일 경우 의학으로 고쳐야지, 귀신을 쫓는다고 병이 낫는 것이 아니다.

현대 의학으로 충분히 고칠 수 있는 간단한 질병임에도 불구하고 병의 원인을 귀신으로만 해석하여 귀신 쫓는 데만 급급해서 생명이 위독해지는 경우도 있다. 귀신에 대한 극단적인 생각을 가지고, 병원도 약도 필요 없고 오직 축사를 통해서만 치료할 수 있다는 생각은 매우 위험한 발상이 아닐 수 없다.

2. 귀신이 귀신을 쫓아낼 수 있나요?

"귀신 들려 눈 멀고 말 못하는 사람을 데리고 왔거늘 예수께서 고쳐 주시매 그 말 못하는 사람이 말하며 보게 된지라 무리가 다 놀라 이르되 이는 다윗의 자손이 아니냐 하니 바리새인들은 듣고 이르되 이가 귀신의 왕 바알세불을 힘입지 않고는 귀신을 쫓아내지 못하느니라 하거늘 예수께서 그들의 생각을 아시고 이르시되 스스로 분쟁하는 나라마다 황폐하여질 것이요 스스로 분쟁하는 동네나 집마다 서지 못하리라 만일 사탄이 사탄을 쫓아내면 스스로 분쟁하는 것이니 그리하고야 어떻게 그의 나라가 서겠느냐 또 내가 바알세불을 힘입어 귀신을 쫓아내면 너희의 아들들은 누구를 힘입어 쫓아내느냐 그러므로 그들이 너희의 재판관이 되리라"(마 12:22~27).

바리새인들은 예수님의 축사를 보고 예수님이 귀신의 왕 바알세불을 힘입어서 귀신을 쫓는다고 비난했다. 즉 '귀신이 귀신을 내어 쫓을 수 있다'고 생각했기에 예수님의 축사의 동력은 귀신이라 해석했다. 그들은 예수님이 귀신의 힘을 빌려서 귀신을 쫓는 사탄의 도구라고 인식했다. 이에 예수님은 바알세불 논쟁을 그냥 넘기지 않으시고 축사의 능력이 어디에서 오는지를 정확하게 짚고 넘어가셨다.

우선 예수님은 '귀신 쫓는 사역이 누구를 위한 것인가?'를 설명하셨다. 귀신이 같은 소속인 귀신을 쫓는 것은 사탄의 왕국을 스스로 무너뜨리는 반역 행위라고 해석하셨다. 스스로 자멸하려고 작정한 조직은 없다. 귀신은 귀신의 나라를 확장하기 위해 서로 힘을 합친다. 귀신을 쫓았더니 자기보다 더 악한 귀신 일곱을 데리고 들어간 이야기가 나온다. 이로 미루어 보아 귀신들도 사회성이 있으며, 공동의 목적을 이루기 위해 서로 협력하는 관계임을 알 수 있다. 사탄과 귀신들은 같은 팀 선수들이다. 만약 귀신이 귀신을 쫓아낸다면, 이는 내전으로, 사탄의 왕국은 스스로 붕괴될 것이다. 그러하다면 예수께서도 귀신을 쫓으실 필요가 없으시다. 이를 축구에 비유하자면, 아무리 골을 넣고 싶어도 의도적으로 자기편의 골대로 골을 넣는 선수가 없는 것과 같은 이치다. 마귀는 자신의 힘으로 자신의 수족인 귀신을 꾸짖고 내어 쫓으면서까지 자신의 왕국을 파괴시킬 만큼 어리석은 존재가 아니다. 그래서 예수님은 "마귀는 귀신을 쫓아낼 수 없다"고 단정하시면서 바리새인들의 비난을 논박하셨다.

결국 예수님의 축사에 대한 바리새인들과의 쟁론은 '귀신을 쫓는 것이 성령의 힘이냐?' 아니면 '바알세불의 힘이냐?'로 압축될 수 있다. 예수님은 자신의 축사 동력이 성령의 능력에서 나오는 것이라고 단정하시면서, 결국 축사는 두 영적 세계의 대결임을 설명하셨다. 두 영적 세계의 전쟁에서 성령의 능력이 악한 영들을 추방하는 것이지, 귀신이 귀신을 쫓아내는 것은 아니다. 결국 축사를 통해 사탄의 나라는 붕괴되어 가고, 하나님 나라는 확장된다. 예수께서 가시는 곳마다 견고했던 사탄의 나라에 균열이 생겼고, 귀신의 나라는 무너졌다. 이로 미루어 볼 때, 축사는 사탄의 나라에게 절대적으로 불리한 사건이다.

귀신이 쫓겨나면서 소경이 눈을 뜨자 한 부류는 "이스라엘 가운데서 이런 일을 본 적이 없다"고 칭송한 반면, 다른 부류는 "귀신이 맹인의 눈을 뜨게"(요 10:21) 했다며 예수님을 비난했다. 그러나 예수님 이전에 태어나면서부터 소경 된 자가 눈을 뜬 사건은 없었다. 오직 예수님만이 귀신을 쫓아내심으로 태어나면서부터 소경 된 자의 눈을 뜨게 하신 것이다. 이러한 사례들은 귀신이 귀신을 쫓아낼 수 없음을 보여 주는 증거다. 그러므로 귀신이 귀신을 쫓아낼 수 있다는 바리새인들의 주장은 비성경적이다. 오직 예수님이 아니고서는 다른 귀신을 쫓아낼 수 있는 권세나 능력은 없다고 생각한다.

3. 믿지 않는 자가 귀신을 내어 쫓을 수 있나요?

"이에 돌아다니며 마술하는 어떤 유대인들이 시험삼아 악귀 들린 자들에게 주 예수의 이름을 불러 말하되 내가 바울이 전파하는 예수를 의지하여 너희에게 명하노라 하더라 유대의 한 제사장 스게와의 일곱 아들도 이 일을 행하더니 악귀가 대답하여 이르되 내가 예수도 알고 바울도 알거니와 너희는 누구냐 하며 악귀 들린 사람이 그들에게 뛰어올라 눌러 이기니 그들이 상하여 벗은 몸으로 그 집에서 도망하는지라 에베소에 사는 유대인과 헬라인들이 다 이 일을 알고 두려워하며 주 예수의 이름을 높이고"(행 19:13~17).

과연 예수를 믿지 않는 사람이 귀신을 쫓아낼 수 있을까? 스게와의 아들들은 바울의 축사를 면밀히 조사한 결과 바울의 축사 능력의 비밀이 '예수의 이름'에 있다는 사실을 알아냈다. 그들은 바울의 흉내를 내어 '예수의 이름'으로 주문을 외면서 귀신을 쫓았더니, 귀신이 쫓겨나기는커녕 오히려 귀신 들린 자가 그들에게 달려들어 상한 채로 도망을 갔다. 귀신은 예수도 알고 바울도 알았으나 그들이 누구인지는 알지 못했다. 이 사건을 통해 우리가 알 수 있는 것은, 귀신은 예수 그리스도에 대한 믿음을 가지지 않은 거짓 축사자를 알아본다는 것이다.

과연 예수를 믿는 믿음이 없이, 성령의 도움도 없이 인간의 능력으로 귀신을 내쫓을 수 있는가? 혹자는 귀신에게 욕을 하거나 고함을 질러 놀라게 해서 쫓아낼 수 있다고 주장한다. 만약 인간의 목소리에 의해 귀신이 나갔다면, 예수님 이전에도 귀신들이 쫓겨 나갔을 것이다. 혹자는 귀신 들린 자를 때려서 몸을 아프게 하여 귀신을 불쾌하게 만들어 나가게 할 수 있다고 주장한다. 간혹 병자나 귀신 들린 자를 손바닥으로 때리는 안찰을 통해 고쳐 보겠다며 때리던 도중에 죽었다는 기사를 심심치 않게 읽게 된다. 사람의 힘이나 지혜, 능력으로는 귀신을 내어 쫓을 수 없다. 마틴 루터는 "나는 마귀가 인간의 말과 명령을 두려워하지 않는다는 것을 체험으로부터 알고 있기 때문이다"[314]고 고백했다.

예수님이 누구인지 모르는 불신자가 예수의 이름을 사용하여 귀신을 쫓는다고 하더라도 귀신은 나가지 않는다. 오히려 위의 사례와 같이 믿음이 가짜인 경우는 귀신의 조롱만 받을 뿐이다. 예수님이 오시기 전에도 귀신이 존재했다. 그러나 구약에서는 그 누구도 귀신을 쫓아내지 못했다. 예수 이전에 귀신이 쫓겨나고 벙어리가 말한 일이 이스라엘 역사에 나타난 적이 없었다. 이는 그 어떤 사람의 권능도 사탄의 권세보다 크지 못하기 때문이다. 사람은 마귀의 종노릇하는 자로, 사람의 능력이나 사람에게서 나오는 그 어떤 요소로도 귀신을 쫓을 수 없다. 귀신은 사람을 무서워하지 않으며, 오히려 그의 능력으로 사람을 억압한다.[315] 마귀는 이 세상 임금으로 오신 예수님의 권세로만 무장 해제시킬 수 있다. 그러므로 그 어떤 인위적인 방법으로도 절대로 귀신을 내어 쫓을 수 없다.

간질병을 앓고 있는 아들을 데리고 나온 아비가 제자들에게 귀신

---

314) "Receiving both kinds in the Sacament", *Luther's Works* vol 36 (Saint Louis, Philadelphia: Fortress, 1958), 247. 이오갑, 「루터와 깔뱅의 마귀 이해」, 「한국교회 신학자들이 본 마귀론 이해」, 134. 재인용.
315) 하용조, 「세상을 바꾼 사람들」, 207.

을 쫓아 달라고 했으나 제자들은 허둥거리며 쫓지 못했다. 예수님은 제자들의 믿음 없음을 한탄해 하셨다. 당시 제자들은 예수님을 따라 다니고 있었지만 여전히 예수님이 누구신지를 알지 못했다. 바울과 같이 예수님을 믿는 믿음과 말씀에 굳게 서서 기도하여 성령이 충만한 자라야 귀신을 쫓을 수 있다. 성령의 능력은 흉내를 낼 수는 있으나 모방은 절대로 불가능하다.[316]

더러운 귀신을 제어할 수 있는 권세가 사람에게는 존재하지 않는다. 이 땅에서 마귀를 정복한 자는 예수님 외에는 없다. 귀신은 하나님의 아들이 오셔야만 멸할 수 있는 존재로, 축사의 근원은 오직 하나님이시다. 성경은 인간의 기술이나 방법으로는 귀신을 쫓을 수 없고, 오직 예수 그리스도의 권세와 그를 믿는 믿음에 근거해 축사를 행할 수 있다고 말한다. 제자들도 예수님을 만나기 전에는 축사를 한 적이 없었으나, 예수께서 더러운 귀신을 쫓아내는 권세를 주시자 곧 축사를 할 수 있었다. 이는 예수 그리스도를 구주로 영접하고 그분의 이름을 사용할 수 있는 권능을 받은 자들만이 귀신을 쫓을 수 있음을 말해 준다. 축사는 예수님과 그를 믿는 믿음과 관련되지 않고는 일어날 수 없다.

4. 타종교에서도 귀신을 쫓지 않나요?

타종교에서도 귀신이 사람 속에 들어올 수 있다는 점을 인정한다. 기독교가 아닌 이방 종교에서도 귀신 쫓음이 발견된다. 고대로

---

[316] 하용조, 「변화받은 사람들」, 261.

부터 귀신 추방법이 전해져 오는데, 보통 신들의 이름을 혼합하여 귀신 들린 사람에게 주문처럼 되풀이함으로 귀신을 쫓아냈다. 유대교도 귀신 들림 현상을 인정하며, 주문으로 귀신을 추방하는 의식이 있다. 한국의 무속에도 악한 귀신을 추방하는 다양한 방법이 소개되어 있다. 귀신을 쫓아내는 의식으로 마술, 주문, 종교적 의식 등의 형태에 크게 의존하고 있다.

그러면 타종교에서 일어나는 축사를 어떻게 설명할 수 있을까? 이방 종교의 축사는 엄격한 의미로 말해 귀신을 쫓아내는 것이 아니라 달래는 것이다. 흔히 제사나 굿을 통해 귀신을 달랜다는 이야기를 듣는다.[317] 즉 굿이나 제사를 통해 귀신을 쫓는 것이 아니라 귀신 들린 사람 속에 들어간 귀신에게 잔치를 벌여 달래고 먹이는 것이다. 굿이나 제사를 받은 귀신은 이를 얻어먹었다고 말한다. 얻어먹은 귀신은 만족하여 잠시 잠잠해질 수 있다.

귀신 조직은 군대와 같은 엄격한 명령 체계가 있어 졸개 귀신은 대장 귀신에게 복종한다. 무당 속에 있는 귀신은 일종의 대장 귀신으로, 귀신 들린 사람 속에 있는 귀신보다 우위에 있다. 무당 속에 있는 대장 귀신이 사람 속에 있는 졸개 귀신에게 명하면 졸개 귀신이 잠잠해져 일시적으로 상태가 호전되는 것처럼 눈속임을 한다. 겉으로 보기에는 귀신이 나간 듯하나 실제로는 나가지 않고 잠시 잠잠해졌을 뿐이다. 무당이 굿을 함으로 잠시 귀신을 달랬으나, 굿의 효력이 떨어지면 다시 귀신은 활동을 재개한다. '정신질환과 귀신'의 사

---

317) 프랭크 틸만, 「신약신학」, 747.

례에서 밝혔듯이, 귀신 들린 아이의 부모가 무당을 찾아가 수백만 원을 들여 굿을 했으나 전혀 효험이 없었다. 조오남이란 부인이 흉악한 귀신이 들려 무당을 불러 굿을 했으나 치료되지 못하고 오히려 병이 점점 깊어졌다. 결국 이 여인을 교회에 데려와 교인들이 주야로 기도한 결과 귀신이 나갔다.[318] 굿이나 제사 등과 같은 의식은 실제로 귀신을 쫓아내는 것이 아니라, 오히려 귀신을 섬김으로 귀신의 조직을 체계화하고 확장시키는 역할을 한다.

5. 성령의 역사와 귀신의 역사를 어떻게 구별하나요?

한번은 내가 담당하고 있던 중고등부가 다른 교회의 중고등부와 함께 연합 수련회를 갔다. 철야 기도를 인도하던 중 손을 들어 악한 영이 떠나갈 것을 명했다. 그러자 함께 간 교회의 여학생 두 명이 갑자기 온몸에 발작을 일으키면서 고함을 지르기 시작했다. 가까이 가서 보니 눈동자가 돌아가 있었고, 침을 흘리며 온몸을 부들부들 떨면서 울고 있었다. 나는 단번에 귀신의 역사로 알아보았으나, 다른 교회 전도사의 경우 매우 당황해 하면서 성령의 역사가 나타난 것이 아니냐고 말했다. 주변 학생들의 눈도 있고 해 "그럴지도 모른다"고 얼버무리고 넘어간 적이 있다.

간혹 수련회나 부흥 집회에서 말씀을 듣거나 찬양하고 기도하던 중, 소리를 지르고 온몸에 경련을 일으키면서 넘어가는 경우가 있

---

318) 조오남, "사귀병자 득의", 〈활천〉 제3권 (1925.7), 56. 재인용, 이용규, 「한국 교회와 신유운동」, 141.

다. 이런 현상이 나타났을 때, 그것이 성령의 역사인지 악령의 역사인지를 구별할 수 있어야 한다. 경련을 일으키면서 쓰러진 사람의 영적 상태와 육체적 표징을 잘 살펴보아야 한다. 온몸을 떨고 있으나 그 표정과 마음속에 기쁨과 감사, 자유함이 있다면 성령의 역사일 것이다. 그러나 공포가 그 마음을 지배하고 불안과 교만이 깃들어 있다면, 이는 성령으로부터 오는 것이 아니다. 온몸에 힘이 잔뜩 들어가 있고 얼굴이 일그러진 상태로 욕을 하고 발작을 일으킨다면, 이는 악령의 역사다. 평소 신앙의 열정이 대단하고 신비한 일을 말하고 행하나 마음이 강퍅하고 신앙생활에 기쁨, 감사, 자유, 변화가 없다면 악령의 역사로 생각해야 할 것이다.[319]

물론 성령님의 역사와 사탄의 역사를 구별하는 것은 생각처럼 쉽지 않다. 왜냐하면 사탄도 광명의 천사로 가장하기 때문이다. 악령도 성경에 나오는 기적과 예언을 흉내 내고 미래의 일을 점친다. 그러나 사탄이 시키는 예언과 성경에 기록된 예언은 형태는 비슷하나 그 근본 성질이 다르다. 성령의 예언은 하나님의 뜻과 섭리, 그에 대한 순종의 자세를 강조한다. 이에 반해 귀신이 예언하는 것은 사람의 관심, 기대, 호기심에 초점을 맞추고 소원과 운수에 대한 것을 말한다.[320] "여호와께서 말씀하셨다고 하는 자들이 허탄한 것과 거짓된 점괘를 보며 사람들에게 그 말이 확실히 이루어지기를 바라게 하거니와 그들은 여호와가 보낸 자가 아니라"(겔 13:6).

---

319) 김명혁, "성령과 악령", 106-7.
320) 김명혁, "성령과 악령", 103.

우리는 기적적인 현상이 나타났을 때, 그 체험과 가르침이 성경에 근거하고 있는지를 판단할 수 있어야 한다. 한번은 몇몇 청년들이 앉아서 볼펜을 들고 공책에 낙서를 하고 있는 것을 보았다. 공책을 보니 어린아이의 낙서 같은 것이 씌어져 있었다. 그들은 하나님께서 방서의 은사(뜻을 알 수 없는 말을 방언이라 하듯이, 이 세상의 언어가 아닌 다른 언어로 글을 쓰는 은사)를 주셨다면서 기뻐했다. 그러나 내가 보기에는 귀신의 장난으로 보였다. 성경에 나오지도 않는 방서의 은사를 받았다고 주장했기 때문이다. 성경에 근거하지 않은 체험이나 가르침은 아무리 굉장한 영적 현상이 나타난다 할지라도 악령의 역사로 의심해야 한다.[321] 그러므로 어떤 영적 현상이 나타났다고 해서 무조건 성령의 역사로 해석하는 것은 문제가 있다. 아무리 신령한 체험이라 하더라도 성경에 기록된 것이 아니면 비성경적인 것이니 배제시키는 것이 좋다.

6. 귀신을 쫓는 것은 교회의 사역이 아니지 않나요?

생각보다 축사 사역을 반대하는 사람들이 많다. 교회에서 귀신 쫓는 사역을 반대하는 자들이 가장 많이 인용하는 성경 구절은 "그 날에 많은 사람이 나더러 이르되 주여 주여 우리가 주의 이름으로 선지자 노릇 하며 주의 이름으로 귀신을 쫓아 내며 주의 이름으로 많은 권능을 행하지 아니하였나이까 하리니 그 때에 내가 그들에게 밝히 말하되 내가 너희를 도무지 알지 못하니 불법을 행하는 자들아

---

321) 김명혁, "성령과 악령", 106.

내게서 떠나가라"(마 7:22~23)이다. 축사 반대자들은 이 말씀을 곡해해서 주의 이름으로 귀신을 쫓아내는 자는 불법을 행하는 자들로, 결국 예수님도 그들을 모른다고 하실 것이라고 주장한다. 그러나 이 말씀의 요지는 바로 그 앞 절의 말씀에 축약되어 있다: "나더러 주여 주여 하는 자마다 다 천국에 들어갈 것이 아니요 다만 하늘에 계신 내 아버지의 뜻대로 행하는 자라야 들어가리라"(마 7:21). 아무리 많은 권능을 행하더라도 주님의 뜻대로 행하지 않으면 주님과 아무런 상관이 없다는 뜻이다. 예수님을 따르지 않는 자들이 다만 '예수님의 이름'만 도용하여 흉내를 낸 것을 경고하신 것이다.[322] 주의 진정한 제자는 주의 뜻대로 믿고 행하는 자임을 강조한 것이다.

예수님은 예수님을 직접 따르지 않던 자들이 축사를 하는 것을 보고 금했다는 요한의 보고에 앞으로 그러지 말라고 명하셨다: "요한이 예수께 여짜오되 선생님 우리를 따르지 않는 어떤 자가 주의 이름으로 귀신을 내쫓는 것을 우리가 보고 우리를 따르지 아니하므로 금하였나이다 예수께서 이르시되 금하지 말라 내 이름을 의탁하여 능한 일을 행하고 즉시로 나를 비방할 자가 없느니라"(막 9:38~39). 이처럼 예수께서 원하신 것은 그를 따르는 사람들이 예수 이름을 의탁하여 귀신을 쫓는 일이었다. 그는 어떤 형태로든지 사탄의 왕국을 허무는 축사 사역이 지속되는 것을 원하셨다: "나와 함께 하지 아니하는 자는 나를 반대하는 자요 나와 함께 모으지 아니하는 자는 헤

---

322) 레이몬드 E. 브라운, 「신약개론」, 김근수, 이은순 역 (기독교문서선교회, 2003), 281.

치는 자니라"(눅 11:23). 예수님은 이 말씀을 통해 "나와 함께하는 자는 나와 함께 귀신을 쫓는 자다. 그들이 귀신을 쫓는 동안에는 나를 비방하지 않을 것이다. 그러나 나와 함께 귀신을 쫓지 않는 자는 나를 반대하는 자들이다. 그들은 귀신은 쫓지 않고 나를 비방만 하고 있다"고 말씀하신다. 귀신을 쫓지 않고 축사를 비난하는 것은 예수님의 하신 일을 부정하는 것이요, 예수님의 명령에 불순종하는 것이다: "믿는 자들에게는 이런 표적이 따르리니 곧 그들이 내 이름으로 귀신을 쫓아내며 새 방언을 말하며"(막 16:17).

오늘날에도 귀신이 있나요?

결론

    21세기 문명사회에 살고 있는 내가 귀신이란 주제를 가지고 글을 쓴다는 것은 매우 무모한 모험이었다. 모든 것이 인간의 이성과 과학적 방법론에 의해 관찰되고 검증된 것만을 사실로 인정하는 현실은 영적 존재 및 세계를 인정하지 않는다. 정신의학, 인류학, 심리학 등의 학문도 눈에 보이지 않는 초자연적 혹은 영혼의 세계를 인정하지 않는다. 이런 현실에서 눈에 보이지 않고 관찰도 불가능한 귀신이란 영적 존재를 인정하는 것은 불가능에 가깝다고 생각한다.

    나도 영적 존재를 완전히 부인했고, 귀신이란 존재는 〈전설의 고향〉에나 나오는 허구적 존재로 생각했다. 귀신이 있다고 주장하는 사람들은 정신이상자거나 심신이 허약한 자들이라고 생각했다. 심지어 귀신 쫓는 것을 두 눈으로 직접 보면서도 짜고 하는 연극이나 최면술, 심리적 요소 혹은 무당과 같은 일이라 생각했다. 그러나 일련의 경험과 여러 과정들을 통해 귀신의 존재를 인정하는 자가 되고 말았고, 귀신 들린 사례들을 접하게 되면서 귀신을 쫓게 되었다. 병자를 고치며 귀신을 쫓아낸 예수님의 사역에 근거해 예수의 이름으로 귀신을 쫓아냄으로 성경에 기록된 귀신에 대한 이야기가 허구 내지는 신화가 아니라는 사실을 알게 되었다. 그리고 사람은 자신의 정체성에 대해 알기를 원한다. 그래서 "사람은 사회적 동물이다", "사람은 생각하는 존재이다", "사람은 정치적 동물이다" 등등의 인간에 대한 정의를 내린다. 많은 사람들이 여전히 "나는 어디로부터 와서 어디로 가는가?"에 대한 질문을 하고 있다. 또한 죽음에 대한 정의와 죽음 이후의 세계에 대해 질문을 던지고 연구해 왔지만 확실한 해답을 얻지 못했다. 대부분의 사람들은 죽으면 끝이라는 생각을 하며 살아간다. 그러나 나는 귀신이란 존재를 통해 사람이 죽음으로 끝나는 시한적 존재가 아니며, 죽음 이후에도 존재하는 보이지 않는 영적 세계가 있음을 깨닫게 되었다. 그러므로 "사람은 영적 존재이다"라는 정의가 첨부되어야 한다고 생각한다. 인간이 영혼을 가진 존재라면, 눈에 보이는 현실만을 바라보고 살아가는 사람들이 내세와 영혼을 위한 삶에도 관심을 가지고 준비하게 될 것이다.

귀신이란 영적 존재를 인정하느냐 마느냐에 따라 인생관과 가치관에 큰 차이가 있다. 나의 경우, 귀신이 존재하지 않는다고 생각했을 때와 귀신이 존재한다는 사실을 알고 난 이후에 큰 삶의 변화를 겪게 되었다. 귀신이란 존재는 사람이 육체를 가진 유한적·물질적 존재일 뿐 아니라 영혼을 가진 영적 존재임을 보여 주는 중요한 증거가 된다. 영원히 베일에 싸여 있던 영의 세계가 귀신이란 영적 존재를 통해 어느 정도 접근이 가능하게 되었다.

현재 영적 세계와 귀신의 존재에 대해 그나마 인정하고 있는 곳이 교회다. 그러나 한국 기독교는 귀신이란 영적 존재에 대해 말하는 것을 매우 제한하고 있는 듯한 느낌을 받는다. 많은 그리스도인들도 "요즘이 어떤 시대인데 귀신 이야기냐?"며 귀신을 관념적 존재로 보는 등 예수께서 귀신을 쫓으셨다는 사실을 인정하려 들지 않는다. 귀신의 정체를 어떻게 해석하든, 설사 귀신의 존재를 인정하지 않고 귀신을 전혀 쫓지 않는다 하더라도 구원의 문제와는 전혀 관련이 없는 주제다. 귀신론은 기독교의 핵심 주제가 아니며 구원의 문제와 전혀 관계가 없기에, 한국 교회는 귀신에 대해 설명하고 귀신을 쫓아내는 일에 대해서 침묵하고 있다. 오히려 축사를 교회의 별난 사역으로 취급하며, 귀신 쫓는 교회와 목사를 샤머니즘과 연관시켜 부정적으로 설명하려는 경향이 강하다. 교회 내에서 귀신 쫓는 행위 자체가 거의 이단인 것이나 다름없는 현실에서 감히 귀신을 쫓으려고 하는 목회자나 교회는 드물다. 점차 귀신이란 존재는 무시되고, 대부분의 목회자들과 교회들은 귀신 축출 사역을 회피하고 있다.

그러나 성경은 귀신의 존재와 활동에 대해 기록하고 있다. 기독교에서 가장 먼저 귀신을 쫓으셨던 분은 예수님이셨다. 예수님은 그 어떤 인간도 소유하지 못했던 하나님의 권세를 가지고 이 땅에 오셔서 귀신을 쫓으셨다. 모든 축사의 근원은 예수님으로부터 나오며, 그가 가르쳐 주신 방법에 의해서만 귀신이 쫓겨 나간다. 예수님은 제자들에게 예수님의 권세와 권능을 주시면서 귀신을 쫓으라고 명하셨다. 예수님은 그의 보혈의 능력을 인간의 영혼 구원에만 제한하지 않으셨다. 그는 다시 부활하심으로 우리를 죄와 사망의 권세뿐만 아니라 질병과 마귀의 세력으로부터도 구원하셨다.

그리고 믿는 자들에게 성령을 보내 주심으로 예수님이 하신 것과 같이 동일한 일을 하라고 말씀하셨다: "내가 진실로 진실로 너희에게 이르노니 나를 믿는 자는 내가 하는 일을 그도 할 것이요 또한 그보다 큰 일도 하리니 이는 내가 아버지께로 감이라"(요 14:12). 예수님은 모든 믿는 자에게 원수의 능력을 제어할 수 있는 권세와 능력을 주셨다.[323] "믿는 자들에게는 이런 표적이 따르리니 곧 그들이 내 이름으로 귀신을 쫓아내며"(막 16:17). 우리는 하나님의 제사장으로 부름을 받았으므로 예수님으로부터 부여받은 권세로 똑같은 능력을 행할 수 있다.[324] 예수님은 하나님의 자녀들을 영적 전쟁으로 부르셔서 마귀를 대적하고 귀신 쫓기를 명령하셨다. 우리에게 남겨진 일은 그리스도께서 그의 사역을 감당하도록 우리에게 위임된 예수님의 권세로 사탄의 왕국을 점령하고 귀신을 쫓아내는 것이다. 우리는 주님께서 행하신 일이요, 명령이며, 제자들이 한 일이요, 믿는 자들에게 맡기신 일을 감당해야 한다. 만약 교회가 예수께서 하신 신유 및 축사 사역을 무시한다면, 이는 예수님과 제자 및 초대 교회가 간 길을 따르지 않는 것이 될 것이다.

우리는 교회의 축사 사역을 통해 하나님의 나라가 지금 여기에서 이루어지는 것을 신자들과 불신자들에게 보여 주어야 한다. 하나님의 축사가 나타나는 현장에 사람들이 하나님께로 돌아오는 역사가 일어난다. 축사는 세속화된 현대인들에게 큰 충격을 줄 수 있는, 하나님의 능력을 보여 줄 수 있는 전도의 강력한 수단이다. 한국 교회가 성장하게 된 배경 중 하나에는 축사 사역이 있었다: "기독교가 한국 사회에 침투해 들어가 한국의 전통과 예리하게 싸우던 초창기에

---

323) 홍성건, 「하나님이 찾으시는 사람」, 249.
324) L. G. McClung Jr., "Exorcism" in *The New International Dictionary of Pentecostal and Charismatic Movements*, 627.

축귀(逐鬼)는 교회의 중요한 활동이었다. 이런 사례들은 신약성서에서 귀신을 쫓아내는 모습과 너무도 흡사했으며, 이로 인해서 많은 사람들은 놀라움을 금치 못했다. 이것으로 인해서 교회는 급속히 성장하게 되었다."[325]

영적 전쟁은 그리스도인의 삶 가운데 무시되어서는 안 될 중요한 영역이다. 이 세상은 치열한 영적 전쟁터다. 하나님은 그리스도인들이 영적 전쟁의 최일선에서 복음의 용사로 무장되어 싸우기를 원하신다(엡 6장). 강한 용사가 되어 마귀의 간계에 맞서서 영적 전쟁에서 승리하기를 원하신다. 그러나 안타깝게도 영적 무지와 마귀의 포로로 살아가는 영혼들이 너무도 많다. 현재에도 세상 사람들뿐 아니라 많은 그리스도인들이 악한 영적 존재들로 말미암아 고통을 당하고 있다. 교회마다 귀신의 억압으로 병에 걸리고 정신이상으로 고통당하는 성도들이 넘치고 있다. 실제로 정신병동에 입원해 있는 환자들 중 그리스도인들도 상당수 있다고 한다. 귀신 들림의 문제는 신자의 삶에서 현실적이고 심각한 문제이나, 한국 교회의 실정이 위와 같다 보니, 귀신 들린 성도들은 교회에서 해결을 받지 못한 채 무당을 찾아가거나 정신병원에 입원되고 있다.

이 책은 귀신의 존재를 부정하는 사람들을 위해서 쓰였다. 이제는 귀신의 실체를 인정하기 바란다. 귀신은 엄청난 해악을 우리에게 끼치는 암적 존재다. 그러므로 우리는 귀신을 쫓아내야 한다. 귀신

---

325) 마서 헌트리,「한국개신교 초기의 선교와 교회성장」(목양사, 1985), 244-6.

은 하나님의 자녀 된 권세를 인정하는 그리스도인을 무서워한다. 우리는 우리에게 주신 권세와 권능을 사용해서 귀신을 결박하고 어둠의 영을 쫓아내야 한다. 이전에 귀신을 쫓을 생각을 전혀 하지 못했던 그리스도인일지라도 예수께서 부여하신 하나님의 자녀 된 권세를 믿는다면 귀신을 쫓을 수 있다. 귀신이 자신에게 들어온 사실을 알고 있고 귀신에게 괴롭힘을 당하고 있음에도 불구하고, 이를 말할 경우 정신이상자로 몰리지는 않을까 두려워하며 고통당하고 있는 사람들에게 본 저서가 작은 도움이 되었으면 한다.

참고 도서

국외 도서

- Alexander Campbell, *Popular Lectures and Address* (Philadelphia: James Challen and Sons,1863)
- Annie Laurie Baird, *Inside Views of Mission Life* (Philadelphia, Westminster Press, 1913)
- A. Roberts and J. Donaldson, eds., *The Ante-Nicene Fathers* (New York: Charles Scribner's Sons, 1908)
- Athanasius, *The Life of Antony and the Letter to Marcellinus* (New York: Paulist Press,1980)
- Benny Hinn, *War in the Heavenlies* (Dallas, Texas: Heritage Printers and Publishers, 1984)
- C. G. Montefiore, *The Synoptic Gospels* (KTAV Publishing House, Inc., 1968)
- C. P. Wagner, *Spiritual Power and Church Growth* (Stran Communication Co., 1986)
- C. S. Lewis, *The Screwtape Letters* (Uhrichsville, Ohio: Barbour and Company, 1990)
- Charles W. Conn, *The Anatomy of Evil* (Pathway Press, 1996)
- Donald Dayton, *Theological Roots of Pentecostalism* (Metuchen, NJ: The Scarecrow Press, 1987)
- Evelyn Frost, *Christian Healing* (A. R. Mowbray & Co., Ltd, 1949)
- Flavius Josephus, *The Complete Works of Josephus* (Grand Rapids, Michigan: Kregel Publications, 1981)
- Gordon Lindsay, *Satan's Demon Manifestations and Delusion* (Christ for the Nations, 1991)
- Gustav Aulen, *Christus Victor* (Spck, 1965)

- H. A. Maxwell Whyte, *Dominion over Demons* (Banner Publication, 1973)
- Hal Lindsay, *Satanis Alive and Well on Planet Earth* (Grand Rapids, Michigan: Zondervan Publishing House, 1972)
- Hans Bartsch, ed., *Kerygma and Myth* (New York: Harper and Row, 1961)
- James S. Gale, *Koreain Transition* (New York: Eaton & Mains, 1909)
- Joe Beam, *Seeing the Unseen* (West Monroe, Louisiana: Howard Publishing Co., 1994)
- John Calvin, *Institutes of the Christian Religion* (Westminster John Know, 1960)
- John L. Nevius, *Demon Possession and Allied Themes* (Chicago: Fleming H. Revell Company, 1894)
- Karl Barth, *Church Dogmatics* (Edinburgh: T. and T. Clark, 1961)
- Kenneth Hagin, *The Origin and Operation of Demons* (Ontario, Canada: Kenneth Hagin Ministries, 1985)
- Kelso Carter, *Pastor Blumhardt* (Boston: Willard Track Repository, 1883)
- Kilian McDonnell and George T. Montague, *Christian Initiation and Baptism in the Holy Spirit* (Collegeville, Minnesota: The Liturgical Press, 1994)
- Martin Ebon, *The Devil's Bride: Exorcism: Past and Present* (New York: San Francisco, 1974)
- Michael Green, *I Believe in Satan's Downfall* (Hodder & Stoughton, 1981)
- Millard J. Erickson, *Christian Theology* (Grand Rapids, MI: Baker Book House, 1985)
- Morton Kelsey, *Healing and Christianity* (Minneopolis: Augsburg Books, 1995)
- Nicholas Cabasilas, *The Life of Christ* (T. Valadimir's Seminary Press, 1997)
- Nicky Gumbel, *Questions of Life* (Colorado Springs, Colorado: Cook Communications Ministries, 1993)

- Palladius, *The Lausiac History* (Newman Press, 1965)
- Paul Tillich, *Systematic Theology* (Chicago: University of Chicago, 1957)
- R. H. Baird, *William Baird of Korea, A Profile* (Okland, 1968)
- Rudolf Bultmann, *Jesus Christ and Mythology* (Charles Scribner's Sons, 1958)
- Sidlow Baxter, *The Divine Healing of the Body* (Grand Rapids, MI: Zondervan Publishing House, 1979)
- Thomas Aquinas, *Summa Theologica* (Christian Classics, 1981)
- William Barclay, *And He had Compassion* (Valley Forge, PA: Judson Press, 1976)

국내 도서

- 국제신학연구원, 「여의도순복음교회의 신앙과 신학 Ⅰ, Ⅱ」 (서울서적, 1993)
- 김금화, 「복은 나누고 한은 푸시게」 (푸른숲, 1995)
- 김기동, 「귀신이란?」 (베뢰아, 1985)
- 김기동, 「마귀란?」 (베뢰아, 1993)
- 김성일, 「성경과의 만남」 (국민일보사, 1990)
- 김성화, 「하늘나라와 귀신나라의 이야기들」 (성광문화사, 1991)
- 김신조, 「나의 슬픈 역사를 말한다」 (동아출판사, 1994)
- 김신호, 「성령 세례 받으면 방언하나요?」 (서로사랑, 2011)
- 김신호, 「어떻게 해야 신유를 경험할 수 있나요?」 (서로사랑, 2011)
- 김영우, 「김영우와 함께하는 전생여행」 (정신세계사, 1996)
- 김태곤, 「한국 무속 연구」 6 (집문당, 1981)
- 김해경, 「주여, 사탄의 왕관을 벗었나이다」 (홍성사, 1993)
- 동아출판사, 「초능력과 미스터리의 세계」 (동아출판사, 1994)
- 류장현, 「한국의 성령운동과 영성」 (프리칭아카데미, 2004)
- 민성길, 「증보판 최신정신의학」 (일조각, 1987)
- 박명수, 「근대복음주의의 주요 흐름」 (대한기독교서회, 1998)
- 박명수, 「한국교회 부흥운동 연구」 (한국기독교역사연구소, 2003)

- 박용규, 「평양대부흥 운동」 (생명의말씀사, 2000)
- 박용규, 「한국교회를 깨운 복음주의 운동」 (두란노, 1988)
- 박용운, 「귀신 잡는 남자」 (자유문학사, 1996)
- 박형렬, 「통전적 치유 목회학」 (치유, 1994)
- 배영기, 「죽음의 세계」 (교문사, 1992)
- 변종호, 「이용도 목사전」 (장안문화사, 1993)
- 서광선, 「한국교회 성령운동의 현상과 구조」 (대화출판사, 1987)
- 손기철, 「고맙습니다 성령님」 (규장, 2007)
- 신태웅, 「성서 귀신 연구」 (국제선교연구원, 1992)
- 심진송, 「신이 선택한 여자」 (백송, 1995)
- 옥한흠, 「청년이여 일어나라」 (규장 1997)
- 옥한흠, 「현대 교회와 성령운동」 (도서출판 엠마오, 1984)
- 예영수, 「한국교회 신학자들이 본 마귀론 이해」 (은성, 1998)
- 이상근, 「마태복음 (신약주해)」 (성등사, 1991)
- 이용규, 「한국 교회와 신유운동」 (쿰란출판사, 2006)
- 이정균, 「삼정신관 정신의학」 (일조각, 1994)
- 임수식, 「성경이 가르치는 마귀론」 (보이스사, 1991)
- 전용복, 「기도와 치유사역」 (서로사랑, 2002)
- 조용기, 「나의 교회성장 이야기」 (서울말씀사, 2005)
- 조용기, 「병을 짊어지신 예수님」 (영산출판사, 1976)
- 조용기, 「삼박자 축복」 (영산출판사, 1977)
- 조자룡, 「신을 선택한 남자」 (백송, 1996)
- 조현, 「성경이 말하는 귀신 쫓는 방법」 (할렐루야서원, 1987)
- 최길성, 「한국 무속의 연구」 (아세아문화사, 1990)
- 최바울, 「세계 영적 도해」 (펴내기, 2005)
- 최자실, 「나는 할렐루야 아줌마였다」 (서울말씀사, 1999)
- 하용조, 「변화받은 사람들」 (두란노, 1999)
- 하용조, 「사도행전적 교회를 꿈꾼다」 (두란노, 2008)
- 하용조, 「세상을 바꾼 사람들」 (두란노, 1999)
- 홍성건, 「하나님이 찾으시는 사람」 (예수전도단, 2008)
- 홍영기, 「조용기 목사의 영성과 리더십」 (교회성장연구소, 2003)

번역서

- 궁택호웅, 「심령과학」 (태종출판사, 1987)
- 니겔 캐머런, 「낙태: 위기에 처한 기독 의료윤리」 (햇불, 1992)
- 대니언 브링클리, 「죽음 저편에서 나는 보았다」 (정신세계사, 1996)
- 데오도르 에프, 「사탄」 (바울서신사, 1991)
- 데이비드 폴리슨, 「성경이 말하는 영적 전쟁」 (생명의말씀사, 1996)
- 딘 셔만, 「모든 그리스도인을 위한 영적전쟁」 (예수전도단, 2002)
- 로버츠 리어든, 「아주사 부흥」 (서로사랑, 2008)
- 레오 해리오, 「사탄을 이기자」 (만민기독문화사, 1984)
- 레이몬드 무디, 「이 세상 후의 세상」 (여운사, 1988)
- 레이몬드 E. 브라운, 「신약개론」 (기독교문서선교회, 2003)
- 마서 헌트리, 「한국개신교 초기의 선교와 교회성장」 (목양사, 1985)
- 마크 부벡, 「사탄을 대적하라」 (생명의말씀사, 1982)
- 맥스웰 휘트, 「귀신아 내가 네게 명하노라」 (나침반, 1995)
- 모리스 롤링스, 「지옥에 다녀온 사람들」 (요단출판사, 1995)
- 메릴 엉거, 「성도를 향한 귀신들의 도전」 (요단출판사, 1985)
- 메릴 엉거, 「성서적 마귀론」 (요단출판사, 1980)
- 미카엘 스캔랜, 「악의 세력으로부터의 해방」 (성요섭출판사, 1984)
- 세무얼 사다트, 「마귀론과 정신질환」 (생명의말씀사, 1987)
- 오스왈드 샌더스, 「사탄의 정체」 (보이스사, 1987)
- 제임스 칼라스, 「사탄의 생태」 (컨콜디아사, 1995)
- 조지 갤럽, 「사후의 세계」 (문학세계사, 1992)
- 존 윔버, 「제3의 불결을 타고」 (무실, 1991)
- 존 윔버, 「능력치유」 (나단, 2003)
- 찰스 크래프트, 「사악한 영을 대적하라」 (은성, 2006)
- 쿠르트 코흐, 「사탄의 전술전략」 (예루살렘, 1991)
- 토마스 화이트, 「능력전투」 (나단, 1994)
- 파드마삼바바, 「티벳 사자의 서」 (정신세계사, 1995)
- 프랭크 틸만, 「신약신학」 (기독교문서선교회, 2008)
- 프랭크 해먼드, 「현대문명과 악령들」 (아바벨, 1990)
- 프레드릭 리히, 「사탄의 세력을 이렇게 추방하라」 (나침반사, 1993)

- 프리드리히 쿤델, 「영적 각성: 블룸하르트의 하나님 나라를 위한 영적 전쟁」 (서로사랑, 2010)
- 피터 와그너, 「제3의 바람」 (임마누엘, 1990)
- Annie L. Baird, 「어둠을 헤치고: 빛을 찾은 사람들」 (다산글방, 1994)
- C. 프레드 디카슨, 「그리스도인도 귀신들릴 수 있는가?」 (요단출판사, 1994)
- C. F. 디카슨, 「천사: 사탄과 귀신론」 (성광문화사, 1981)
- L. S. 채퍼, 「성경으로 본 사탄의 정체」 (두란노, 1985)
- William Newton Blair, 「속히 예수 믿으시기 바라나이다」 (두란노, 1995)
- 村山智順, 「조선의 귀신」 (민음사, 1990)

사전

- Stanley M. Burgess, eds, The New International Dictionary of Pentecostal and Charismatic Movements (Grand Rapids, MI: Zondervan, 2003)
- 동아출판사 백과사전연구소, 「동아세계대백과사전」 (동아출판사, 1982)
- 한국브리태니커회사, 「브리태니커 세계 대백과사전」 (1992)
- 한국정신문화연구원, 「한국민족문화대백과사전」 (1991)
- 한글학회, 「우리말큰사전」 (언문각, 1991)